党的创新理论体系化学理化
研究文库

重大时代课题与科学理论体系

新时代中国特色社会主义理论创新

颜晓峰 著

中国人民大学出版社
· 北京 ·

总　　序

思想是行动的先导，理论是实践的指南。人类文明进程表明，一个民族要走在时代前列，就一刻不能没有理论思维，一刻不能没有思想指引。2023 年 6 月，习近平总书记在中共中央政治局就开辟马克思主义中国化时代化新境界进行第六次集体学习时强调："推进理论的体系化、学理化，是理论创新的内在要求和重要途径。马克思主义之所以影响深远，在于其以深刻的学理揭示人类社会发展的真理性、以完备的体系论证其理论的科学性。"中国共产党是以马克思主义科学理论为指导的无产阶级政党，拥有马克思主义科学理论指导是我们党坚定信仰信念、把握历史主动的根本所在，也是我们党从弱小走向强大、从苦难走向辉煌、从胜利走向胜利的奥妙之所在。在强国建设、民族复兴的新时代，哲学社会科学繁荣发展的一项重要任务是不断推进党的创新理论体系化学理化研究。

一、推进理论的体系化学理化是马克思主义与时俱进的必然要求和重要途径

任何一种理论的形成和发展都不是一蹴而就的，而是经历了多个阶段。一般来说，理论的形成发展要经历理论问题的发现、理论假设的提

出、理论框架的建构、理论观点的阐释、理论的应用与反馈、理论的修正与拓展等多个阶段。人类思想史上流变至今并仍然具有学术价值、理论价值和实践价值的思想大都经历了这样的发展阶段。在西方，苏格拉底、柏拉图、亚里士多德等人的政治哲学思想，康德、黑格尔、费尔巴哈等人的哲学思想，圣西门、傅立叶、欧文等人的空想社会主义思想，亚当·斯密、大卫·李嘉图等人的古典政治经济学思想，都经历了这样的发展阶段。在中国漫漫历史长河中产生的儒、墨、道、法等各家学说，也经历了这样的发展阶段。以上的任何一种理论、学说，都有一个体系化学理化的研究阐释过程。

作为在人类思想史上产生了极为广泛而深刻影响的马克思主义，也经历了从发现问题、提出理论假说、构建理论框架，到进行体系化学理化阐释，经过实践检验不断修正和完善，随着时代发展不断与时俱进的过程。马克思主义唯物史观、剩余价值学说都经历了从形成、发展到逐步完善的过程。科学社会主义诞生的标志之作《共产党宣言》第一次全面阐述了科学社会主义基本原理，即使是这部“全部社会主义文献中传播最广和最具有国际性的著作”，在其出版后的几十年时间内，马克思、恩格斯还是为其撰写了多篇序言，并对其中的一些原理进行进一步的阐发，马克思、恩格斯之后的马克思主义者也对这部文献的基本原理进行了深入的体系化学理化研究。习近平总书记指出：“马克思主义之所以影响深远，在于其以深刻的学理揭示人类社会发展的真理性、以完备的体系论证其理论的科学性。马克思曾说他的著作是一个艺术的整体，列宁也说过马克思主义哲学是一块整钢。恩格斯撰写《社会主义从空想到科学的发展》等论著，系统阐发马克思主义基本原理，科学论证了马克思主义三个组成部分之间的内在统一性，以深刻的学理捍卫并发展了马克思主义的科学性，以完备的体系避免和修正了对马克思主义的片段化、庸俗化。”

中国是以马克思主义作为根本指导思想的社会主义国家，马克思主义是指导我们改造客观世界和主观世界的锐利思想武器。“中国共产党为什么能，中国特色社会主义为什么好，归根到底是马克思主义行，是中国化时代化的马克思主义行。”中国化时代化的马克思主义之所以行，就在于我们党不断推进马克思主义基本原理同中国具体实际相结合、同中华优秀传统文化相结合，不断深化对马克思主义体系化学理化的研究，在守正创新中不断开辟马克思主义在中国发展的新境界，并用中国化时代化的马克思主义指导实践。作为中国化时代化马克思主义的毛泽东思想、邓小平理论、“三个代表”重要思想、科学发展观、习近平新时代中国特色社会主义思想，是我们党带领人民在实践创新基础上，系统并持续推进马克思主义理论创新的成果。这些理论成果萌发、形成、发展并被写进《中国共产党章程》和《中华人民共和国宪法》，从而成为全党全国人民团结奋斗的共同思想基础，离不开以毛泽东、邓小平、江泽民、胡锦涛、习近平同志为主要代表的中国共产党人的理论创新和理论阐发，也离不开广大哲学社会科学工作者对于党的创新理论的体系化学理化研究。

人类思想史和马克思主义发展史清楚地表明，推进理论的体系化学理化，是理论创新的必然要求和重要途径。

二、加强党的创新理论体系化学理化研究是当前推进马克思主义中国化时代化的重要任务

在中国特色社会主义新时代，加强党的创新理论体系化学理化研究，具有重大的理论、实践和时代意义。

从理论自身发展的内在需要来看，加强党的创新理论体系化学理化研究有助于更深入、全面地理解党的创新理论的科学内涵、主要内容、核心要义、精神实质和内在逻辑。将党的创新理论进行体系化梳理，能够清晰呈现各个观点、论断之间的逻辑关联，避免片面、孤立地理解。通过对党的创新理论的学理化研究，能够揭示出理论背后的学理基础、原理性成果，使人们从学理层面把握理论的科学性和真理性。通过对党的创新理论的体系化学理化研究，能够发现理论发展的生长点和空白点，为进一步理论创新提供基础和方向，推动党的理论不断与时俱进，保持旺盛的生命力。加强党的创新理论体系化学理化研究，以完备的体系论证其理论的科学性，以深刻的学理揭示人类社会发展的真理性，还能够让党的创新理论更具说服力和感染力，增强人们对党的创新理论的政治认同、思想认同、理论认同、情感认同。

从理论指导实践的要求来看，加强党的创新理论体系化学理化研究，有助于提高实践的科学性和有效性。时代是思想之母，实践是理论之源。党的创新理论既来源于实践，又指导实践，同时接受实践的检验。科学的理论能够更系统、更精准地为实践提供指导，帮助人们更好地把握实践的方向、目标和方法，提高实践活动的科学性、针对性和实效性。例如，加强对党的理论创新成果——习近平新时代中国特色社会主义思想的体系化学理化研究，能够为推进中国式现代化、实现中华民族伟大复兴等实践提供全面系统的理论指引。加强党的创新理论体系化学理化研究，还能够更好地聚焦全面推进强国建设、民族复兴伟业中遇到的新情况新问题以及进一步全面深化改革存在的深层次问题等，为解决这些问题提供理论支撑和思路方法，在对实际问题的解答中体现马克思主义的理论思考，实现理论和实践的有机联系，用创新理论指导实践，用实践创新推动理论创新，从而发展当代中国马克思主义、21世纪马克思主义。

从思想引领与理论传播的要求来看，加强党的创新理论体系化学理化研究，能够凝聚思想共识，提升传播效果。理论创新每前进一步，理论武装就要跟进一步。始终坚持用党的创新理论武装全党、教育人民、指导实践，是实现马克思主义大众化的内在要求，也是我们党百余年奋斗积累的宝贵经验。通过体系化学理化研究，将党的创新理论以更加准确、更加权威、更加清晰易懂的方式呈现给广大党员和群众，有助于人们学习、理解、掌握和接受，从而更好地凝聚全党全国各族人民的思想共识，形成共同的理想信念和价值追求，建好共同的精神家园，汇聚起团结奋斗的强大力量。通过体系化学理化研究，有助于把党的创新理论的政治话语转化为学术话语、大众话语，用通俗易懂、生动形象的方式进行传播，使理论“飞入寻常百姓家”，增强理论宣传普及的吸引力、感染力和影响力，让党的创新理论更加深入人心，从而转化为强大的精神力量。

从增强党的创新理论的国际影响力来看，加强党的创新理论体系化学理化研究，有利于提升国际话语权，提升国家软实力。加强党的创新理论体系化学理化研究，充分挖掘党的创新理论中蕴含的科学世界观和方法论，从党的创新理论中概括提炼出反映人类社会发展共性、普遍性的一般原理，有利于建构中国化时代化马克思主义的自主知识体系，在国际舞台上更好地讲好中国故事、传播好中国声音、阐述好中国理论，提高中国学术思想的国际地位，提升中国在国际思想文化领域的话语权和影响力，展现中国共产党为人类文明发展贡献的中国智慧和中国方案。

总之，强国建设、民族复兴的新征程，需要科学理论的指导，加强党的创新理论体系化学理化研究，为党和国家事业发展提供坚实的理论支撑，是当代中国马克思主义发展的必然要求，是广大哲学社会科学工作者要承担的重大责任和光荣使命。

三、加强党的创新理论体系化学理化研究，全面推进强国建设、民族复兴伟业

中国共产党的历史是一部不懈奋斗史，也是一部理论创新史。党在不断推进马克思主义中国化时代化的百余年进程中，持续推进实践创新基础上的理论创新，取得了十分丰硕的理论成果。这些理论成果的内容博大精深，需要进行多学科综合研究。因此，加强党的创新理论体系化学理化研究，需要从多个方面入手：

——坚持以马克思主义为指导。马克思主义是我们党的指导思想，是推进理论创新的“魂脉”。党的创新理论是中国共产党人把马克思主义基本原理同中国具体实际相结合、同中华优秀传统文化相结合的成果，只有坚持以马克思主义世界观和方法论为指导，才能确保体系化学理化研究不偏离正确方向。加强对广大哲学社会科学工作者的思想政治教育，确保他们在研究过程中始终坚持正确的政治方向和学术导向，能够准确把握党的创新理论的精神实质和丰富内涵。

——坚持人民至上。人民是历史的创造者，是推动社会发展的根本力量。中国共产党的理论创新始终围绕着人民的利益和需求展开，把为人民谋幸福、为民族谋复兴作为理论创新的出发点和落脚点。只有站在人民立场对党的创新理论进行体系化学理化研究，才能体现党的创新理论的人民性。

——坚持问题导向。党的创新理论是以解决实际问题为出发点和落脚点的，是在敏锐地发现问题、深入地研究问题、切实地解决问题，在破解难题中形成发展的。只有坚持问题导向，直面理论创新面临的各种复杂问题和理论研究阐释中遇到的难点疑点问题，才能把党的创新理论讲深讲透讲彻底。

——坚持系统观念。要以党的创新理论为核心，围绕其产生的历史背景、理论渊源、发展脉络、内在逻辑等方面，构建全面系统的研究框架，避免碎片化研究。特别需要研究中国化时代化马克思主义各个理论成果之间的继承与发展关系，展现党的理论创新的连续性和系统性。

——强化学理研究。要坚持运用马克思主义的立场、观点和方法，深入挖掘党的创新理论中的学科基础、学理逻辑和学术内涵，对党的创新理论进行深入探讨和解读，讲清楚其中蕴含的学理、哲理、道理。要以严谨的学术规范和方法，注重运用学术化、专业化的语言，将党的创新理论转化为具有学术影响力的话语表达，推动党的创新理论进入学术研究的主流话语体系。

——做到“两个结合”。党的创新理论是马克思主义基本原理同中国具体实际相结合、同中华优秀传统文化相结合的结晶，是植根于中国土壤、切合中国实际的科学理论，只有紧密结合中国的历史、文化、社会和经济等实际情况，才能把握党的创新理论的思想精髓。

——总结实践经验。党的创新理论是党和人民实践经验的结晶，只有立足中华民族伟大历史实践和当代实践，通过实地调研、案例分析等实证研究方法，深入了解党的创新理论在经济社会发展各领域的具体实践和应用效果，用中国道理总结好中国经验，把中国经验提升为中国理论，才能准确把握党的创新理论的科学性。

——整合研究资源。要通过体制机制创新，加强高校、科研机构、党校等各类研究力量的协同合作，打破部门和学科壁垒，组建跨学科、跨领域的研究团队，形成研究合力，共同开展重大课题研究，促进不同学科视角和研究方法的融合，从多个维度对党的创新理论进行系统研究。

——加强人才建设。在高校和科研机构设立相关专业和研究方向，加强对马克思主义理论、党史党建等学科的建设，培养一批具有扎实理论基础和创新能力的专业研究人才。通过开设专题课程、举办学术讲座、开展科研项目等方式，为青年学者提供学习和研究的平台，鼓励他们投身于党的创新理论研究事业。通过组织培训、学术交流、实践锻炼等方式，不断提高现有研究队伍的政治素质、理论水平和研究能力。

——坚持胸怀天下。在人类学术思想的流变过程中，西方学术思想的发展已经创造、积累了一系列对理论和思想进行体系化学理化研究的科学方法，我们可以将这些方法吸收借鉴过来并加以运用和改造，形成我们自身的对党的创新理论进行体系化学理化研究的科学方法，提高体系化学理化研究的质量。

——拓展传播渠道。要适应数字文明时代带来的新机遇，充分利用传统媒体和新兴媒体，提高理论的传播力和覆盖面，广泛传播党的创新理论研究成果，扩大理论影响力。要积极开展与国际学术界的交流与合作，向世界传播中国共产党的创新理论和中国特色社会主义的成功经验。通过举办国际学术会议、开展国际合作研究项目等方式，加强与国外学者的交流互动，创造条件吸引国外学者参与党的创新理论的体系化学理化研究，增进国际社会对中国共产党创新理论的了解和认同，提升中国在国际学术领域的话语权和影响力。

实践发展永无止境，理论创新未有穷期。作为中国共产党亲手创办的第一所新型正规大学，中国人民大学始终高擎马克思主义真理火炬，在党的创新理论研究阐释与体系化学理化建设方面勇立潮头。八十八载弦歌不辍，中国人民大学坚持用党的创新理论培根铸魂，筑起了马克思主义理论研究的学术重镇，打造了党的创新理论研究阐释的学术高地，产出了一批具有理论穿透力和实践解释力的标志性成果，培育了数代矢志马克思主义理论研究的卓越人才。在习近平总书记考察中国人民大学发表重要讲话三周年之际，中国人民大学出版社推出的“党的创新理论体系化学理化研究文库”，正是这一学术传统的最新见证。需要特别说明的是，为忠实记录马克思主义中国化时代化的发展轨迹，其中部分著作在再版时未作内容修订。这种“存其原貌”的编纂理念，使读者既能触摸思想演进的时代脉搏，又能透过历史语境理解理论突破的必然逻辑。这种编排方式既彰显马克思主义理论体系开放包容的品格，也构建起从经典原著到当代成果的研究谱系，让理论创新的“过去时”与“进行时”在学术长河中交相辉映，使思想探索的“源”与“流”在历史纵深中清晰可辨。

我们将立足新时代新征程，在习近平新时代中国特色社会主义思想的指引下，继续高举马克思主义的旗帜，传承红色基因，弘扬优良传统，奋力打造党的创新理论铸魂育人、研究阐释、传播普及高地，让当代中国马克思主义、21世纪马克思主义放射出更加灿烂的真理光芒，为以中国式现代化全面推进强国建设、民族复兴伟业作出新的更大贡献。

目　　录

绪　论

（一）回应重大时代课题——中国共产党为什么能

中国共产党成立90多年来，带领人民推动中华民族实现了从“东亚病夫”到站起来的伟大飞跃，实现了从站起来到富起来的伟大飞跃，迎来了从富起来到强起来的伟大飞跃。我们党之所以能做出如此巨大的历史贡献，就在于党在不同历史时期或发展阶段，依据社会主要矛盾的变化，提出、回答和解决重大时代课题，将党的性质、宗旨转化为党的历史使命，从而准确把握中国社会发展大势，及时顺应广大人民利益要求，与时俱进推动中华民族伟大复兴。

1. 回应重大时代课题推进伟大社会革命

每一时代的主要问题构成重大时代课题。主要问题就是在多样问题中的总问题，是多层问题中的元问题，是各种问题中的大问题，重大时代课题正是这样的问题。

时代的主要问题是社会主要矛盾的集中体现，每一时代的社会主要矛盾都以一定的形式凝结为时代的主要问题，重大时代课题正确地反映了该时代的社会主要矛盾。在每一个历史时期和发展阶段，都有与社会基本矛盾的性质和状况相对应的社会主要矛盾。准确把握和正确处理社会主要矛盾，就是推进生产关系和生产力、上层建筑和经济基础的关系从不相适应到相适应，从而推动社会发展进步。

新民主主义革命时期，以毛泽东同志为主要代表的中国共产党人，正确认识和把握中国社会的主要矛盾，以此制定了党的新民主主义革命总路线。社会主义改造基本完成之后，人民成为生产力、生产关系和上层建筑的主体，党的八大正确做出了国内的主要矛盾已经发生重大变化的判断，由此毛泽东提出要把正确处理人民内部矛盾作为国家政治生活的主题。党的十一届三中全会将党和国家的工作重点转移到以经济建设为中心的社会主义现代化上来。党的十九大指出，中国特色社会主义进入了新时代，社会主要矛盾已经转化为人民日益增长的美好生活需要和不平衡不充分的发展之间的矛盾，我国社会主要矛盾的转化是新时代的基本依据。解决新的社会主要矛盾，必然要求全面建设富强民主文明和谐美丽的社会主义现代化国家，大大提升全体人民的获得感、幸福感、安全感，充分满足全体人民在民主、法治、公平、正义、安全、环境等方面的更高需要。

2. 回应重大时代课题提高党的领导能力

中国共产党之所以能，就是能在马克思主义政党的领导能力上。党的领导能力不是与生俱来的，而是在长期实践中砥砺磨炼、增强提高的。党在不同时期的环境形势，决定了必须正确提出、科学回答、着力解决重大时代课题，不断完成这一过程就是提高党的领导能力的过程，就是党始终保持蓬勃生机的关键。

提高党的理论创新能力。理论发展的动力是回答问题，理论体系的构建是围绕问题，理论创新的逻辑是深化问题。重大理论创新起源于提出重大问题，科学理论体系正确回答重大问题，党的创新理论都是在敏锐把握、深刻回答中国特色社会主义实践提出的重大问题过程中创立的。新时代产生新课题，新课题催生新思想，习近平新时代中国特色社会主义思想正是在从理论和实践结合上系统回答重大时代课题中形成的。新时代坚持和发展什么样的中国特色社会主义、怎样坚持和发展中国特色社会主义这一重大时代课题，明确了新时代中国特色社会主义面对的重大问题，从问题出发思考和筹划新时代坚持和发展中国特色社会主义的历史使命、基本方略等。习近平新时代中国特色社会主义思想，是党与时俱进、理论创新的新时代证明。

提高党的实践创新能力。问题是理论创新的起点，也是实践创新的起点，问题导向是发现问题、解决问题的过程。有效解决前进道路上的重大问题，就能开创新时代党和国家事业发展的新局面。实践创新并不仅仅是认识问题，更重要的是要有实践的勇气、能力和魄力。新时代中国共产党的历史使命，就是在 170 多年来中华民族前赴后继、接续奋斗，实现中华民族伟大复兴征程中，开启新征程、迈向新阶段。新时代坚持和发展什么样的中国特色社会主义、怎样坚持和发展中国特色社会主义的出发点和落脚点，都是要聚焦于实现这个奋斗目标、完成这个历史使命。面对来自不同层面的重大矛盾，必须克服消极懈怠、回避矛盾的思想和行为，发扬斗争精神，提高斗争本领，推动矛盾转化。党的实践创新能力包括改造客观世界和主观世界。我们党要在重大变革关头始终成为时代先锋、民族脊梁，自身必须始终过硬，特别是要发扬彻底的自我革命精神。

提高党的引领人民能力。马克思主义的创立和魅力，根本在于为工人代言、为人民研究、为人类解放服务。中国共产党是“两个先锋队”，党心集中体现了民心，党在每一个时期和阶段的重大课题，都是顺应民心的要求，重大时代课题扎根于全体人民之中。党要回答和解决的重大时代课题，都是以一种集中、凝练、深刻的形式反映人心所向，因为代表人民利益才能引领人民前进。习近平新时代中国特色社会主义思想对重大时代课题的回应，体现了党的领导和人民中心的高度统一，体现了党的战略和人民利益的高度统一，体现了党的思想和人民愿望的高度统一。解决重大时代课题越有力有效、越全面完善，党服务人民、引领人民的能力就越强。

3. 回应重大时代课题完成新的历史使命

回应重大时代课题是理论创新与实践创新、面对现实与创造未来一体化的过程。习近平新时代中国特色社会主义思想明确坚持和发展中国特色社会主义，总任务是实现社会主义现代化和中华民族伟大复兴，这是系统回答重大时代课题得出的根本结论。从全面建成小康社会到基本实现现代化，再到全面建成社会主义现代化强国，是新时代中国特色社会主义发展的战略安排，是从历史使命、主要任务、发展战略等方面对重大时代课题的回答和解决。新时代中国特色社会主义能不能兴旺发达、长治久安，我们党能不能带领人民实现中华民族伟大复兴，从根本上取决于全面建设社会主义现代化国家的成功实践。历史已经证明，我们党能够带领人民站起来、富起来，历史正在证明和还将证明，我们党能够带领人民强起来，中华民族将以更加昂扬的姿态屹立于世界民族之林。

回应重大时代课题是新时代坚持和发展中国特色社会主义与全面建设社会主义现代化国家一体化的过程。新时代坚持和发展中国特色社会主义，就是要在21世纪中叶建成社会主义现代化强国；全面建设社会主义现代化国家，就是新时代坚持和发展中国特色社会主义的主要内涵。建设现代化经济体系，建设社会主义民主政治、社会主义法治国家，建设社会主义先进文化，建设共建共治共享的社会，建设人与自然和谐共生的现代化，全面推进国防和军队现代化，建设始终走在时代前列的马克思主义执政党，推进国家治理体系和治理能力现代化，促进人的全面发展等，既是新时代坚持和发展中国特色社会主义的基本内容，也是全面建设社会主义现代化国家的重大任务。党在这一前所未有的创新实践中开拓进取、奋发有为，焕发生机、激发活力。

回应重大时代课题是全面深化改革与党的自我革命一体化的过程。改革开放40年，始终在路上，还要再出发。全面建设社会主义现代化国家，必须依靠全面深化改革，坚决破除一切不合时宜的思想观念和体制机制弊端。全面深化改革体现在新时代党的建设上，就是要勇于自我革命，营造风清气正的良好政治生态，确保党始终同人民想在一起、干在一起。党的自我革命使党凤凰涅槃、浴火重生，有效应对各种考验，防范各种风险，战胜各种困难，在全面建设社会主义现代化国家新征程中，更加强大、更有能力、更加卓越，努力完成好党对人民、民族、历史的崇高使命。

（二）重大时代课题是科学理论体系的基石

新时代回答新课题，新课题孕育新思想。经过长期努力，特别是改革开放以来的不懈奋斗，中国特色社会主义进入了新时代。以习近平同志为核心的党中央，顺应时代发展，从理论和实践上系统回答了新时代坚持和发展什么样的中国特色社会主义、怎样坚持和发展中国特色社会主义这个重大时代课题，创立了习近平新时代中国特色社会主义思想。重大时代课题是习近平新时代中国特色社会主义思想的理论基石，这一思想的科学理论体系都是紧紧围绕重大时代课题而展开的。从理论创新的动因看，从马克思主义的发展规律看，从马克思主义中国化的历史进程看，深刻认识和准确把握每一时代的重大问题，是理论与时俱进、实践创新发展的前提和基础。深入学习领会当代中国马克思主义、21 世纪马克思主义，夺取新时代中国特色社会主义伟大胜利，就要对重大时代课题在科学理论体系中的重要作用有充分的认识和深刻的理解。

1. 重大时代课题是时代的主要问题

马克思曾有言：“**问题**就是公开的、无畏的、左右一切个人的时代声音。问题就是时代的口号，是它表现自己精神状态的最**实际的**呼声。”① 这告诉我们，问题是时代声音，时代声音是居于主导地位的人心；问题是时代口号，时代口号是体现时代精神的表达。每一时代都有自己的主要问题，每一时代的主要问题构成重大时代课题。

每一时代都有自己的主要问题

时代是一个历史范畴，是社会发展的特定历史阶段。划分时代的标

① 马克思，恩格斯．马克思恩格斯全集：第 40 卷．北京：人民出版社，1982：289-290.

准，从宏观尺度看，有以制度形态为标志的时代、以经济形态为标志的时代、以技术形态为标志的时代等；从中观尺度看，有以时代主题为标志的时代、以历史方位为标志的时代、以杰出人物为标志的时代等。历史是人的活动，人是时代的中心。因此，列宁把成为时代中心的阶级作为时代的标志，指出："我们能够知道，而且确实知道，**哪一个阶级**是这个或那个时代的中心，决定着时代的主要内容、时代发展的主要方向、时代的历史背景的主要特点等等。"① 阶级是一定经济关系、政治关系、社会关系的产物，阶级作为时代中心是历史唯物主义社会形态理论的必然结论。

从问题与时代的关系看，问题与时代内在关联，是时代的问题；时代与问题相伴始终，是问题的时代。问题具有多样性、多层性，有着大小轻重之分，准确把握每一时代的主要问题，就是提炼出重大时代课题。主要问题就是多样问题中的总问题，是多层问题中的元问题，是各种问题中的大问题，重大时代课题正是这样的问题。马克思、恩格斯提出了"资产阶级时代"的概念，同时提出了这一时代资产阶级和无产阶级的历史命运这样的重大时代课题，从而创立了科学社会主义理论。

重大时代课题是对社会主要矛盾的正确反映

新民主主义革命时期，以毛泽东同志为核心的党的第一代中央领导集体正确认识和把握中国社会的主要矛盾，做出"帝国主义和中华民族的矛盾，封建主义和人民大众的矛盾，这些就是近代中国社会的主要的矛盾"② 的科学判断，以此制定了党的新民主主义革命总路线。社会主义改造基本完成之后，人民成为生产力、生产关系和上层建筑的主体，社会主义社会主要矛盾的构建逻辑就不再是用以往阶级社会的阶级矛盾作为构建逻辑，而是以人民为主体，以人民的需求状况和对人民需求的满足状况之间的矛盾作为构建逻辑。

党的八大正确做出了"我们国内的主要矛盾，已经是人民对于建立先进的工业国的要求同落后的农业国的现实之间的矛盾，已经是人民对

① 列宁．列宁全集：第26卷．2版．北京：人民出版社，1998：143.
② 毛泽东．毛泽东选集：第2卷．2版．北京：人民出版社，1991：631.

于经济文化迅速发展的需要同当前经济文化不能满足人民需要的状况之间的矛盾”①。由此毛泽东同志提出要把正确处理人民内部矛盾作为国家政治生活的主题。

党的十一届六中全会在党的八大认识的基础上，将新时期我国社会主要矛盾进一步表述为“人民日益增长的物质文化需要同落后的社会生产之间的矛盾”，由此党和国家的工作重点转移到以经济建设为中心的社会主义现代化上来。

党的十九大指出中国特色社会主义进入了新时代，社会主要矛盾已经转化为人民日益增长的美好生活需要和不平衡不充分的发展之间的矛盾，我国社会主要矛盾的转化是新时代的基本依据。解决新的社会主要矛盾，必然要求全面建成富强民主文明和谐美丽的社会主义现代化强国，大大提升全体人民的获得感、幸福感、安全感，充分满足全体人民在民主、法治、公平、正义、安全、环境等方面的更高需要。可以看出，每一时期的社会主要矛盾都成为党的重大时代课题，重大时代课题的提出正是解决社会主要矛盾的开端。

三次伟大飞跃是基于对重大时代课题的回答

中国共产党近百年的历史，经历了三次伟大飞跃，每一次伟大飞跃都是在回答和解决重大时代课题中实现的。

中国共产党诞生后，面对要不要在中国建立社会主义社会、怎样在中国建立社会主义社会的重大问题，中国共产党人把马克思主义基本原理同中国革命和建设的具体实际结合起来，确立了中国革命和建设的正确道路，完成新民主主义革命和社会主义革命，建立起中华人民共和国和社会主义基本制度，进行了社会主义建设的艰辛探索，实现了中华民族从“东亚病夫”到站起来的伟大飞跃，得出了只有社会主义才能救中国的历史结论。

改革开放以来，面对什么是社会主义、怎样建设社会主义的重大问题，中国共产党人把马克思主义基本原理同中国改革开放的具体实际结合

① 中国共产党第八次全国代表大会关于政治报告的决议. 北京：人民出版社，1956：2.

起来，确立了中国特色社会主义道路，进行建设中国特色社会主义新的伟大实践，实现了中华民族从站起来到富起来的伟大飞跃，得出了只有中国特色社会主义才能发展中国的历史结论。

在新时代，面对新时代坚持和发展什么样的中国特色社会主义、怎样坚持和发展中国特色社会主义的重大时代课题，中国共产党人把马克思主义基本原理同新时代中国具体实际结合起来，推进新时代中国特色社会主义伟大实践，推动党和国家事业取得全方位、开创性历史成就，发生深层次、根本性历史变革，中华民族迎来了从富起来到强起来的伟大飞跃，得出的历史结论是只有坚持和发展中国特色社会主义才能实现中华民族伟大复兴。

三次伟大飞跃，先后形成了马克思主义中国化的重大理论成果——毛泽东思想、邓小平理论、“三个代表”重要思想、科学发展观、习近平新时代中国特色社会主义思想，都是正确提出和回答重大时代课题的理论结晶。

新时代中国特色社会主义的重大时代课题

问题是思想的源头，重大问题是理论创新的内核，党的创新理论都是在敏锐把握、深刻回答中国特色社会主义实践提出的重大问题过程中创立的。新时代产生新课题，新课题催生新思想，习近平新时代中国特色社会主义思想正是在从理论和实践结合上系统回答重大时代课题中形成的，成为党的理论创新最新成果、21 世纪马克思主义的重大成果。

在“两个一百年”奋斗目标的历史交汇期、社会主要矛盾的重大变化期、发展激励机制的转型提升期，紧紧围绕新时代党和国家的主要任务来展开和深化，将对重大时代课题的科学回答建立在引领新时代中国特色社会主义的伟大实践之上。

这一重大时代课题，着眼本国和世界，着眼全局和长远，将新时代坚持和发展中国特色社会主义，不仅放在当代中国的发展大局中来思考，且放在当代世界的发展大势中来认识，深刻把握新时代中国特色社会主义的世界历史意义。

2. 重大时代课题是理论创新的主线

理论产生的起点是提出问题，理论发展的动力是回答问题，理论体系的构建是围绕问题，理论创新的逻辑是深化问题。重大理论创新起源于提出重大问题，科学理论体系正确回答重大问题，回答和解决重大问题的过程就是理论创新的过程。

理论创新起于正确地提出和回答问题

理论创新来自问题导向，能否提出真实、关键、本质的问题，是理论创新的前提。实事求是是我们党的思想路线，要求面向实际、面向矛盾，从而提出问题，作为理论创新的生长点。从根本上说，坚持问题导向就是坚持实事求是。正如习近平同志所说："要有强烈的问题意识，以重大问题为导向，抓住重大问题、关键问题进一步研究思考，着力推动解决我国发展面临的一系列突出矛盾和问题。"①

问题导向是客观导向。"实事"就是客观存在着的一切事物，问题不是来自虚构臆想，问题存在于客观实际之中，坚持问题导向就是一切从实际出发。

问题导向是矛盾导向。客观世界是矛盾的世界，矛盾反映客观实际的本质，问题是事物矛盾的表现形式。因此，问题是时代的声音，进一步说，问题也是矛盾的声音。增强问题意识、坚持问题导向，就是承认矛盾的普遍性、客观性，就是要善于把认识和化解矛盾作为理论研究的突破口。

问题导向是求是导向。毛泽东指出："'是'就是客观事物的内部联系，即规律性，'求'就是我们去研究。"② 提出问题是为了回答问题，寻找答案就是探索规律。问题导向是实践导向。提出问题、发现规律还不是最终目的，提出问题就要解决问题，发现规律就要运用于实践。

科学理论体系围绕回答重大时代课题而展开

问题是理论的起点、内核与基石，重大问题导致重大理论。揭示人类

---

① 习近平．关于《中共中央关于全面深化改革若干重大问题的决定》的说明．人民日报，2013-11-16.

② 毛泽东．毛泽东选集：第3卷．2版．北京：人民出版社，1991：801.

社会发展规律的科学理论体系，都要紧紧围绕重大时代课题而思考研究、深化展开。

马克思紧紧围绕人类社会发展规律的基本问题，即物质生活的生产方式同整个社会生活、政治生活和精神生活的关系，发现了人类历史的发展规律，提出了“两个决不会”思想，创立了唯物史观，实现了哲学史上的根本变革。马克思主义诞生于资本主义时代，认为“资本和劳动的关系，是我们全部现代社会体系所围绕旋转的轴心”①。马克思从这一“轴心”出发，创立了剩余价值理论，揭示了现代资本主义生产方式和它所产生的资产阶级社会的特殊的运动规律，第一次科学地说明了资本和劳动的关系。在《资本论》中，马克思对现代社会关系的全部领域做出了透彻和精辟的剖析，严格地证明了现代资本主义社会制度的主要规律，“就像一个观察者站在高山之巅俯视下面的山景一样”②。

列宁紧紧围绕资本主义进入垄断阶段的发展规律问题，考察了资本主义垄断形成和发展的过程，集中精力对帝国主义做了深入全面系统的研究，撰写了《帝国主义是资本主义的最高阶段》，创立了马克思主义关于帝国主义的科学理论，揭示了帝国主义时代资本主义经济和政治发展不平衡的规律。

重大时代课题贯通于马克思主义中国化理论成果的体系之中

中国共产党人的初心和使命，就是为中国人民谋幸福，为中华民族谋复兴。坚持和践行这一初心和使命，就是要把马克思主义基本原理同中国的具体实际相结合，在不同历史时期和发展阶段，准确把握每一时期或阶段的主要矛盾，正确回答党的事业面临的重大时代课题，从而形成和构建马克思主义中国化的重大成果。

以毛泽东同志为主要代表的中国共产党人，在新民主主义革命时期正确回答进行什么样的革命、怎样进行革命的重大问题，在社会主义革命和建设时期正确回答怎样向社会主义过渡、怎样走中国社会主义道路的重大问题，创立了毛泽东思想，是被实践证明了的关于中国革命和建设的正确

---

①② 马克思，恩格斯．马克思恩格斯选集：第2卷．3版．北京：人民出版社，2012：70.

的理论原则和经验总结。

以邓小平同志为主要代表的中国共产党人，总结新中国成立以来正反两方面的经验，彻底否定“以阶级斗争为纲”的错误理论和实践，紧紧围绕什么是社会主义，怎样建设社会主义的重大问题，逐步形成了建设中国特色社会主义的路线、方针、政策，创立了邓小平理论，阐明了在中国建设社会主义、巩固和发展社会主义的基本问题。

以江泽民同志为主要代表的中国共产党人，在苏东剧变的严峻考验中，加深了对建设什么样的党、怎样建设党的认识，推进党的建设新的伟大工程，形成了“三个代表”重要思想，是加强和改进党的建设、推进我国社会主义自我完善和发展的强大理论武器。

以胡锦涛同志为主要代表的中国共产党人，总结我国发展实践，适应新的发展要求，深刻认识和回答了新形势下实现什么样的发展、怎样发展的重大问题，形成了以人为本、全面协调可持续发展的科学发展观，是马克思主义关于发展的世界观和方法论的集中体现。

习近平新时代中国特色社会主义思想系统回答重大时代课题

经过长期努力，特别是改革开放以来的不懈奋斗，中国特色社会主义进入了新时代。新时代之“新”，在于我国进入了一个新的发展阶段，发展环境、发展条件都发生了新的变化，目标任务也发生了新的变化。以习近平同志为核心的党中央，从理论和实践结合上系统回答了新时代坚持和发展什么样的中国特色社会主义、怎样坚持和发展中国特色社会主义这个重大时代课题，创立了习近平新时代中国特色社会主义思想。

这一思想聚焦新的时代命题，总结开创性、独特性的实践经验，提出一系列新思想新观点新论断，构建起新的理论体系，正确回答了新时代坚持和发展中国特色社会主义的总目标、总任务、总体布局、战略布局和发展方向、发展方式、发展动力、战略步骤、外部条件、政治保证等方面的基本问题，并根据新的实践对经济、政治、法治、科技、文化、教育、民生、民族、宗教、社会、生态文明、国家安全、国防和军队、“一国两制”和祖国统一、统一战线、外交、党的建设等各方面做出理论分析和政策指导。

“八个明确”“十四个坚持”是习近平新时代中国特色社会主义思想的核心内容。“八个明确”是这一思想最为核心和关键的组成部分，是支撑习近平新时代中国特色社会主义思想的四梁八柱。“十四个坚持”的基本方略，涵盖坚持党的领导和“五位一体”总体布局、“四个全面”战略布局，涵盖国防和军队建设、维护国家安全、对外战略等内容，是对党的治国理政重大方针、原则的最新概括，是实现“两个一百年”奋斗目标、实现中华民族伟大复兴中国梦的“路线图”和“方法论”。“八个明确”“十四个坚持”集中体现了对重大时代课题的系统回答，重大时代课题与重大理论创新相生相成、共进同行。

3. 重大时代课题是实践创新的指向

问题是理论创新的起点，也是实践创新的起点，问题导向是发现问题、解决问题的过程。每个时代总有属于它自己的问题，确定重大时代课题、回应重大时代课题，才能找到引领时代进步的路标，才能创造一个新的伟大时代。习近平同志指出：“我们中国共产党人干革命、搞建设、抓改革，从来都是为了解决中国的现实问题。可以说，改革是由问题倒逼而产生，又在不断解决问题中得以深化。”① 有效解决前进道路上的重大问题，就能开创新时代党和国家事业发展新局面。

实践创新要以问题为导向

一是要树立问题意识、坚持问题导向。问题是一种客观存在，但只有善于发现问题才能抓住问题，只有具有创新精神和创新动力，才能发现那些能够导致创新的问题。发现问题与解决问题相比，前者更加基本。

二是要敢于正视问题、勇于面对问题。问题无时不有，矛盾无处不在，关键在于是回避问题、“遇到问题绕着走”，还是具有强烈的责任感和使命感。担当起责任就是担当起问题，肩负起使命就是肩负起矛盾。“苟利国家生死以，岂因祸福避趋之。”

三是要善于分析问题、深入思考问题。问题是实践对象的特殊矛盾，

---

① 习近平．关于《中共中央关于全面深化改革若干重大问题的决定》的说明．人民日报，2013-11-16.

只有厘清这种矛盾的内部关系，发现问题之症结，才能找出解决矛盾的出路，促进事物向新的状态转化。这就要求透过现象看本质，从繁杂问题中把握事物的规律性，从苗头问题中发现事物的倾向性，从偶然问题中揭示事物的必然性。

四是要敢于破除积弊、积极解决问题。一些问题之所以为人所周知，却长期得不到有效解决，不是由于问题难以发现，而是由于矛盾复杂尖锐、根深蒂固、盘根错节、难以解决，所以就得过且过、酿成危机。实践创新并不仅仅是认识问题，更重要的是要有实践的勇气、能力和魄力。邓小平于1975年1月5日就任中央军委副主席兼中国人民解放军总参谋长，1月25日就在总参机关发表了题为《军队要整顿》的重要讲话，旗帜鲜明地指出要纠正“文化大革命”对军队建设的破坏。在1975年7月的中共中央军委扩大会议上，邓小平一针见血地点出了军队建设存在的肿、散、骄、奢、惰的问题，雷厉风行地开始推动军队整顿，显示出坚定的政治勇气和卓越的实践能力。

解决重大时代课题推动伟大社会革命

中国共产党近百年的历史就是不断引领和推进伟大社会革命的历史。新民主主义革命、社会主义革命、改革开放新的伟大革命、新时代伟大社会革命，都是伟大社会革命的光辉历程和坚实脚步。伟大社会革命有其根本动因，中华民族近代以来的社会基本矛盾及其在各个历史时期的主要矛盾表现，凝结为每一历史时期的重大时代课题，使得伟大社会革命成为历史的必然。

中国共产党成立后，怎样在一个半殖民地半封建社会里建立社会主义社会，在帝国主义、封建主义、官僚资本主义统治下实现人民当家作主，正确答案是只有进行空前激烈的社会革命，也就是进行新民主主义革命，开展武装斗争，推翻三座大山，才能建立一个新中国，实现了中国从几千年封建专制政治向人民民主的伟大飞跃。

新中国成立后，我们党坚持只有社会主义才能救中国，进行社会主义革命，推动农业、手工业、资本主义工商业的社会主义改造。确立社会主义基本制度，是中华民族有史以来最为广泛而深刻的社会变革。

“文化大革命”结束后，怎样坚持真理、修正错误，既坚持中国社会主义方向，又开辟中国社会主义新道路，是摆在党和国家面前的重大课题。以党的十一届三中全会为起点，党团结带领人民开始了一场改革开放新的伟大革命，破除了阻碍国家和民族发展的一切思想和体制障碍，建设中国特色社会主义，是社会主义条件下的伟大社会革命，是党领导人民开展的社会主义自我革命。

新时代中国特色社会主义是我们党领导人民进行伟大社会革命的成果，也是我们党领导人民进行伟大社会革命的继续，是伟大社会革命在新时代的深化、展开和丰富。这一伟大社会革命是在明确新时代的基本形势和主要任务的基础上展开的。

伟大斗争、伟大工程、伟大事业、伟大梦想回应重大时代课题

新时代中国共产党的历史使命，就是在170多年来中华民族前赴后继、接续奋斗、实现中华民族伟大复兴的征程中，开启新征程、迈向新阶段。新时代坚持和发展什么样的中国特色社会主义、怎样坚持和发展中国特色社会主义的出发点和落脚点都是聚焦于实现这个奋斗目标、完成这个历史使命的。中华民族伟大复兴，绝不是轻轻松松、敲锣打鼓就能实现的，必须准备付出更为艰苦的努力。

实现伟大梦想，必须进行伟大斗争。前进道路上面对着来自不同方面的重大挑战，必须坚决反对一切削弱、歪曲、否定党的领导和我国社会主义制度的言行。面对来自不同领域的重大风险，必须增强忧患意识、防范风险挑战，防范“黑天鹅”事件和“灰犀牛”事件，坚决战胜一切在政治、经济、社会、文化等领域和自然界出现的困难和挑战。面对着来自不同群体的重大阻力，必须坚决破除一切不合时宜的思想观念和体制机制弊端，突破利益固化的藩篱，坚决防止党内形成利益集团。面对来自不同层面的重大矛盾，必须克服消极懈怠、回避矛盾的思想和行为，发扬斗争精神，提高斗争本领，推动矛盾转化。

实现伟大梦想，必须建设伟大工程。全面从严治党，实质上就是党的自我革命。历史和现实都一再证明，一个执政党进行社会革命不容易，进行自我革命更不容易，而不进行自我革命就必然为历史所淘汰。必须深化

党的自我革命，消除一切损害党的先进性和纯洁性的因素，消除一切侵蚀党的健康肌体的病毒。我们党要在重大变革关头顺乎潮流、顺应民心，始终成为时代先锋、民族脊梁，自身必须始终过硬，特别是要发挥彻底的自我革命精神。

实现伟大梦想，必须推进伟大事业。中国特色社会主义道路是实现社会主义现代化、创造人民美好生活的必由之路，中国特色社会主义理论体系是指导党和人民实现中华民族伟大复兴的正确理论，中国特色社会主义制度是当代中国发展进步的根本制度保障，中国特色社会主义文化是激励全党全国各族人民奋勇前进的强大精神力量。新时代坚持和发展中国特色社会主义，必须不断完善道路、创新理论、巩固制度、丰富文化，夯实新时代中国特色社会主义的基石。

4. 重大时代课题是党和人民的心声

问题内含价值，问题导向包含价值导向。社会领域的问题，从问题的选定，到问题的回答，再到问题的解决，都是一定利益需求的反映和驱动。马克思主义是人民的理论，习近平同志在纪念马克思诞辰 200 周年大会上发表讲话，指出："马克思主义之所以具有跨越国度、跨越时代的影响力，就是因为它植根人民之中，指明了依靠人民推动历史前进的人间正道。"① 马克思主义的创立及其魅力，根本在于为工人代言、为人民研究、为人类解放服务。中国共产党是中国工人阶级的先锋队，同时是中国人民和中华民族的先锋队。党心集中体现了民心，党在每一时期和阶段的重大课题，都是党心、民心的要求，重大时代课题扎根于全党和全体人民之中。

问题是党心所向、人心所向

群众路线是我们党的根本工作路线，坚持群众路线就是要贯彻"从群众中来，到群众中去"的认识路线。群众既包括群众党员，也包括普通群众。问题从实践中来，而群众又是实践的主体，因此，问题要从群众中来。深入群众听取意见，就知道群众所想、所盼、所愿，就能了解代表群

① 习近平．在纪念马克思诞辰 200 周年大会上的讲话．人民日报，2018-05-04．

众利益要求的问题是什么。这样，才能使各项决策和各方面工作既符合实际情况和客观规律，又符合人民意愿。

坚持调查研究，是贯彻群众路线的基本方法。深入群众、深入基层、深入一线调查研究，才能深切了解群众的需求、愿望和实践经验。早在1930年，毛泽东在《反对本本主义》中，就强调了深入群众调查研究，才能切实掌握民愿，形成正确的问题，做出正确的判断。毛泽东说："离开实际调查去估量政治形势，去指导斗争工作，是不是空洞的唯心的呢?""社会经济调查，是为了得到正确的阶级估量，接着定出正确的斗争策略。"① 重大时代课题因其容量大、覆盖广、涉及根本，更是以高屋建瓴、更为彻底的概括表达了全党心声和群众呼声。

重大时代课题凝聚党的意志，反映人民利益

中国共产党作为"两个先锋队"，体现在近百年来推动中华民族伟大复兴的三次伟大飞跃上，体现在党在不同历史时期的基本纲领上，还体现在党在各个时期和阶段的重大课题上。党要回答和解决的重大时代课题，都是以一种集中、凝练、深刻的形式反映党心和民心。党在近百年来领导的伟大社会革命和党的自我革命，追根溯源，都是解决中国社会主要矛盾的内在要求，而这些内在要求又都表现为全党的意志呼声和人民的利益诉求。

进行新民主主义革命，是在帝国主义、封建主义、官僚资本主义三座大山重重压迫之下，广大中国人民求解放、伟大中华民族求独立的强烈要求，是中国共产党人为人民解放、民族复兴而奋斗的现实途径。

进行社会主义革命和建设，是在经济落后的国家解放和发展生产力的必然要求，是对农业、手工业、资本主义工商业进行社会主义改造，让中国人民不仅从政治上站起来而且从经济上站起来的必然要求，是中国共产党人在中国确立和建设社会主义远大理想的必然要求。

进行改革开放新的伟大革命，是中国人民不仅要在经济上站起来，成为生产资料的主人，而且要在经济上富起来，成为幸福生活的主人的迫切

① 毛泽东. 毛泽东选集：第1卷. 2版. 北京：人民出版社，1991：112，113.

要求，是中国共产党人追求人民幸福、国家富强的迫切要求。贫困不是社会主义，贫困不符合人民利益，贫困不符合党的宗旨。

进行党的自我革命，是中国共产党人建设一个始终走在时代前列、人民衷心拥护、勇于自我革命、经得起各种风浪考验、朝气蓬勃的马克思主义执政党的本质要求，是不断解决部分党员的成分、思想、政治素质与党的性质宗旨不相适应的矛盾，解决党掌握全国政权并长期执政后面临各种诱惑、考验、风险的矛盾的本质要求。

新时代坚持和发展中国特色社会主义顺应党心民心

新时代坚持和发展中国特色社会主义这一重大时代课题顺应党心民心。

中国特色社会主义，是从改革开放 40 年的伟大实践中得来的，是从中华人民共和国成立近 70 年的持续探索中得来的，是在我们党领导人民进行伟大社会革命 90 多年的实践中得来的。从根本上说，都是中国人民在党的领导下创造出来的，是党带领人民选择出来的，是党和人民的共同意志。

新时代坚持和发展中国特色社会主义的实践基础，最为主要的，就是社会主要矛盾的转化。社会主要矛盾的变化，反映了人民日益增长的美好生活需要，反映了党解决发展不平衡不充分问题，从而满足人民美好生活需要的决心和行动。

新时代坚持和发展中国特色社会主义的根本原则，就是坚持党对一切工作的领导，坚持以人民为中心，坚持全面深化改革，坚持新发展理念。这体现了党的领导和人民中心的高度统一，体现了党的战略和人民利益的高度统一，体现了党的思想和人民愿望的高度统一。

新时代坚持和发展中国特色社会主义的历史使命，是在实现中华民族伟大复兴的新征程中，决胜全面建成小康社会、全面建设社会主义现代化国家。全面建成小康社会，是我们党向人民、向历史做出的庄严承诺，是 13 亿多中国人民的共同期盼；全面建设社会主义现代化国家，是我们党的不懈追求。建设富强中国、民主中国、文明中国、和谐中国、美丽中国，说到底就是建设人民幸福的中国；建成社会主义现代化强国，核心问题就是建设人民普遍拥有获得感、幸福感、安全感的中国。

新时代坚持和发展中国特色社会主义的总体布局，就是经济、政治、文化、社会、生态文明全面发展进步的“五位一体”总体布局，人民在这一进程中物质文化生活需要得到充分满足，民主、法治、公平、正义、安全、环境等方面的需要不断满足。

新时代坚持和发展中国特色社会主义的安全保障，要求坚持总体国家安全观，要求把人民军队全面建成世界一流军队。这是党担负起维护国家安全、建设强大军队的重大使命，为社会发展、人民幸福创造安全环境。

新时代坚持和发展中国特色社会主义的领导力量，要求全面从严治党，推进党的建设新的伟大工程。毫不动摇地把党建设得更加坚强有力，就能保证党始终为人民谋幸福，得到人民衷心拥护，汇聚起实现中华民族伟大复兴中国梦的磅礴力量。

5. 重大时代课题是承前启后的产物

历史总是在继承与开创之间展开，既吸收以往积累的成果，又面向新的实践。重大时代课题也是如此，它并不是凭空产生的、与以往无缘无由的，而是一以贯之的问题与新的时代内涵的融合。考察重大时代课题，既要把握新情况新矛盾新问题，又要看到历史的连续性。

实践无止境，课题无终结

生产力与生产关系、经济基础与上层建筑的矛盾，是社会基本矛盾。正是由于生产力发展的永无停止、永无中断，决定了社会基本矛盾的永无终结、永无消亡，也决定了回应社会基本矛盾、社会主要矛盾的时代课题永无停滞、永无结题。原有的社会主要矛盾解决了，新的社会主要矛盾又产生了，随之新的时代课题又形成了，且原有的主要矛盾、重大问题并不是完全消失了，而是以新的形式、新的内涵、新的表现进入新的主要矛盾、新的重大问题当中。

社会主义思想已有500多年历史，对人类建立社会主义社会这一重大课题，仍然在探索之中。空想社会主义者揭露资本主义社会的罪恶，批判资本主义制度的全部基础，论证未来社会代替资本主义的必然性和合理性，对未来社会提出一些积极主张和有价值的猜测。但是，他们的共同局限是唯心史观，无法找到实现其社会理想的正确道路和社会力量。科学社会主义深刻揭示了资本主义产生、发展、灭亡和共产主义取代资本主义的历史必然性，对未来社会主义社会的发展过程、发展方向、一般特征做了科学预测和设想。马克思、恩格斯对未来社会主义社会的设想主要是理论上的，如何付诸实践，是后来人的使命。十月革命胜利后，对于究竟如何搞社会主义，没有先例，列宁进行了深刻反思，提出了新经济政策，对战时共产主义政策进行了深刻调整。苏联模式在特定的历史条件下促进了苏联经济社会快速发展，也为苏联军民夺取反法西斯战争胜利发挥了重要作用。但由于不尊重经济规律等，随着时间推移，其弊端日益暴露，成为经济社会发展的严重体制障碍。进入 20 世纪 80 年代后，面对经济社会发展的困境，苏联和东欧国家也想进行一些调整，但在西方各种势力的强大攻势下，调整偏离了正确方向，终于导致 1989 年东欧国家先后发生剧变，1991 年苏联解体、苏共解散，使世界社会主义遭受了重大曲折。

新中国成立后，如何在中国建设社会主义，是党面临的一个崭新课题。刚开始，我们只能学习苏联经验，但在实践中我们党很快就察觉到苏联模式的局限，提出要以苏为鉴，独立探索适合中国国情的社会主义建设道路，对怎样建设社会主义有了自己新的重要认识。在后来的实践中，由于党在指导思想上“左”的错误，很多关于社会主义建设的正确思想没有得到贯彻落实，甚至发生了“文化大革命”那样的全局性、长时间的严重错误，使我们党在探索社会主义的历程中遭遇严重挫折。尽管探索艰辛坎坷，但我们党取得的积极成果是极其宝贵的，为新的历史时期开创中国特色社会主义提供了宝贵经验、理论准备、物质基础。

重大时代课题一脉相承、与时俱进

新时代坚持和发展中国特色社会主义这一重大时代课题，是改革开放以来开创和探索中国特色社会主义道路的继续和深化，与邓小平理论、“三个代表”重要思想、科学发展观创造性提出和回答的重大问题一脉相承、与时俱进。

邓小平理论，是在和平与发展成为时代主题的历史条件下，在我国改革开放和社会主义现代化建设的实践过程中，在总结我国社会主义胜利和挫折的历史经验并借鉴其他国家社会主义兴衰成败历史经验的基础上，逐步形成和发展起来的。邓小平理论坚持科学社会主义理论和实践的基本成果，抓住什么是社会主义、怎样建设社会主义这个根本问题，深刻地揭示社会主义的本质，把对社会主义的认识提高到新的科学水平。新时期的思想解放，关键就是在这个问题上的思想解放。这个理论，第一次比较系统地初步回答了中国这样的经济文化比较落后的国家如何建设社会主义、如何巩固和发展社会主义的一系列基本问题，用新的思想、观点继承和发展了马克思主义。拨乱反正，全面改革，从“以阶级斗争为纲”到以经济建设为中心，从封闭半封闭到改革开放，从计划经济到社会主义市场经济，改革开放以来的历史性转变，就是逐渐搞清楚这个根本问题的进程。习近平新时代中国特色社会主义思想，紧紧围绕新时代坚持和发展什么样的中国特色社会主义、怎样坚持和发展中国特色社会主义这一重大时代课题，将什么是社会主义、怎样建设社会主义这一根本问题的探索，推进到新的时代高度，赋予新的时代内涵。通过对新时代的基本形势、主要任务、世界意义等的深刻认识，确立了重大时代课题，并且在新的科学理论体系中系统回答了重大时代课题。

“三个代表”重要思想，是在科学判断党的历史方位的基础上，抓住建设什么样的党、怎样建设党这个重大问题提出来的。我们党历经革命、建设和改革，从领导人民为夺取全国政权而奋斗的党，成为领导人民掌握全国政权并长期执政的党；从受到外部封锁和实行计划经济条件下领导国家建设的党，成为对外开放和发展社会主义市场经济条件下领导国家建设的党。必须从中国和世界的历史、现状和未来着眼，准确把握时代特点和党的任务，科学制定并正确执行党的路线方针政策，认真研究和解决推动中国社会进步和加强党的建设的问题。坚持用时代发展的要求审视自己，以改革的精神加强和完善自己，这是我们党始终保持马克思主义政党本色、永不脱离群众和具有蓬勃活力的根本保证。要实现坚持马克思主义基本原理和推进理论创新相统一，坚持党的优良传统和弘扬时代精神相统一，坚持增强党的阶级基础和扩大党的群众基础相统一，使党成为思想上政治上组织上完全巩固、始终站在时代前列带领人民团结奋进的坚强领导核心。习近平新时代中国特色社会主义思想，把推进党的建设新的伟大工程、全面从严治党、贯彻新时代党的建设总要求等，作为系统回答重大时代课题的重要内容。明确中国特色社会主义最本质的特征是中国共产党领导，中国特色社会主义制度的最大优势是中国共产党领导，党是最高政治领导力量，发展和深化了对建设什么样的党、怎样建设党等重大问题的认识，并且把问题进一步提炼为为什么要坚持党对一切工作的领导、怎样坚持和加强党的全面领导。

科学发展观，是立足社会主义初级阶段基本国情，总结我国发展实践，借鉴国外发展经验，适应新的发展要求，抓住实现什么样的发展、怎样发展的重大问题提出来的。进入新世纪新阶段，我国发展呈现一系列新的阶段性特征。当前我国发展的阶段性特征，是社会主义初级阶段基本国情在新世纪新阶段的具体表现。必须始终保持清醒头脑，立足社会主义初级阶段这个最大的实际，科学分析我国全面参与经济全球化的新机遇新挑战，全面认识工业化、信息化、城镇化、市场化、国际化深入发展的新形势新任务，深刻把握我国发展面临的新课题新矛盾，更加自觉地走科学发展道路，奋力开拓中国特色社会主义更为广阔的发展前景。科学发展观对新形势下实现什么样的发展、怎样发展等重大问题做出了新的科学回答，把我们党对中国特色社会主义规律的认识提高到新的水平。习近平新时代中国特色社会主义思想，提出创新、协调、绿色、开放、共享的新发展理念，对发展内涵做了具有新的时代特点的全方位拓展，把关于发展的思想和理论提升到新的高度，标志着我们党对经济社会发展规律的认识达到了新的高度，深化和丰富了对实现什么样的发展、怎样发展等重大问题的认识。

习近平新时代中国特色社会主义思想的重大时代课题是中国共产党近百年历史智慧的结晶

新时代中国特色社会主义，是我们党领导人民进行伟大社会革命 90 多年实践的继续。“新时代坚持和发展什么样的中国特色社会主义、怎样坚持和发展中国特色社会主义”这一重大时代课题，也是党 90 多年历史的实践结晶。党的重大时代课题围绕党的性质、宗旨和使命而确立，依据党在每一历史时期的任务而展开，经过党的奋斗历程和曲折道路而丰富。思想的逻辑存在于历史的逻辑之中，是历史的东西在思维中的再现。在黑格尔看来，最发展、最丰富、最深刻的哲学的一个基本规定性是，“在这里面，凡是初看起来好像是已经过去了的东西，被保存着，被包括着，——它必须是整个历史的一面镜子”①。党的 90 多年的艰辛历程和光辉业绩，如同一幅逶迤而又气势磅礴、雄浑而又绚丽多彩的画卷，对于新时代新实践，仍然发挥着重大而深远的影响作用，仍然融入新时代重大课题之中。

新时代中国特色社会主义，是中华人民共和国成立后近 70 年持续探索的继续。新时代坚持和发展什么样的中国特色社会主义、怎样坚持和发展中国特色社会主义这一重大时代课题，也是新中国近 70 年历史的实践结晶。以党的十一届三中全会为历史分期，我们党领导人民进行社会主义建设，主要分为改革开放前和改革开放后两个历史时期。这是两个相互联系又有重大区别的时期，但本质上都是我们党领导人民进行社会主义建设的实践探索。中国特色社会主义是在新中国已经建立起社会主义基本制度并进行了 20 多年建设的基础上开创的，改革开放前的社会主义实践探索为改革开放后的社会主义实践探索积累了条件，改革开放后的社会主义实践探索是对前一个时期实践探索的坚持、改革、发展。新时代重大课题，是对这两个历史时期实践探索的高度概括。

新时代中国特色社会主义，是改革开放 40 年伟大实践的继续。新时代坚持和发展什么样的中国特色社会主义、怎样坚持和发展中国特色社会主义这一重大时代课题，也是改革开放 40 年历史的实践结晶。改革开放 40 年，是中国特色社会主义道路从开辟到拓展、完善、巩固的 40 年。中国特色社会主义道路，是在中国共产党领导下，创造性地把马克思主义基本原理同中国实际和时代特征相结合，不懈追求、持续探索，开拓创新、

① 黑格尔．哲学史讲演录：第 1 卷．北京：商务印书馆，1959：45.

不断完善，走出来的自己的道路；是在当代世界迅速发展、国际局势急剧变化，我国改革破冰除障、不断化解矛盾风险的形势下，顺应世界大势、营造有利态势，勇于改革开放、励志奋勇前进，走出来的奋斗的道路；是把人民赞成不赞成、拥护不拥护、满意不满意作为衡量路线、方针、政策正确与否的根本准则，作为检验改革开放成败得失的根本标准，最大限度地凝聚人民群众的智慧和力量，走出来的人民的道路。历史已经证明并将继续证明，中国特色社会主义道路是实现社会主义现代化、创造人民美好生活的必由之路。新时代重大课题，是改革开放 40 年伟大实践的深化拓展。

新时代中国特色社会主义，是党的十八大以来以习近平同志为核心的党中央，开拓创新、励精图治、奋发有为创造出来的。新时代坚持和发展什么样的中国特色社会主义、怎样坚持和发展中国特色社会主义这一重大时代课题，也是新时代的实践结晶。进入新时代，全面加强党的领导发生深刻变革，发展理念和发展方式发生深刻变革，各方面体制机制发生深刻变革，全面依法治国发生深刻变革，党对意识形态工作的领导发生深刻变革，生态文明建设发生深刻变革，国防和军队现代化发生深刻变革，中国特色大国外交发生深刻变革，全面从严治党发生深刻变革。这些全方位开创性成就、深层次根本性变革，都凝练在重大时代课题之中，使重大时代课题成为时代精神的精华。

（三）重大时代课题的系统回答

问题是思想的源头，重大问题是理论创新的内核，党的创新理论都是在敏锐把握、深刻回答中国特色社会主义实践提出的重大问题过程中创立的。新时代产生新课题，新课题催生新思想，习近平新时代中国特色社会主义思想正是在从理论和实践结合上系统回答重大时代课题中形成的，是党的创新理论最新成果、21 世纪中国马克思主义的理论结晶。这个重大时代课题就是新时代坚持和发展什么样的中国特色社会主义、怎样坚持和发展中国特色社会主义，它构成了习近平新时代中国特色社会主义思想的理论基石。深入领会重大时代课题的历史底蕴、丰富内涵、高远视界，全面领悟围绕重大时代课题的艰辛理论探索、深化规律认识、创新思想观点，是更加充分认识习近平新时代中国特色社会主义思想科学性、规律性、指导性的前提和基础。

1. 全面把握新时代的实践基础

经过长期努力，中国特色社会主义进入了新时代，这是我国发展新的历史方位，也是创新理论新的实践基础。“新时代坚持和发展什么样的中国特色社会主义、怎样坚持和发展中国特色社会主义”，首先就是要明确新时代中国特色社会主义面对的重大问题，从问题出发思考和筹划新时代坚持和发展中国特色社会主义的历史使命、基本方略、战略安排、重大部署等。全面把握新时代的实践基础，关键是扭住和解决“三个并存”问题。

重大进展与重大矛盾并存。经过40年的改革开放，特别是党的十八大以来，党和国家事业取得了全方位、历史性成就，发生了深层次、根本性变革。中华民族进入了从站起来、富起来到强起来的伟大飞跃，全面建成小康社会成功在望，全面建设社会主义现代化国家即将启程。同时，在发展的进程中，产生了一些重大矛盾和问题，面临不少困难和挑战。比如，发展不平衡不充分的一些突出问题尚未解决，城乡区域发展和收入分配差距依然较大，社会矛盾和问题交织叠加，意识形态领域斗争依然复杂，党的建设方面还存在不少薄弱环节，等等。这些重大矛盾和问题，是我国在迅速转变、时空压缩、矛盾汇聚、化解滞后的状态下，逐步积累和显现的。回答重大时代课题，首先就要面对重大进展与重大矛盾并存这一现实，正视前进道路上的问题和难题，提出解决重大现实问题的方略布局。党的十八大以来，以习近平同志为核心的党中央推动重大进展与解决重大矛盾并举，使之相互支持、相互促进。进行伟大斗争解决重大矛盾，建设伟大工程重塑政治生态，推进伟大事业攻克发展难关，实现了各个领域的明显改善。

光明前景与风险隐患并存。在一代代中国共产党人接续奋斗的基础上，新时代前所未有地接近实现中华民族伟大复兴的目标，前所未有地具有实现这个目标的能力和信心，呈现出实现中国梦的光明前景和美好未来。同时，党中央清醒认识到诸多矛盾叠加、风险隐患增多的局势。诸多矛盾叠加，历史的和新生的，国际的和国内的，经济的和政治的，自然的和社会的，物质的和精神的，党内的和党外的，形成矛盾集合体；风险隐患增多，积累的和突发的，外因的和内因的，必然的和偶然的，可预料和难以预料的，可控制和难以控制的，呈现多样性风险。习近平总书记准确把握重大机遇期与高风险期并存交织的趋势，带领全党增强驾驭风险本领，健全各方面风险防控机制，坚决战胜一切在政治、经济、文化、社会等领域和自然界出现的困难和挑战。特别是在统筹推进“五位一体”总体布局、协调推进“四个全面”战略布局的过程中，以建设发展的成效来遏制各种风险隐患，牢牢把握化危为机的主动权。在多样性风险面前，全面掌握风险成因，有效化解风险震荡，及时中止风险演化，构建总体国家安全体系，有效保证新时代中国特色社会主义安全发展、顺利发展。

发展动力与发展阻力并存。进入新时代，人民对美好生活的追求，“两个一百年”奋斗目标的激励，破除阻碍发展的体制机制弊端的要求等等，构成了加快推动发展、全面深化改革的强大动力。让社会生产力的要素充分使用、潜能充分发挥，让广大人民的积极性主动性创造性充分激发，正是新时代的根基、源泉和风貌。同时也要看到，在改革开放的进程中，形成了新的利益关系、利益格局，其中有的是固化利益、既得利益，构成利益藩篱、利益壁垒，成为发展的重大阻力。强化发展动力，克服发展阻力，是新时代中国特色社会主义发展的关键环节。全面深化改革是一场深刻革命，就是要推进社会公平正义，改革利益分配机制，克服利益关系调整、利益格局重塑遇到的重大阻力，破除阻碍国家和民族发展的一切思想和体制障碍。党的十九大报告提出，坚决破除一切不合时宜的思想观念和体制机制弊端，突破利益固化的藩篱，这就能激发全社会创造力和发展活力，努力实现更高质量、更有效率、更加公平、更可持续的发展。

2. 着力完成新时代的主要任务

中国特色社会主义是改革开放以来党的全部理论和实践的主题，是一次新的伟大长征。在这一征途上，由于主要矛盾变化，形成了不同的发展阶段，决定了不同的主要任务。新时代坚持和发展什么样的中国特色社会主义、怎样坚持和发展中国特色社会主义，必须紧紧围绕新时代党和国家的主要任务来展开和深化，将重大时代课题的科学回答，建立在引领新时代中国特色社会主义的伟大实践之上。在“两个一百年”奋斗目标的历史交汇期、社会主要矛盾的重大变化期、发展激励机制的转型提升期，关键是研究怎样解决“三个过渡”问题。

从全面建成小康社会向全面建设社会主义现代化国家过渡。决胜全面建成小康社会、进而全面建设社会主义现代化强国，是进入新时代后党和国家的首要任务。对于以习近平同志为核心的党中央来说，既要跑好全面建设小康社会这场接力赛的最后一棒，收官冲刺，又要跑好全面建设社会主义现代化国家这场新的接力赛的第一棒，起步开局。现在，全面建设小康社会积累了丰硕的成果和丰富的经验，全面建成小康社会可以说是胜利在握。全面建设社会主义现代化国家，既是全面建设小康社会的延续，又是在新的跑道上开启新的征程，有着不同于全面建设小康社会的性质和内涵、标准和要求、方法和路径。因此，各级领导和广大干部仍显得准备不足、能力不够，需要重新学习、继续提高。新中国成立前夕的七届二中全会，党的主要任务即将从革命和战争转向建设和发展，党的工作重心即将由乡村转移到城市。毛泽东勉励全党，我们能够学会我们原来不懂的东西。我们不但善于破坏一个旧世界，我们还将善于建设一个新世界。今天，习近平总书记号召全党，坚忍不拔、锲而不舍，奋力谱写社会主义现代化新征程的壮丽篇章；以时不我待、只争朝夕的精神，奋力走好新时代的长征路。我们坚信，中国共产党不仅能够取得全面建成小康社会的最后胜利，而且能够取得全面建成社会主义现代化强国的伟大胜利。

从解决旧的主要矛盾向解决新的主要矛盾过渡。认识社会主要矛盾，是为了解决这个主要矛盾，以此推动社会发展进步。党的八大做出人民对于经济文化迅速发展的需要同当前经济文化不能满足人民需要的状况之间的矛盾这一判断，党的十一届六中全会做出人民日益增长的物质文化需要同落后的社会生产之间的矛盾这一判断，都是党制定基本路线的根本依据。新中国成立和改革开放以来，解决我国社会主要矛盾成为党的主要任务，形成了一系列解放和发展生产力、消除贫困的路线方针政策。

从差距发展向共享发展过渡。坚持新发展理念是新时代坚持和发展中国特色社会主义的基本方略，共享发展是新发展理念的灵魂。共享发展注重的是解决社会公平正义问题，要求全民共享、全面共享、共建共享、渐进共享。共享发展的提出，是对改革开放以来我国发展的经验总结，是中国特色社会主义的本质要求，表明了我国经济社会发展的必然趋势。我们党从改革开放之初提出让一部分地区先发展起来、让一部分人先富起来的大政策，同时也指明了从差距发展到共同发展、从先富到共富的发展战略。进入新时代，这是全体人民共同富裕迈出坚实步伐、逐步实现全体人民共同富裕的时代，共享发展成为新时代的显著标志。共享发展作为新时代的激励机制，不是平均发展的激励机制，不是否定差距发展的激励机制，而是将差距发展纳入其中，使其在一定范围、一定条件下发挥积极作用，是将共享发展作为更加包容、更加有效、更加公正的发展准则、分配原则、激励通则，发挥着更为根本、持久、强劲的激励作用。

3. 充分彰显新时代的世界意义

中国共产党是为中国人民谋幸福的政党，也是为人类进步事业而奋斗的政党。党的十八大以来，我国国际影响力、感召力、塑造力进一步提高，日益走近世界舞台中央、不断为人类做出更大贡献。习近平总书记在2017年中国共产党与世界政党高层对话会上指出，我们应该志存高远、敢于担当，自觉担负起时代使命。因此，新时代坚持和发展什么样的中国特色社会主义、怎样坚持和发展中国特色社会主义，不仅要放在当代中国的发展大局下来思考，而且要放在当代世界的发展大势中来认识，深刻把握新时代中国特色社会主义的世界历史意义。从长远看，需要创造性地实现

“三次伟大飞跃”。

一是社会主义国家向现代化国家转变的飞跃。社会主义国家实现现代化，将是人类历史的伟大创举。这表明，不通过西方道路、不效法西方模式，走中国特色社会主义道路也能建成现代化国家。因此，中国实现现代化，拓展了发展中国家走向现代化的途径，给世界上那些既希望加快发展又希望保持自身独立性的国家和民族提供了全新选择。更为重要的是，社会主义现代化国家在社会主义历史上迄今还没有成功的先例，中国作为世界上最大的社会主义国家，建成具有独特禀赋、优势、特色的社会主义现代化国家，而不是资本主义现代化国家的拷贝，必将是人类历史上更为伟大的创举。全面建成社会主义现代化国家，将大大强化共产主义远大理想，大大坚定“四个自信”，大大增进社会主义的说服力、号召力。

二是中国特色社会主义向世界历史转变的飞跃。马克思、恩格斯的研究，揭示了随着资本主义的发展，市场的拓展和技术的发明、对殖民地半殖民地国家的掠夺和镇压，打破了各民族各地区孤立封闭发展的状态，促使历史向世界历史转变。十月革命的胜利以及社会主义阵营的建立，开启了社会主义走向世界历史舞台的转变，但这一进程又由于苏东剧变中断。1/4 世纪过去，社会主义没有“终结”，没有走向“大失败”，而是在 21 世纪的中国焕发出强大生机活力，在世界上高高举起了中国特色社会主义的伟大旗帜。中国特色社会主义向世界历史转变，不是“输出”中国模式，不是要求别国“复制”中国的做法，是强调中国“自己的道路”具有社会发展道路的共同性，“中国特色”包含人类社会的普遍性，中国模式提供示范性，中国道路得到世界各国和世界人民更多的认同和赞同。

三是当代中国马克思主义向 21 世纪马克思主义转变的飞跃。进入新时代，中国共产党既是马克思主义中国化的全力推进者，也是 21 世纪马克思主义的主要传承者；21 世纪中国既是当代中国马克思主义大发展的坚强阵地，也是 21 世纪马克思主义大发展的主要阵地。马克思主义创立已经 170 多年了，传承和发展马克思主义的庄严使命，当代中国共产党人责无旁贷。当代中国共产党人坚持马克思主义指导地位，坚持在新的实践中创新发展马克思主义，推进马克思主义中国化的进程同时也是推进中国马克思主义国际化的进程，发展21世纪中国的马克思主义同时也是发展21世纪世界的马克思主义的任务，中国的也是世界的。习近平新时代中国特色社会主义思想，是对马克思列宁主义、毛泽东思想、邓小平理论、“三个代表”重要思想、科学发展观的继承和发展，是马克思主义中国化的最新成果，也是新时代中国共产党人对21世纪马克思主义的重大贡献。

一、新时代中国特色社会主义的基本支柱

（一）中国特色社会主义：理论逻辑和历史逻辑的辩证统一

坚持和发展中国特色社会主义，是遵循科学社会主义的基本原则，依据中国社会发展的历史实践，并使二者有机统一的过程。习近平总书记在新进中央委员会的委员、候补委员学习贯彻党的十八大精神研讨班上指出，中国特色社会主义，是科学社会主义理论逻辑和中国社会发展历史逻辑的辩证统一，是根植于中国大地、反映中国人民意愿、适应中国和时代发展进步要求的科学社会主义。深入领会这一重要论述，科学把握理论逻辑和历史逻辑的辩证关系，是谱写中国特色社会主义新篇章的关键环节。

1. 理论逻辑与历史逻辑辩证统一的历史过程

马克思、恩格斯创立的科学社会主义，与空想社会主义在头脑中用理性去演绎历史不同，其科学理论逻辑蕴藏于资本主义经济社会发展的历史逻辑之中。马克思、恩格斯从来不是从一种理性的原则出发来谈社会主义

的实现的，而是把社会主义看作一种历史活动，它的实现与否取决于历史条件的发展和成熟程度。科学社会主义的任务不再是构想出一个尽可能完善的社会制度，而是研究经济社会运动的现实展开过程，在现存的经济社会关系中找出解决矛盾的途径与手段。科学社会主义的本质特征和要求，就是理论逻辑和历史逻辑的辩证统一。中国共产党开创的中国特色社会主义，就是马克思列宁主义基本原理同当代中国实际和时代特征相结合的产物。

新中国成立后，以毛泽东同志为核心的党的第一代中央领导集体，在新民主主义革命胜利的基础上，开始了对社会主义的探索和实践。尽管探索艰辛坎坷，但我们党取得的积极成果是极其宝贵的，为新的历史时期开创中国特色社会主义提供了宝贵经验、理论准备、物质基础。如何在中国建设社会主义，是党面临的一个崭新课题。刚开始，我们只能学习苏联经验。经过实践，我们党很快就察觉到苏联模式的局限性，认识到了苏联在建设社会主义过程中的一些缺点和错误。毛泽东同志经过慎重思考，提出要以苏联的经验教训为鉴戒，独立探索适合中国国情的社会主义建设道路。囿于认识和实践，我们在建设社会主义过程中也出现了这样那样的失误，甚至发生了严重错误，遭到严重挫折。经过实践探索，特别是总结经验教训，我们党就探索符合中国国情的社会主义建设道路逐步形成了一些十分重要的认识。马克思列宁主义是我们行动的指针，但不可能给我国社会主义事业中的各种问题提供现成答案。在中国建设社会主义，不能脱离实际、超越阶段。

党的十一届三中全会以后，以邓小平同志为核心的党的第二代中央领导集体，深刻总结我国社会主义建设正反两方面经验，借鉴世界社会主义历史经验，领导改革开放，深刻揭示社会主义本质，确立社会主义初级阶段基本路线，第一次比较系统地初步回答了在中国这样经济文化比较落后的国家"如何建设社会主义、如何巩固和发展社会主义"的一系列基本问题，成功开创了中国特色社会主义。中国特色社会主义，既是科学社会主义理论逻辑的延伸，把对社会主义的认识提高到新的科学水平，也是科学社会主义实践逻辑的继续，是科学社会主义的中国实践。中国特色社会主义是不断发展、不断前进的。党的十三届四中全会以后，以江泽民同志为核心的党的第三代中央领导集体，在国内外形势十分复杂、世界社会主义出现严重曲折的严峻考验面前捍卫了中国特色社会主义，依据新的实践确立了社会主义市场经济体制的改革目标和基本框架，创立了“三个代表”重要思想，深刻回答了保持和发展马克思主义执政党先进性的时代课题，成功把中国特色社会主义推向21世纪。新世纪新阶段，以胡锦涛同志为总书记的党中央，在全面建设小康社会进程中推进实践创新、理论创新、制度创新，形成了科学发展观，对新形势下实现什么样的发展、怎样发展等重大问题做出了新的科学回答，把我们党对中国特色社会主义规律的认识提高到新的水平，指引科学发展实践取得一系列新的历史性成就，把中国特色社会主义推进到新的发展阶段。党的十八大以后，以习近平同志为核心的党中央，继续把中国特色社会主义这篇大文章写下去，用中国梦引领中国路，用中国路实现中国梦，坚定不移沿着正确的中国道路奋勇前进。

2. 理论逻辑与历史逻辑辩证统一的重大意义

科学社会主义理论逻辑和中国社会发展历史逻辑的辩证统一，不是一个自然而然的过程，而是通过中国特色社会主义的主体——党和人民的自觉努力来实现的。理论符合二者统一的规律，实践遵循二者统一的规律，中国特色社会主义就能够成功开创、创新发展、兴旺发达。在一些问题上如果造成了二者的分离，就会带来方针政策的偏离或改革发展的迟滞。

保证正确方向。从新民主主义革命道路、社会主义改造和社会主义建设道路、中国特色社会主义道路对于党的事业取得成功的根本性作用，我们可以更加深刻地认识到，道路问题是关系党的事业兴衰成败第一位的问题，道路就是党的生命。凡是革命、建设、改革事业取得胜利，首先就是由于选择了一条正确的道路；而走向重大失败、出现严重挫折，根本原因也在于道路问题的错误。道路选择正确或错误的决定性因素，一是看指导理论是否科学，二是看认识国情是否准确，三是看理论与实际是否有机结合。中国特色社会主义是社会主义而不是其他什么主义，是以马克思列宁主义为指导的社会主义，中国特色社会主义道路依据的是科学社会主义基本原则，这就保证了指导理论的正确。科学社会主义是解决中国面临的历史性课题、指引中国实现民族复兴的科学理论。中国特色社会主义的道路、理论体系、制度，夺取中国特色社会主义新胜利的基本要求，都是在新的历史条件下体现科学社会主义基本原则的内容，而不是什么“国家资本主义”。中国特色社会主义是把马克思主义基本原理同中国国情与时代特征相结合的社会主义，从社会主义初级阶段这一基本国情出发形成“一个中心、两个基本点”的基本路线，从广大人民创造幸福生活的利益要求出发形成党的奋斗目标，坚决抵制脱离中国实际、背离人民利益的各种错误倾向。中国特色社会主义既坚持马克思主义基本原理，又根据当代中国实践和时代发展不断推进马克思主义中国化，是扎根于当代中国的科学社会主义。

相互补充促进。理论逻辑与历史逻辑的统一，实质上就是理论与实践的统一。理论来自实践、指导实践。理论揭示实践的规律，实践赋予理论生命。没有理论指导的实践是盲目的实践，没有实践支撑的理论是空洞的理论。马克思、恩格斯创立的科学社会主义理论体系，从生产力和生产关系、经济基础和上层建筑的矛盾运动来说明资本主义产生、发展、灭亡的历史必然性，从社会化大生产同生产资料私人占有之间的矛盾来阐释共产主义取代资本主义是自然历史过程，从资本主义社会的阶级对立来分析无产阶级的历史使命，对未来社会主义社会的发展过程、发展方向、一般特征做了科学预测和设想，不仅为中国这样一个半殖民地半封建社会实现民族独立、人民解放提供了科学指南，而且为中国这样一个经济文化落后的东方大国实现国家富强、人民幸福提供了理论指导。科学社会主义的理论逻辑融入并揭示了中国社会发展的历史逻辑。马克思、恩格斯对社会主义实践中可能遇到的问题是十分清楚的，他们反复强调，要从最顽强的事实出发预测未来社会，坚决反对教条式预测未来和规定未来社会的具体细节，强调科学社会主义原理的运用随时随地都要以具体的历史条件为转移。早期的社会主义实践也表明，社会主义理论必须与实际条件相结合，必须在实践中寻找最合适的实现方式，不可能一步建成纯而又纯的社会主义社会。中国特色社会主义是党在新时期开创的科学社会主义新实践新篇章，不仅是科学社会主义的中国运用，而且是科学社会主义的中国创造，是用中国社会发展的历史逻辑证实并丰富科学社会主义的理论逻辑，促使理论常青、生机勃勃。

孕育中国特色。中国特色社会主义的特色包括它的实践特色、理论特色、民族特色、时代特色。这些特色的形成，实际上就是科学社会主义理论逻辑与中国社会发展逻辑相结合而孕育的。没有理论逻辑为参照系，特色难以彰显；没有实践逻辑为基础，特色无以为根。中国特色社会主义的实践特色，是社会主义道路与中国国情相结合而形成的。社会主义道路决定了这一实践是社会主义的实践，而不是其他主义的实践；中国国情决定了这一社会主义实践不同于经典作家的某些设想，不同于苏联模式。中国特色社会主义的理论特色，集中体现于中国特色社会主义理论体系之中。这一理论体系是对科学社会主义基本原则的坚持和发展，又充分凝结着中国经验，是当代中国共产党人的理论创造。“五位一体”就是明证。中国特色社会主义的民族特色，既是体现中华民族的优秀文化传统，体现中国人民的共同价值追求，也是社会主义文化精神、社会主义价值追求的中国反映。中国特色社会主义的时代特色，生动表明了马克思主义与时俱进的品格，表明了科学社会主义的先进性，同时也表明了当代中国紧跟时代潮流、走在时代前列的精神风貌。

3. 理论逻辑与历史逻辑辩证统一的丰富内涵

科学社会主义理论逻辑和中国社会发展历史逻辑的辩证统一，体现在多个方面、多个层次。

内涵统一。科学社会主义理论逻辑，是社会化大生产的生产力发展的内在趋势，是克服资本主义自身矛盾的发展要求，是社会主义实践开拓自身发展道路的理论表现。马克思、恩格斯提出的科学社会主义基本原则，如生产资料公有制、按劳分配、人的全面发展等，列宁提出的创造比资本主义更高的劳动生产率、党和国家工作重心从革命到建设的转变、加强国家政权建设和执政党建设等，毛泽东提出的社会主义社会基本矛盾、正确区分和处理敌我矛盾和人民内部矛盾、“百花齐放、百家争鸣”等，都显示了科学社会主义的理论逻辑及内涵。中国社会发展历史逻辑，是5 000年中华文明的凝聚力量和生命活力，是近代以来中华民族百折不挠、追求民族复兴的不懈奋斗，是当代中国走向现代化的必由之路。文明古国与落后挨打的反差、东方文化与西方文化的碰撞、基础薄弱与追赶时代的矛盾、人口大国与资源不足的冲突、人民需求与社会发展的不适等等，都构成了中国社会发展的历史逻辑，决定了中国社会发展的艰巨性、复杂性、长期性。中国特色社会主义的理论与实践，既包含了科学社会主义的理论内涵，又包含了中国社会发展的历史内涵，因此成为中国特色社会主义。

规律统一。科学社会主义理论逻辑遵循社会发展的规律，中国社会发展逻辑就是中国社会发展规律。科学社会主义理论逻辑与中国社会发展逻辑的统一，形成了中国特色社会主义的规律，二者的统一内含着规律的统一。首先，理论逻辑透视历史逻辑。科学社会主义理论逻辑并不仅仅是概念的推演、范畴的演绎，并不仅仅是某种意志或愿望，而是社会实践的思维产物、历史逻辑的理论表现。党的十八大提出的中国特色社会主义“八个必须坚持”基本要求，既是科学社会主义的本质要求，也是中国社会发展的历史要求。比如，必须坚持维护社会公平正义，正是改变当前我国经济社会发展存在的利益分化、差距拉大、分配不公状况的实践需要。其次，历史逻辑印证理论逻辑。历史逻辑表明了历史的规律性、合理性和必然性，这种逻辑性既存在于历史自身之中，也反映在理论逻辑之中，历史逻辑为理论逻辑提供论证支持。只有中国特色社会主义才能发展中国，就是科学社会主义理论逻辑与中国社会发展逻辑得出的共同结论。

实践统一。中国特色社会主义是实践的社会主义，理论逻辑与历史逻辑的统一是在实践中实现的，二者在实践中相互转化。理论逻辑经过实践转化，就会融入历史、塑造历史，呈现为历史逻辑。历史逻辑经过实践转化，就会提炼为理论、上升为理论，呈现为理论逻辑。中国特色社会主义是科学社会主义在当代中国的崭新实践，科学社会主义的理论逻辑已经深深影响和改变了当代中国的历史；中国特色社会主义又是符合当代中国发展趋势的正确抉择，中国社会发展的历史逻辑也深深渗入和规定了中国特色社会主义理论体系。

中国特色社会主义是发展的社会主义，发展既是经济、政治、文化、社会、生态等领域全面发展的过程，也是科学社会主义理论逻辑与中国社会发展历史逻辑不断实现新的辩证统一的过程。理论逻辑不断完善，历史逻辑不断丰富，二者统一不断赋予新的内涵，促使中国特色社会主义不断进入新的发展阶段，达到新的发展高度。2013 年 3 月 17 日，习近平同志在十二届全国人大一次会议上强调，继续把中国特色社会主义事业推向前进，继续为实现中华民族伟大复兴中国梦而努力奋斗，必须走中国道路，必须弘扬中国精神，必须凝聚中国力量。这就要继续拓展和走好适合中国国情的发展道路，不断增强团结一心的精神纽带、自强不息的精神动力，用13 亿多人的智慧和力量汇集起不可战胜的磅礴力量，赢得主动、赢得优势、赢得未来，谱写中国特色社会主义新的辉煌篇章。

（二）治国理政与中国道路

党的十八大以来，以习近平同志为核心的党中央提出治国理政新理念新思想新战略，与坚持和发展中国特色社会主义这一主题相辅相成，是中国道路的时代化实践化。学习理解治国理政新理念新思想新战略，要与中国道路统一起来认识领会。

1. 坚持和发展中国特色社会主义是治国理政新理念新思想新战略的主题

治国理政是国家产生以来就存在的政治实践，不同的社会形态、政治制度、发展道路，决定了不同性质的治国理政、不同内容的治国方略、不同结果的治理实践。在中国特色社会主义道路上实现中华民族伟大复兴，是几代中国共产党人坚定不移的道路抉择。新形势下，实现什么样的治国理政、怎样治国理政，根本问题仍然是走什么道路问题。一些错误思潮散布这样那样的观点，主张用西方的经济、政治、法律、社会制度及其价值观念来“改造”中国，企图让新一届中央领导集体改弦更张。在道路问题上，以习近平同志为核心的党中央保持高度的政治自觉和自信，高举旗帜不动摇。因此，坚持和发展中国特色社会主义是贯通治国理政新理念新思想新战略的主题。

回顾世界社会主义的历史进程，我们党更加深刻地认识到，中国特色社会主义是科学社会主义理论逻辑和中国社会发展历史逻辑的辩证统一，是历史的结论、人民的选择，只有中国特色社会主义道路才是实现中国梦的正确道路。国内外有些舆论认为中国现在搞的不是社会主义，是什么“资本社会主义”“国家资本主义”“新官僚资本主义”，对坚持中国道路提出质疑和挑战。我们坚持中国特色社会主义，就是坚持中国特色社会主义道路、理论体系和制度，把握实现途径、行动指南、根本保障的内在联系，坚定“三个自信”，坚持人民主体地位，坚持中国共产党领导。形成治国理政新理念新思想新战略，坚持和发展中国特色社会主义是根本理念、核心思想、总体战略，所有新理念新思想新战略都是紧密围绕这一主题展开、丰富和深化的。

党的十八大后召开的三中、四中、五中全会，做出重大决定和建议，是坚持和发展中国特色社会主义的重大举措。三中全会提出全面深化改革总目标，即完善和发展中国特色社会主义制度，推进国家治理体系和治理能力现代化，表明全面深化改革正是为了中国特色社会主义更加巩固，完善制度、推进治理将使制度优势充分发挥、治理效能更大增进。四中全会提出全面推进依法治国总目标，即建设中国特色社会主义法治体系，建设社会主义法治国家，表明全面依法治国正是为中国特色社会主义长治久安奠定法治基础。法治体系、法治国家不是西化、“非党化”，而是中国特色社会主义的法治建设，党的领导是社会主义法治最根本的保证。五中全会要求如期实现全面建成小康社会奋斗目标，实现这一目标将使中国特色社会主义获得更为全面雄厚的基础支持，全面建成小康社会本身就是中国特色社会主义发展战略的重要目标。党的十八大以来的轨迹，清晰地展现了以习近平同志为核心的党中央坚持和发展中国特色社会主义的坚定信念和坚实步伐，构成了治国理政新理念新思想新战略的基调。坚持和发展中国特色社会主义，保证治国理政新实践的正确方向和蓬勃生机，是治国理政新成就的根本原因。

2. 治国理政新理念新思想新战略是全面推进中国特色社会主义新发展的产物

党的十八大以来，坚持和发展中国特色社会主义面临新形势新情况新问题。治国理政新理念新思想新战略，反映新的实践发展要求。

一是当今世界处于前所未有的重大变局，存在能否抓住战略机遇，壮大发展中国特色社会主义的问题。和平、发展、合作、共赢的时代潮流更加强劲，多个发展中心在世界各地区逐渐形成，任何国家或国家集团都再也无法单独主宰世界，各种国际力量围绕权力和利益再分配的斗争十分激烈。中国的发展并不仅仅是经济科技比较落后的发展中国家，走出了一条不同于西方国家发展的道路，更重要的是在社会主义与资本主义两大制度体系的竞争与较量格局中，中国独立自主地实现社会主义现代化的目标。

二是民族复兴处于由大向强的关键阶段，存在能否将民族富强与中国道路统一起来、实现中华民族伟大复兴与社会主义兴旺发达的双重目标的问题。中华民族现在最为接近民族复兴宏伟目标，我们的民族复兴，不是要回到秦汉唐宋盛世，也不是要效仿欧美资本主义国家，而是要在中国特色社会主义道路上，把党的执政使命与民族的奋斗目标贯通起来，实现民族复兴的同时实现中国特色社会主义的发展。

三是改革发展处于爬坡过坎的重要时刻，存在能否有效破除体制机制弊端、完善中国特色社会主义长治久安的制度基础的问题。全面深化改革，是解决中国现实问题的根本途径，中国改革进入深水区，到了一个新的历史关头。全面深化改革，是中国特色社会主义制度更加成熟更加定型的基本途径，改革不改向是基本原则。

3. 治国理政新理念新思想新战略包含坚持和发展中国特色社会主义新观点

坚持和发展中国特色社会主义在治国理政新理念新思想新战略中起着

统领的总纲的作用。习近平总书记的有关重要论述，内涵丰富、思想深刻、特色鲜明。主要新思想新观点有：

关于坚定中国特色社会主义自信的观点。强调这一自信来源于实践、来源于人民、来源于真理，必须保持强大前进定力，既不走封闭僵化的老路，也不走改旗易帜的邪路。这就强调了实现民族复兴的必由之路，只有中国特色社会主义才能实现中华民族伟大复兴的中国梦，强化了治国理政的政治定力。

关于中国道路具有深厚的历史渊源和广泛的现实基础的观点。指出这条道路是在改革开放 40 年的伟大实践、新中国成立近 70 年的持续探索、对近代以来 170 多年中华民族发展历程的深刻总结、对中华民族 5 000 多年悠久文明的传承中走出来的，是科学社会主义理论逻辑和中国社会发展历史逻辑的辩证统一。这就把中国道路与 5 000 年中华文明联结起来，与中华民族悠久历史特别是民族复兴奋斗历史联结起来，深化和拓展了中国道路的根基，同时也延续了新的历史条件下治国理政的历史渊源、夯实了现实基础。

关于正确认识和处理改革开放前后社会主义实践探索的关系的观点。强调本质上这两个历史时期有很大差别，但绝不是彼此割裂的，更不是根本对立的，后一个时期是对前一个时期的坚持、改革、发展。这就表明中国特色社会主义对改革开放前的探索不是简单否定、全盘否定的态度，而是有继承、有抛弃，保证了新中国成立近 70 年来党治国理政的连续性与稳定性。

关于中国特色社会主义的“特色”内涵的观点。指出特就特在其道路、理论体系、制度上，特就特在其实现途径、行动指南、根本保障的内在联系上，特就特在这三者统一于中国特色社会主义伟大实践上。这就从本质上规定了中国特色社会主义的“特色”，明确了坚持和发展中国特色社会主义的根本着力点，确立了治国理政的基本支撑。

关于在协调推进“四个全面”战略布局中坚持和发展中国特色社会主义的论述。强调全面深化改革是在根本方向指引下完善和发展中国特色社会主义制度，坚持和拓展中国特色社会主义法治道路，中国共产党的领导是中国特色社会主义最本质的特征，是中国特色社会主义制度的最大优势。这就确定了新的历史条件下治国理政的总方略，筹划了党和国家长远发展的总战略，为坚持和发展中国特色社会主义提供了奋斗目标、强大动力、制度基础、领导保证。

关于坚持以人民为中心的发展思想。强调中国梦归根到底是人民的梦，人民群众是发展的主体，也是发展的最大受益者，人民对美好生活的向往，就是我们的奋斗目标。这就把中国特色社会主义主体、发展主体、治国理政主体统一了起来，发展以人民为中心，治国理政同样要以人民为中心。

关于按照“五位一体”总体布局要求推进中国特色社会主义全面建设发展的论述。强调“两个毫不动摇”，发展适合我国国情的社会主义政治制度，培育和践行社会主义核心价值观，坚持总体国家安全观，走中国特色强军之路。这就在经济、政治、文化、社会、生态文明、国防和军队建设各领域，推动中国特色社会主义新的进展，展现了治国理政的统筹全局、全面部署、协同展开。

关于坚持和发展中国特色社会主义是向着最高理想所进行的实实在在努力的观点。强调实现共产主义这个最高理想需要一代又一代人接力奋斗，要把理想信念建立在对科学理论的理性认同上，建立在对历史规律的正确认识上，建立在对基本国情的准确把握上。这就指明了中国特色社会主义的价值追求，表明了党治国理政的最高理想。

4. 坚持和发展中国特色社会主义新观点是发展21世纪中国马克思主义的新贡献

习近平总书记在推进理论创新和实践创新过程中，坚持和发展中国特色社会主义，形成治国理政新理念新思想新战略，丰富中国特色社会主义理论体系，推进马克思主义中国化，发展21世纪中国的马克思主义，做出了新的理论贡献。

坚持马克思主义指导地位，把马克思主义作为共产党人的“真经”，把对马克思主义的信仰，对社会主义和共产主义的信念，作为共产党人的政治灵魂立起来。这对部分党员干部信仰缺失、不信马列信鬼神的现象，起到了拨乱反正、振聋发聩的作用，确立了发展21世纪中国马克思主义的政治前提。

坚持把马克思主义哲学作为指导前进的强大思想武器，在创新发展中国特色社会主义实践中，形成具有实践特色、时代气息的思维方法和领导方法。比如，关于不断接受马克思主义哲学智慧滋养的论述，关于提高战略思维、历史思维、辩证思维、创新思维、底线思维能力的论述，关于依靠学习走向未来的论述，等等。习近平总书记系列重要讲话，充满着鲜活的马克思主义唯物论、辩证法、认识论、价值观、历史观。

坚持把马克思主义政治经济学作为必修课，提炼和总结我国发展实践的规律性成果，形成了当代中国马克思主义政治经济学新的重要理论成果。比如，提出树立和落实创新、协调、绿色、开放、共享的发展理念的理论，提出发展社会主义市场经济、使市场在资源配置中起决定性作用和更好发挥政府作用的理论，提出我国经济发展进入新常态的理论，提出推进供给侧结构性改革的理论，等等，开拓了马克思主义政治经济学新境界。

坚持从社会主义思想和实践500多年的历史过程来清晰认识中国特色社会主义思想发展的脉络，充分认识中国特色社会主义的历史必然性和科学真理性，从而明确中国特色社会主义是科学社会主义在当代中国的创新实践是当代中国共产党人的神圣使命。

（三）理论自信源于理论品格

理论自信是理论主体对理论的认同、信念乃至信仰。一个理论能否达到自信，首先取决于这一理论本身的性质和内容。理论品格是由理论的历史渊源、实践基础、创造主体、形成机制、思想内涵等所赋予的理论属性，决定着理论的生命力，是理论自信的关键因素。中国特色社会主义理论自信，来源于许多方面，核心的是充满时代性、科学性、人民性的理论品格。这种理论品格愈益强化和彰显，理论自信就愈益自觉和坚定。

1. 创新的理论饱含时代自信

马克思主义诞生170多年来，始终保持着理论自信。这既是基于马克思、恩格斯奠定的科学理论基础，也是由于与时俱进的理论品格，使得马克思主义与时代同脉动，反映时代要求，凝聚时代精神的精华。与时俱进要求创新，创新的理论是开放的发展的体系，不停滞、不僵化、不落伍，这种理论自信是走在时代前列的自信。某些具体结论不一定仍然适用，但理论创新的新观点新判断完善发展了原有结论；某些历史条件发生重大变化，但创新理论充分汲取时代精神的丰厚营养而生机勃勃。

中国特色社会主义理论体系，是科学社会主义理论逻辑和中国社会发展历史逻辑辩证统一的理论成果，与马克思列宁主义、毛泽东思想一脉相承，在改革开放40年来的创新实践中形成发展，是当代中国的马克思主义。这一理论，创造性地回答了在和平与发展成为时代主题、两大制度体系长期较量的条件下，在世界新科技革命迅猛发展、社会生产力发展机制深刻变革的背景下，在中国建设社会主义怎样才能紧跟时代潮流、吸收文明成果、抓住发展机遇、赢得竞争挑战的根本性问题。邓小平理论、“三个代表”重要思想、科学发展观以及习近平新时代中国特色社会主义思想，都是中国特色社会主义理论体系在不同发展阶段的创新成果，都以宽阔的视野、前瞻的眼光、改革的取向、进取的精神回应时代课题、寻求前行之道，都洋溢着鲜明的理论气质。这样的理论，敢于冲破落后的思想观念束缚，又坚持马克思主义信仰不动摇；勇于探索发展道路、创新体制机制，又立足中国国情、坚守基本制度；善于借鉴人类文明优秀成果，又坚决抵制西化的冲击。这样的理论自信，面向世界享有自立，融入时代秉持底气，走向未来满怀信心。

党的十八大以来，以习近平同志为核心的党中央全面推进中国特色社会主义新发展，谱写中国特色社会主义理论体系新篇章，形成和提出了“四个全面”战略布局，是进行具有许多新的历史特点伟大斗争的战略纲领。“四个全面”集中体现了习近平新时代中国特色社会主义思想的时代意蕴和创新品格，反映了中华民族实现伟大复兴的历史大势，内含着坚定的思想自信、战略自信、理论自信。

2. 实践的理论饱含科学自信

我们的理论自信不是盲从，更不是迷信，而是以实践为基础、以科学为本性的理论自信，是对客观规律的信赖、对真理魅力的信服。科学理论来自实践，运用于实践，经受实践的检验，在实践中创新和发展理论。实践是理论之根基、科学之命脉，是理论自信的源头。离开这一前提，就不会有科学的自信。马克思对资本主义经济规律的揭示，历经几十年艰辛研究，从商品细胞开始，从资本主义生产的现实矛盾出发，在资本主义经济周期的历史中验证，今天仍然具有深刻的解释力和高度的预测力。这种理论品格就是马克思所说的，理论只要彻底，就能说服人。所谓彻底，就是抓住事物的根本。抓住事物的根本就有了科学自信。

中国特色社会主义理论体系，贯通着解放思想、实事求是、与时俱进、求真务实的理论品格，实质上就是实践的理论品格。在理论发展的根据上，立足社会主义初级阶段基本国情，从这一最大实际出发制定路线方针政策，保证理论深深扎根于中国大地，既克服了那些超越阶段的错误观念和政策，又抵制了抛弃社会主义基本制度的错误主张。在理论创新的动力上，直面前进道路上的矛盾和问题，以我国改革开放和现代化建设的实际问题，以我们正在做的事情为中心，在发现和解决重大问题中提出和形成理论，根据实践的检验及时调整和完善理论，保证理论牢固建立在中国问题、中国经验的基础上。从这样的理论内生的自信，是来自党和人民开创新事业的迫切需要、宝贵经验和成功证明，理论的自信在实践之中。

“四个全面”战略布局，依据新形势下我国发展的实践要求，直指当前党和国家事业发展中必须解决好的主要矛盾。贯彻落实“四个全面”战略布局，将破除前进道路上的障碍，加快走向民族复兴的进程。“四个全面”是习近平新时代中国特色社会主义思想的核心篇章，其理论自信既源于这个纲领总体逻辑的科学性，也源于这两年多来重大可喜变化的客观印证，源于按照“四个全面”坚定不移走下去的良好预期。

3. 人民的理论饱含力量与自信

理论自信最重要的依托和标志，是看这种理论是否真正得到广大人民群众的认同、信服和遵从。理论作为道路、制度的反映与指引，根本的问题是“代表谁、为了谁、服务谁”的问题，政治立场成为理论品格的基本素质。《资本论》之所以成为工人阶级的“圣经”，不在于部头的厚重和思想的深奥，而在于揭示了工人陷于贫困的根源和指明了工人争取解放的道路。马克思主义自信的力量源泉，在人民群众之中。我们的理论只要是维护人民根本利益、反映人民愿望心声、促进人民幸福增长的，就必定会从人民群众的拥护和支持中获取无穷无尽的自信力量。

改革开放 40 年来，中国特色社会主义成为凝聚人心的旗帜，是由于这个主义是顺民意、谋民利、得民心的主义，是人民的主义。尊重人民主体地位、激发人民主体精神、保障人民主体利益，坚持把实现好、维护好、发展好最广大人民的根本利益作为党和国家一切工作的出发点和落脚点，把人民赞成不赞成、拥护不拥护、满意不满意作为衡量路线方针政策正确与否的根本准则，站在人民立场上处理改革重大问题、谋划改革总体思路、制定改革政策举措等等，中国特色社会主义理论体系的价值追求都是代表人民、为了人民、服务人民的。如同当年新民主主义的旗帜从人民中获得了力量源泉，今天中国特色社会主义的旗帜同样是从人民中获得力量源泉，得人心者得自信。

中国梦归根到底是人民的梦，人民对美好生活的向往，就是我们的奋斗目标。习近平新时代中国特色社会主义思想广泛深入人心，根本在于思想的关注点、理论的着力点都是积极回应人民群众的热切期待。在 10 年左右的时间里，民族复兴将达到什么样的发展阶段、我国将进入一个什么水准的社会，直接关系到这一代人的美好向往能否实现，关系到能否更加走近富强民主文明和谐美丽的社会主义现代化国家。全面建成小康社会描绘了人民幸福的近期愿景，全面深化改革破除了实现人民幸福的体制障碍，全面依法治国夯实了保障人民权利的制度基础，全面从严治党顺应了党心民心。这就丰富了理论的人民性品格，强化了来自人民、依靠人民的理论自信。

（四）制度完善能力增强中国制度自信

制度是一个动态的过程，既依赖创立初始阶段的制度设计奠定坚实基础，也依靠长期运行期间的制度完善不断巩固成熟。制度完善能力是制度优势的重要内容和基础条件。制度自信，来自制度体系本身所展现的先进性和优越性，来自制度完善能力所赋予的生命力和创造力。正是由于始终保持高度的制度自我完善和发展能力，中国特色社会主义制度愈益完备稳定管用，制度自信愈益增强。

1. 制度实践基础保持中国制度充满生机活力

实践是制度之根。一种制度只有扎根社会实践，反映时代本质，符合历史规律，才能生生不息、长盛不衰，经受住挑战、历久弥新。社会主义制度不是从头脑中构想出的一套完善完美的制度，而是社会基本矛盾运动的制度产物，是基于现实的历史活动的制度趋势。中国特色社会主义制度，是科学社会主义理论逻辑和中国社会发展历史逻辑辩证统一的制度形式。科学社会主义的哲学基础保证这一制度坚持解放思想、实事求是、与时俱进的精髓，不停滞、不僵化，坚持实践标准和生产力标准，不唯书、不唯洋。中国社会历史的现实国情要求这一制度依据生产力发展状况和人民群众利益诉求，既不超越阶段，又及时变革与之不相适应的经济社会关系。制度的实践本质决定了制度的完善能力，制度完善能力内生于中国特色社会主义制度之中。正因为制度的实践根基在不断变化，不可能建立一劳永逸、一成不变的制度，才使得制度完善能力成为制度生机活力的重要源泉。

改革开放以来，我们党清醒认识世界形势深刻变化、科技革命日新月异、制度较量聚焦国力、完善制度任重道远的战略态势，在新中国成立后确立的社会主义基本制度的基础上，与时俱进地推进经济体制、政治体制、文化体制、社会体制、生态文明制度、党的建设制度改革，形成和完善中国特色社会主义的根本政治制度、基本政治制度、法律体系、基本经济制度和各项具体制度。党的十八大后形成和提出的“四个全面”战略布局，紧密依据我国发展现实需要，积极回应人民群众热切期待，推动解决面临的突出矛盾和问题，实质上也是从制度建设层面全面推进，为长期稳定持续发展打牢制度基础。改革立制，提供一整套更完备、更稳定、更管用的制度体系；法治强制，为国家有序发展提供规范框架；治党用制，用制度管官管权管事管人。

中国特色社会主义制度自信，建立在顺应实践要求、遵循实践标准的制度完善能力基础上。我们的制度自信，明确社会主义制度从形成到成熟是一个历史过程，坚持一切从实际出发，用实践检验、探索规律，发现真谛，是完成这一过程的基本条件。把握制度理念与制度效能的统一，在先进制度理念的引领下完善中国制度，在制度效能的考量中践行制度理念，完善制度重在实践效果。承认现有的制度体系特色鲜明、富有效率，但还不是尽善尽美、成熟定型，需要不断完善，推动制度创新，使各方面制度更加成熟更加定型，为夺取中国特色社会主义新胜利提供更加有效的制度保障。

2. 制度改革创新促进中国制度走在时代前列

改革是制度生命力之源，创新是制度持续力之魂。一种社会制度在创立之后，只有依靠不断改革创新，自我完善发展，解决好生产力与生产关系、经济基础与上层建筑之间新的矛盾，在革故鼎新中焕发生机，才能防止“靡不有初，鲜克有终”的历史命运。社会主义作为人类历史上新兴的新型社会制度，要始终走在时代前列，展现出超越资本主义的制度优势，关键在于自身的制度完善能力，在改革创新中增强制度的竞争力，保持制度的先进性。中国特色社会主义制度，继承中华民族优秀传统制度文化，借鉴人类政治文明优秀成果，反映当代社会生产力发展的新趋势新要求，坚持人民当家作主的制度本质，形成了勇于和善于改革创新的制度完善能力。这种制度完善能力，使得我们决不效法西方模式，而是开创中国制度发展道路；在苏东剧变中，中国的社会主义制度不但没有“终结”，而且谱写出了新的篇章；从不停留于一时的改革成果，满足于已有的创新成就，制度改革创新全面推进、纵深发展。

改革只有进行时没有完成时。在新的历史关头，党的十八届三中全会确立了完善和发展中国特色社会主义制度、推进国家治理体系和治理能力现代化的全面深化改革总目标，表明了完善制度、发展制度的坚定信念，是对中国制度及其制度完善能力的充分自信。习近平总书记指出：没有坚定的制度自信就不可能有全面深化改革的勇气，同样，离开不断改革，制度自信也不可能彻底、不可能久远。我们全面深化改革，是要使中国特色社会主义制度更好；我们说坚定制度自信，不是要固步自封，而是要不断革除体制机制弊端，让我们的制度成熟而持久。

制度改革创新本身就是制度完善能力的实际体现。“四个全面”的贯彻落实程度，构建系统完备、科学规范、运行有效的制度体系的进展成效，证明制度完善能力，强化中国制度自信。我们的制度自信，洋溢着改革创新精神，在改革中展现自信，在创新中增强自信，促使中国制度与时代同行、与实践同步、与人民同心。

3. 制度主体力量保证中国制度战胜前进障碍

制度是由一定主体制定和推行的，制度能力从一定意义上说是制度主体的能力，制度完善能力实际上反映了制度主体自我完善和发展的能力，制度完善能力与制度主体力量密切相关。中国共产党和中国人民是中国特色社会主义制度的主体力量，既是制度自信的主体，也是制度能力的主体。制度改革创新、完善发展，都是在党的领导下进行的，都是在人民的支持下推进的。我们党锐意改革，攻坚克难，依法治国与依规治党相协调，全面从严治党自身过硬，显示了马克思主义执政党担当起历史重任的使命意识和人民情怀。广大人民把中国特色社会主义制度作为实现民族复兴、人民幸福安康的根本制度保障，积极参与各项改革，努力促进制度完善，汇成国家发展进步的巨大力量。党心民心所向，推动中国制度更加完善。

制度完善能力在战胜前进障碍中彰显和强化，制度主体力量在应对困难挑战中弘扬和提升。发展不平衡不协调的突出矛盾，利益格局固化的艰难阻碍，人治传统根子很深的现实差距，反腐败从治标到治本的严峻课题，都提出了完善制度、推进治理、贯彻法治、从严治党的艰巨任务，都要求增强制度完善能力和制度主体力量，适应新的形势需要。党和人民坚定不移协调推进“四个全面”战略布局，完善发展中国制度，取得了重大进展和显著成效。党风向新向上向好，党的领导力量不断增强，人民认同感信任度大大提高，同心协力共创伟业。可以说，能否顺利破除民族复兴道路上的各种障碍，能否实现“四个全面”战略布局，关系到中国特色社会主义事业的全局和前景，也是对中国制度主体力量和完善能力的重大检验。

中华民族伟大复兴绝不是轻轻松松、顺顺当当就能实现的，我们的制度自信也不是在风平浪静、和风细雨中确立的，而是在解决各种复杂矛盾、战胜各种严峻挑战中确立的。直面矛盾、应对风险是制度自信的表现，是主体力量的标志。改革开放以来，无论是什么样的矛盾问题、困难障碍，都没有阻挡住中国特色社会主义的前进步伐，都没有动摇党和人民的中国特色社会主义自信。在新的历史起点上走向民族复兴，我们的信心和信念愈益坚定。随着制度完善能力的日益提高、制度主体力量的日益强大，中国制度将更加成熟更加定型，为实现“两个一百年”奋斗目标夯实制度根基。

（五）从“四个自信”看中国特色社会主义文化

中国特色社会主义文化是当代中国的文化基石，是国家文化软实力的根本。习近平总书记在党的十九大报告中，对中国特色社会主义文化基础性战略性作用的论述更加深刻，推进文化育人、文化强国、文化外交的部署更加有力，明确指出，“中国特色社会主义道路是实现社会主义现代化、创造人民美好生活的必由之路，中国特色社会主义理论体系是指导党和人民实现中华民族伟大复兴的正确理论，中国特色社会主义制度是当代中国发展进步的根本制度保障，中国特色社会主义文化是激励全党全国各族人民奋勇前进的强大精神力量。全党要更加自觉地增强道路自信、理论自信、制度自信、文化自信”①。这一重要论述，将中国特色社会主义文化纳入中国特色社会主义基本结构之中，赋予中国特色社会主义文化新的地位和功能，提出了从“四个自信”的新结构深化认识中国特色社会主义文化的重大课题。

1. 文化自信是一个国家、一个民族发展中更基本、更深沉、更持久的力量

改革开放40年来，我们党对中国特色社会主义基本内涵的认识不断拓展和深化，相继提出中国特色社会主义道路、中国特色社会主义理论体系、中国特色社会主义制度、中国特色社会主义文化，提出道路自信、理论自信、制度自信、文化自信。在党的十九大报告中，习近平总书记进一步指出“文化自信是一个国家、一个民族发展中更基本、更深沉、更持久的力量”②，阐述了文化自信的独特性质和力量。文化自信，是坚持中国特色社会主义文化的思想前提。

党的十八大以来，以习近平同志为核心的党中央继续把坚持和发展中国特色社会主义这篇大文章写下去，并且深入思考中国特色社会主义文化的重大功能、源流传承、精神内涵，充分发挥文化在实现社会主义现代化和中华民族伟大复兴中强基固本、引领激励的作用，达到了文化自觉的新境界。因此，坚持中国特色社会主义道路自信、理论自信、制度自信、文化自信的“四个自信”应势而出。

文化是民族的精神血脉、国家的精神世界、社会的精神标识、人民的

---

① 习近平. 决胜全面建成小康社会　夺取新时代中国特色社会主义伟大胜利：在中国共产党第十九次全国代表大会上的报告（2017年10月18日）. 北京：人民出版社，2017：16-17.

② 同①23.

精神生活。发展中国特色社会主义文化，建设社会主义精神文明，始终是改革开放以来我们党的不懈追求，文化建设纳入建设中国特色社会主义总布局之中。新形势下，中国梦更加需要文化的激励和支持，民族复兴离不开文化的繁荣昌盛，社会主义现代化的深层底蕴是国家文化软实力。源自中华民族 5 000 多年文明历史所孕育的中华优秀传统文化，熔铸于党领导人民在革命、建设、改革中创造的革命文化和社会主义先进文化，汇聚而成中国特色社会主义文化，是实现“两个一百年”奋斗目标、实现中华民族伟大复兴中国梦的不竭精神动力。面对诸多矛盾叠加、风险隐患增多的复杂局面，面对意识形态领域的严峻斗争、多种价值观念的对立冲突，必须更加坚定文化自信，用中国特色社会主义文化统一意志、凝聚力量、抵御挑战，在更为根本、更为普遍、更为重要的意义上坚定中国特色社会主义自信。

深化新时代中国特色社会主义规律的认识，我们党对文化的本源性基础性作用的认识更加深刻，对中国特色社会主义文化自信的确立更加自觉。明确提出文化自信，中国特色社会主义文化的重要功能更加突显，中国特色社会主义自信的基本领域更加坚固，文化自信与道路自信、理论自信、制度自信相互作用、相互强化。

文化自信的提出，加深了对中国特色社会主义文化的认识。文化在建设中国特色社会主义总体布局中，与经济、政治、社会、生态文明建设“五位一体”，相互依存。这是从社会结构、社会领域出发，对中国特色社会主义文化的定位。“五位一体”总体布局，是我们党在改革开放 40 年的实践中持续探索建设中国特色社会主义规律，得出的宝贵认识，必须长期坚持、不断发展。建设中国特色社会主义文化，是中国特色社会主义全面建设、全面发展的题中应有之义。文化在中国特色社会主义基本结构中，与道路、理论体系、制度并列，并且有着更为重要的功能，这与“五位一体”总体布局并不矛盾，而是在更为基础的意义上，在从基本领域到基本结构的过渡深化中，对中国特色社会主义文化新的定位，也就是本体的定位。由此，文化自信也具有本体的意义，而不是附属的、派生的意义。

提出文化自信，丰富了对中国特色社会主义文化基本内涵的认识。文化自信是对中华优秀传统文化的自信。中国特色社会主义文化有其深厚的文化渊源，是在传承有着 5 000 多年文明和悠久历史的中华优秀传统文化的基础上生长起来的。以儒家文化为代表和主流的传统文化，包含诸子百家的思想成分，吸收各民族乃至世界的文化营养，蕴含中华民族的精神血脉，是实现中国梦的文化纽带。文化自信是对革命文化的自信。中国共产党领导的新民主主义革命，不仅创造了可歌可泣的革命事业，而且创造了以革命理想主义和革命英雄主义为核心的革命文化，创造了感召人民群众、凝聚党心军心、激励奋斗不止的红色文化。革命文化上承中华优秀传统文化，下启社会主义先进文化，是中华文化的宝贵财富。即使岁月流逝，走在新的长征路上的中国共产党人，仍然要有那样一种“红军不怕远征难，万水千山只等闲”的革命精神。文化自信是对社会主义先进文化的自信。社会主义先进文化是党领导人民在社会主义建设和改革开放时期创造的新文化。这一文化形态，以马克思主义为指导，传承中华优秀传统文化和革命文化，以社会主义核心价值观为灵魂，弘扬爱国主义精神和改革创新精神，与时代潮流相一致，与人民群众同心声，是中国特色社会主义文化的显著标志和主要内容。坚定文化自信，就是坚定包括中华优秀传统文化、革命文化、社会主义先进文化的中国特色社会主义文化自信。

2. 中国特色社会主义文化是激励全党全国各族人民奋勇前进的强大精神力量

党的十八大以来，我们党对文化在中国特色社会主义建设中的作用认识不断提高。中国特色社会主义道路、中国特色社会主义理论体系、中国特色社会主义制度、中国特色社会主义文化，构成中国特色社会主义的四根支柱，充分体现了中国特色社会主义文化的基础功能。中国特色社会主义文化不仅与经济、政治、社会、生态文明相并列，作为“五位一体”总体布局的构成，而且与道路、理论体系、制度相并列，作为中国特色社会主义基本结构的构成。这一新认识新定位新判断，拓展深化了科学社会主义理论，发展推进了马克思主义文化理论，反映了国家文化软实力愈益重要的历史趋势，抓住了中国特色社会主义兴旺发达、长治久安的一个根本因素，是我们党深入认识新时代坚持和发展什么样的中国特色社会主义、怎样坚持和发展中国特色社会主义的一个重大成果，是中国特色社会主义理论体系的一个重大创新。坚持中国特色社会主义道路、中国特色社会主义理论体系、中国特色社会主义制度、中国特色社会主义文化的提出，使我们以新的高度看待中国特色社会主义文化、看待中国特色社会主义基本内涵和基本结构、看待中国特色社会主义的发展逻辑。

中国特色社会主义文化作为中国特色社会主义基本内涵之一，纳入中国特色社会主义基本结构，是由于自身的独特性质和重大功能。

中国特色社会主义文化积淀着中华民族最深层的精神追求。中国精神是中国特色社会主义文化的灵魂。中国精神是中华民族在长期的历史发展中逐步形成和巩固、发展和丰富的共同精神，是民族传统、文化、心理、素质的集中体现。中国精神扎根于民族的连绵不断文明历史之中，反映了社会经济关系、政治关系的精神需求，是各族人民共同培育、共同坚守的理想信念。中国精神由社会先进阶级及其政党所倡导和引领，由广大中国人民所认同和践行，与世界文明相融合，是人类精神的重要构成。中国精神为中华儿女构建了永久的精神家园，为各族同胞提供了牢固的价值认同，为每个国人注入了强烈的家国情怀，是中华民族团结统一的精神纽带。中国精神充满着坚忍不拔、正气凛然、奋斗拼搏、不畏牺牲的气质，是中华民族自强不息的精神动力。每个民族都有自己的灵魂，民族之魂是民族生命力的精神源泉，中国精神是凝心聚力的兴国之魂、强国之魂。

中国特色社会主义文化代表着中华民族独特的精神标识。我国是一个多民族的统一国家，民族精神是各个民族文化交流融合而成的中华精神。在 5 000 多年的发展中，中华民族形成了以爱国主义为核心的团结统一、爱好和平、勤劳勇敢、自强不息的伟大民族精神。团结统一是民族精神的纽带，各族人民渴望手足之情、反对分裂行径。爱好和平是民族精神的本色，中国人民在历史上饱受战争的苦难，对和平的向往更加强烈。勤劳勇敢是民族精神的品质，在与自然环境、社会环境、外部环境的抗争中，中国人民不畏艰险、不屈压迫、不受凌辱的气质得到充分砥砺和增强。自强不息是民族精神的精华，赋予中华民族蓬勃的生命力。爱国主义是民族精神的核心，是民族精神的一条主线。中国精神是民族精神与时代精神相互融合的产物，在中国走向世界、走向现代化、走向未来的进程中，中国精神呈现时代精神。中国发展呼唤改革创新精神，改革创新成为中国精神的主旋律，世界潮流反映在中国精神之中。民族精神决定了一个民族的精神厚度，时代精神决定了一个民族的精神高度。开拓进取是时代精神的特征，战胜风险是时代精神的品格，与时俱进是时代精神的本性，改革创新是时代精神的核心。

中国特色社会主义文化是中国人民胜利前行的强大精神力量。实现社会主义现代化和中华民族伟大复兴，深层底蕴是国家文化软实力。习近平总书记在党的十八届中央纪委七次全会上强调指出，要依靠文化自信坚定理想信念。领导干部要不忘初心、坚守正道，必须坚定文化自信。没有中华优秀传统文化、革命文化、社会主义先进文化的底蕴和滋养，信仰信念就难以深沉而执着①。依靠文化自信坚定理想信念，阐明了坚定理想信念的重要规律。理想信念是在长期实践中历练出来的，也是在文化熏陶中升华而成的。中华优秀传统文化养浩然正气，革命文化如星空照耀，社会主义先进文化强立身之本。文化自信是理想之源、信念之基。坚持共产党人的价值观，是深化全面从严治党的思想建设。价值观是人的行为准则和导向，共产党人的价值观，以远大理想为人生目标，以为人民服务为根本宗旨，以廉洁奉公为基本伦理。有了这样的价值观做支撑，就能够顶得住压力、经得住诱惑、抗得住腐蚀。

3. 巩固中国特色社会主义的文化基石

中国特色社会主义文化与中国特色社会主义道路、中国特色社会主义理论体系、中国特色社会主义制度一道托起中国特色社会主义宏伟大厦，中国特色社会主义基本结构更加坚固，文化与道路、理论体系、制度相互

---

① 全面贯彻落实党的十八届六中全会精神 增强全面从严治党系统性创造性实效性. 人民日报，2017-01-07.

作用、相互强化，文化软实力强基固本。

道路、理论体系、制度、文化构成中国特色社会主义总体框架。道路、理论体系、制度、文化，高度耦合、相互支持，构筑起中国特色社会主义的牢固框架。道路关系民族前途命运，引领国家发展未来，决定人民地位福祉。中国特色社会主义道路，以经济建设为中心，坚持四项基本原则，坚持改革开放，是发展中国、稳定中国，通往中国梦的康庄大道。理论体系揭示“三大规律”，反映实践要求，推进理论创新。中国特色社会主义理论体系包括邓小平理论、“三个代表”重要思想、科学发展观和习近平新时代中国特色社会主义思想，是当代中国的马克思主义，为国家富强、民族振兴、人民幸福提供了科学指导和行动指南。制度具有根本性、全局性、稳定性和长期性，是国家兴旺发达、长治久安的政治基础。中国特色社会主义制度，把根本政治制度、基本政治制度同基本经济制度以及各方面体制机制有机结合起来，构建系统完备、科学规范、运行有效的制度体系，是实现社会主义现代化和中华民族伟大复兴的根本保障。文化是一个民族的精神高地、价值体系、科学创造，流通于民族和人民的血脉之中，构成国家软实力的核心。中国特色社会主义文化，以中华优秀传统文化为根基，以马克思主义为指导，以社会主义核心价值观为灵魂，以社会主义先进文化为主体内容和本质特征，吸收人类文化的优秀成果，是中华民族伟大复兴的强大精神动力。

道路、理论体系、制度、文化规定中国特色社会主义前进方向。党的基本路线的主题是坚持和发展中国特色社会主义，道路、理论体系、制度、文化是党的基本路线题中应有之义，彰显和巩固了这条党和国家的生命线、人民的幸福线。坚持党的领导是坚持党的基本路线的组织保证，党是中国特色社会主义的领导核心，坚持中国特色社会主义道路、理论体系、制度、文化，表明了党的领导的主要任务。要在道路、理论体系、制度、文化等根本问题上加强党的领导，紧紧扭住关系党和国家前途命运的关键问题实施党的领导。道路、理论体系、制度、文化将“一个中心、两个基本点”包含在内，并且将其展开，用道路、理论体系、制度、文化丰富党的基本路线内涵，构成党的基本路线的重要纲领。在新时代，坚持党的领导，坚持中国特色社会主义道路、理论体系、制度、文化，就是坚持党的基本理论、基本路线、基本方略的最重要体现。

道路、理论体系、制度、文化确立中国特色社会主义强固基石。实现“两个一百年”奋斗目标、实现中华民族伟大复兴中国梦，统筹推进“五位一体”总体布局，协调推进“四个全面”战略布局，贯彻落实新发展理念，中国特色社会主义道路展现新的内涵、新的方式、新的进展。习近平新时代中国特色社会主义思想，成为中国特色社会主义理论体系最新成果，马克思主义中国化进入新阶段，21 世纪马克思主义、当代中国马克思主义放射出新光芒。全面深化改革，推进国家治理体系和治理能力现代化，把法治作为治国理政的基本方式，中国特色社会主义制度的生命力和创造力充分激发。弘扬主旋律、倡导正能量，积极开展意识形态领域斗争，用先进文化主导网络舆论阵地，中国特色社会主义文化功能增强、效果彰显。科学把握道路、理论体系、制度、文化的内在联系和基本要求，党和国家事业开创新的宏伟局面，民族复兴展现新的光明前景。几年来的实践充分证明，只要道路引领航程，理论科学指导，制度发挥优势，文化凝聚力量，富强民主文明和谐美丽的社会主义现代化国家就一定能够建成，中华民族伟大复兴中国梦就一定能够实现。

在中国特色社会主义道路上实现中华民族伟大复兴，是我们党始终不渝的奋斗目标和道路遵循。中国特色社会主义道路、理论体系、制度、文化的提出，使这一道路遵循更为科学、系统、深刻、有效，为中国梦的实现提供了途径、行动指南、制度保障、精神动力。坚持中国特色社会主义道路，既不走封闭僵化的老路，也不走改旗易帜的邪路，始终不偏离正确方向，在改革创新中巩固拓展这条道路，中国道路越走越宽广，中国梦亦越来越趋近。坚持中国特色社会主义理论体系，坚守马克思主义的真理和道义制高点，运用马克思主义基本原理创造性地解决前进道路上的重大问题，以创新理论指导创新实践，依据新形势下治国理政规律，努力提高党进行伟大斗争、建设伟大工程、推进伟大事业、实现伟大梦想的能力水平。坚持中国特色社会主义制度，决不输入外国模式，决不改掉制度之本，不断完善制度、推进治理。坚持中国特色社会主义文化，高扬理想旗帜，强化全党全民族的精神追求、心灵纽带、共同语言，增强国家文化软实力，以文化复兴推动民族复兴。

共产主义远大理想和中国特色社会主义共同理想，是中国共产党人的精神支柱和政治灵魂，是道路自信、理论自信、制度自信、文化自信的理想信念根基。实现共产主义是中国共产党人的最高理想和最终目标，坚持和发展中国特色社会主义是实现共产主义的必经阶段和坚定实践。正是因为坚信人类社会发展规律和趋势，坚信中国特色社会主义是当代中国、当今世界的人间正道，我们党坚定不移开创中国特色社会主义道路，创立中国特色社会主义理论体系，完善中国特色社会主义制度，发展中国特色社会主义文化，中国特色社会主义伟大事业愈益兴旺发达、强盛壮大。

坚持中国特色社会主义文化，增强实现社会主义现代化和中华民族伟大复兴的软实力，是坚持和发展中国特色社会主义的重大战略任务。实现社会主义现代化和中华民族伟大复兴，必须增强综合国力，既包括经济、科技、军事的硬实力，也包括制度、治理、文化的软实力。文化是建设富强民主文明和谐美丽的社会主义现代化国家的重要软实力，文化的力量蕴含于全党之中、民族之中、民众之中，无比深厚和坚强。坚持中国特色社会主义文化，就是要建设社会主义文化强国，用文化强国推动实现“两个一百年”奋斗目标，让中华文化为中国梦固本强基、扬帆领航。

（六）“四个全面”创新发展中国特色社会主义

在中国特色社会主义道路上实现中华民族伟大复兴，是党的十八大确定的党和国家走向未来的奋斗目标和道路遵循。以习近平同志为核心的党中央在治国理政新的实践中，创造性地擘画实现“两个一百年”奋斗目标和中华民族伟大复兴中国梦的总体战略，构建新的历史条件下坚持和发展中国特色社会主义的实践方略，集中体现为提出和形成“四个全面”战略布局。“四个全面”战略布局是我们党在新形势下治国理政的总方略，是事关党和国家长远发展的总战略，是创新发展中国特色社会主义的探索结晶。

1. 推动进行新的伟大斗争，“四个全面”确立了开创中国特色社会主义新局面的指导战略

发展中国特色社会主义是一项长期的艰巨的历史任务，必须准备进行具有许多新的历史特点的伟大斗争，依靠新的伟大斗争开创中国特色社会主义新局面。新形势下，形势环境变化之快、改革发展稳定任务之重、矛盾风险挑战之多、治国理政考验之大都是前所未有的，迫切需要我们党提出进行新的伟大斗争的总方略总战略。“四个全面”战略布局，正是我们党勇于担当责任、敢于直面矛盾，不断解决问题、化解挑战的新法宝。

在不同制度模式、发展道路深层较量和博弈中夯实中国道路。实现中国梦必须走中国特色社会主义道路，中国现代化必须是社会主义现代化。在深刻变化的国际局势中，我国积极推动构建以合作共赢为核心的新型国际关系，建设人类命运共同体，但并不等于与西方国家的制度竞争、道路抗衡、价值冲突就不存在了，命运共同但仍然“道不同”，社会主义与资本主义两大制度体系、价值体系的较量是长期的、深层的、尖锐的。进行具有许多新的历史特点的伟大斗争，首先就是在这种制度较量、价值博弈的格局中坚持和发展中国特色社会主义。提出“四个全面”战略布局，首先就是着眼于新的历史条件下开创中国特色社会主义新局面，夯实中国道路基础，取得立于不败之地的力量支持和优势地位。尽管改革开放 40 年来，我国经济实力、科技实力、国防实力、国际影响力空前增强和提高，经济总量稳居世界第二位，成为世界第一货物贸易大国和主要对外投资大国，中国特色社会主义充满生机活力，“中国模式”为世界瞩目，但资强社弱、西强中弱的态势还没有从根本上改变。中国道路的巩固、中国制度的完善、中华民族的强盛，仍然需要一代代中国共产党人接续奋斗、励精图治。“四个全面”战略布局，无论是全面建成小康社会的攻坚动员，全面深化改革的破障前行，全面依法治国的重塑治理，全面从严治党的正风反腐，还是“四个全面”战略布局作为总方略的推出，作为总战略的谋划，都是全面推进中国特色社会主义新发展的战略布局。

在全面建成小康社会决胜阶段和民族复兴关键时期筹划总体战略。党的十八大以来，党和国家进入新的发展阶段，站在新的历史起点上。民族复兴进入由大向强的关键时期，这一时期和阶段对于未来几十年乃至更长时期的国家前途命运至关重要。到 2020 年，我国要实现全面建成小康社会的第一个百年奋斗目标。确保决胜全面小康，是党和国家工作大局的首要任务。经过 40 年的改革开放，社会主义市场经济体制基本建立，但体制机制弊端痼疾仍然存在，深层次矛盾还没有完全触及，利益固化问题形成前进道路上的难题障碍。我国改革处于攻坚之坡、克难之坎，全面深化改革是推进中国特色社会主义发展进步的重要关口。实现“两个一百年”奋斗目标和中华民族的伟大复兴，依靠完善巩固的制度基础、良好有序的治理环境，中国特色社会主义制度尚处于完善、成形、成熟过程中，国家治理体系和治理能力现代化任重道远，特别是从人治传统很深的社会向法治社会转型任务艰巨，确立法治作为治国理政的基本方式，是民族持续发展、国家长治久安的制度基石。中国共产党是一个老党、大党、长期执政的党，是实现中国梦的领导核心。长期执政对党的考验是严峻的、全方位的，党面临的各种危险是现实的、紧迫的。治国必先治党，党的自身建设存在的种种消极腐败现象如果得不到有效根治，党将不党、国将不国，遑论民族复兴。保持党的先进性，提高党的战斗力，是国家要富强、人民有希望的政治前提。欲图复兴大业，先谋总体战略。以习近平同志为核心的党中央领导新形势下的治国理政，紧紧围绕党和国家的奋斗目标，紧密依据关键时期、决胜阶段、重要关头、艰难时刻的主攻方向，构建统领全局的总方略，制定科学可行的总战略，“四个全面”战略布局应势而生、应运而出。

在着力防控各种风险中确保长治久安。在新的历史条件下坚持和发展中国特色社会主义，必须准确判断民族复兴前景与风险并存的大趋势。经过几代人的接续奋斗，我们前所未有地接近民族复兴的目标，具有实现这一宏伟目标的强大能力和充分信心。同时，现代化的进程机遇和挑战并存、动力和风险共生、成功和失败都有可能。社会运行速度越快，失衡的风险越大；社会联系程度越紧，风险的震荡越大；社会复杂性质越强，风险的诱因越多。在 13 亿多人口的发展中国家，在几十年的时间里走完西方发达国家几百年走完的历程，包含的矛盾风险挑战前所未有。民族复兴的前景既不是铺满鲜花的坦途，也不是布满陷阱的绝境，而是重大机遇期与高风险期相互交织，是用伟大斗争赢得伟大胜利。一方面，经过改革开放 40 年发展的丰厚积累，我国的物质基础扎实、制度基础坚强、国家能力强大，特别是经过党的十八大以来的励精图治、重整行装，党治国理政能力水平大大提高，党心民心更加凝聚振奋，决胜全面建成小康社会的把握更大。另一方面，我国在迅速发展的过程中，诸多矛盾叠加，城乡、地区、行业之间发展不平衡的问题突出，财产和收入差距拉大造成的社会分化显著，生态环境脆弱，资源支持不足，这些都构成了前进道路上的风险隐患增多。因此，“两个一百年”奋斗目标和中华民族伟大复兴中国梦，绝不是轻轻松松、顺顺当当就能实现的，必须做好应对任何形式的矛盾风险挑战的准备。风险是现代化进程之常态。面对风险，不是畏惧退缩、消极应对，而是敢于斗争、战胜风险、开创未来。“四个全面”把防控风险纳入治国理政体系之中，将治国理政总方略作为防控风险总战略，是一种积极主动、进取有为的防控风险总战略。

2. 构建新形势下治国理政总方略，“四个全面”确立了续写中国特色社会主义新篇章的行动纲领

继续把中国特色社会主义这篇大文章写下去，是党的十八大后新一届中央领导集体的政治诺言。中国特色社会主义新篇章，是由一段段的恢宏乐章、一幅幅的壮丽画卷写就的。新的伟大目标、新的伟大实践，需要新的行动纲领。习近平总书记在中共中央政治局第三十次集体学习时强调："四个全面"战略布局，既有战略目标，也有战略举措，每一个"全面"都具有重大战略意义，是我们党在新形势下治国理政的总方略，是事关党和国家长远发展的总方略①。可以说，"四个全面"是中国特色社会主义新篇章的点睛之笔。

全面建成小康社会是中国特色社会主义前行发展的关键一步。党的十六大提出21世纪头20年全面建设惠及十几亿人口的更高水平的小康社会的目标；党的十八大对全面建设小康社会目标进行了充实和完善，将"全面建设小康社会"调整为"全面建成小康社会"，顺应了人民的新要求；党的十八届五中全会顺应我国经济社会新发展和广大人民群众新期待，赋予"小康"更高的标准、更丰富的内涵。2020年如期全面建成小康社会，无论在中华民族发展史上，还是在世界发展史上、在社会主义发展史上，都具有极为重大的意义。全面建成小康社会目标实现之时，中国经济总量将达到近17万亿美元，中国人民将在全面解决温饱问题的基础上，普遍过上比较殷实富足的生活。这将是中国历史上亘古未有的伟大跨越，也是中国对人类社会的伟大贡献。全面建成小康社会是实现中华民族伟大复兴的重要基础、关键一步。全面建成小康社会是实现社会主义现代化建设第三步战略目标必经的承上启下的发展阶段，只有第一个百年奋斗目标如期实现，第二个百年奋斗目标才能顺利起步。全面小康和民族复兴是两个相互联系、相互交融的阶段。没有全面小康的实现，民族复兴就无从谈起；为全面建成小康社会而奋斗，就是在为实现民族复兴而奋斗。全面建成小康社会，标志着向实现中华民族伟大复兴中国梦迈出了至关重要的一步。"十三五"时期，全面建成小康社会进入决胜阶段，发展机遇与风险挑战并存。如果应对不好，或者发生系统性风险、犯颠覆性错误，就会延误甚至中断全面建成小康社会进程。因此，习近平总书记强调，在历史的发展，总有一些关键的时间节点。决胜全面建成小康社会的历史大幕已经拉开，向全面建成小康社会冲刺的艰巨任务落在我们这一代人肩上。决胜全面建成小康社会的伟大进军，每一个中国人都有自己的责任。全党全国各

① 准确把握和抓好我国发展战略重点　扎实把"十三五"发展蓝图变为现实. 人民日报，2016-01-31.

族人民要拧成一股绳，以必胜的信心、昂扬的斗志、扎实的努力投身新的历史进军。

全面深化改革是决定当代中国命运的关键一招。改革开放40年来，每一次重大改革都给党和国家发展注入新的活力、给事业前进增添强大动力，中国特色社会主义事业在不断深化改革中波浪式向前推进。习近平指出："改革开放是决定当代中国命运的关键一招，也是决定实现'两个一百年'奋斗目标、实现中华民族伟大复兴的关键一招。"① 全面深化改革，是解决中国现实问题的根本途径。破解发展中面临的难题，化解来自各方面的风险挑战，推动经济社会持续健康发展，必须依靠全面深化改革。党的十八届三中全会确定全面深化改革的总目标是完善和发展中国特色社会主义制度，推进国家治理体系和治理能力现代化。中国特色社会主义制度是中国发展进步的根本制度保障，特色鲜明、富有效率，同时还不是尽善尽美、成熟定型。实现社会主义现代化赋予新的主要历史任务，是要为党和国家事业发展、为人民幸福安康、为社会和谐稳定、为国家长治久安提供一整套更完备、更稳定、更管用的制度体系。更完备要求随着社会系统的复杂程度增强，增大制度的覆盖面，减少制度的盲区和漏洞，提高制度体系的衔接性和自洽性，克服某些制度之间的不兼容性。更稳定要求随着社会运行的有序程度增强，提高制度的规范性和延续性，让制度内化于社会机体之中，常态化运转、稳态化运作，在改与不改、变与不变、动与不动之间保持恰当的均衡。更管用要求随着社会管理的法治程度增强，充分发挥制度的导向、激励、协调、控制功能，强化制度权威，增强制度效能，减少制度疲软、制度失效现象。

全面依法治国是国家治理领域的深刻革命。全面依法治国是关系我们党执政兴国、关系人民幸福安康、关系党和国家长治久安的重大战略问题。要推动我国经济社会持续健康发展，不断开拓中国特色社会主义事业更加广阔的发展前景，就必须全面推进社会主义法治国家建设。全面依法治国，强调在法治轨道上推进国家治理体系和治理能力现代化，是完善和

---

① 中共中央文献研究室．习近平关于全面深化改革论述摘编．北京：中央文献出版社，2014：3.

发展中国特色社会主义制度、推进国家治理体系和治理能力现代化的重要方面和必然要求。法治成为治国理政的基本方式，是人类政治文明包括治理文明发展的必然趋势。法治能够为国家稳定发展提供坚实基础，为国家有序发展提供规范框架，为国家持续发展提供确定空间。习近平指出："综观世界近现代史，凡是顺利实现现代化的国家，没有一个不是较好解决了法治和人治问题的。相反，一些国家虽然也一度实现快速发展，但并没有顺利迈进现代化的门槛，而是陷入这样或那样的'陷阱'，出现经济社会发展停滞甚至倒退的局面。后一种情况很大程度上与法治不彰有关。"① 全面依法治国，是国家治理现代化的深化与拓展，是国家治理领域一场广泛而深刻的革命。这场革命的关键，是建立中国特色社会主义法治体系：形成完备的法律规范体系，国家依法治理，实现国家治理基础的重大转变；形成高效的法治实施体系，严格执法司法，实现国家治理机制的整体转型；形成严密的法治监督体系，依法约束权力，实现国家治理监督的有效强化；形成有力的法治保障体系，全民崇尚法治，实现国家治理文化的现代更新；形成完善的党内法规体系，全党模范守法，实现国家治理能力的大幅提升。

全面从严治党是伟大事业取得胜利的关键所在。中国共产党是民族复兴的中流砥柱，是中国特色社会主义的领导核心。历史和现实都证明，中国共产党的领导是中国特色社会主义最本质的特征，是中国特色社会主义制度的最大优势。面对迅速变化、愈加复杂的形势环境，党的战略视野、战略思维、战略定力需要更加增强；面对深化改革、科学发展的治理实践，党的执政能力和领导水平需要进一步提高；面对"四大考验""四种危险"，党的先进性和纯洁性建设必须切实加强；面对"四风"盛行、腐败蔓延，党要管党、从严治党刻不容缓。我们党要领导夺取新的伟大斗争胜利，打铁还需自身硬，治国必先治党，治党务必从严。习近平强调指出："如果管党不力、治党不严，人民群众反映强烈的党内突出问题得不到解决，那我们党迟早会失去执政资格，不可避免被历史淘汰。这决不是

---

① 中共中央文献研究室．习近平关于全面依法治国论述摘．北京：中央文献出版社，2015：12．

危言耸听。”① 进行新的伟大斗争赋予从严治党新的动力，推进新的伟大工程增添开拓前行新的力量。要求紧紧抓住执政党这个关键，加强党的领导、加强党的建设，从而赢得伟大斗争、推进伟大事业。党的十八大以来，以习近平同志为核心的党中央从关系党和国家生死存亡的高度，以前所未有的决心和力度推进反腐败斗争，反对腐败是党心民心所向。这是由于腐败背离社会主义公平正义基本原则，必然为党心民心所怨；腐败毁损党和国家形象，必然为党心民心所痛；腐败伤害绝大多数党员和最广大人民利益，必然为党心民心所怒；腐败违背中华民族传统美德，必然为党心民心所耻；腐败偏离改革发展正确导向，必然为党心民心所弃。

3. 拓展道路、丰富理论、完善制度，“四个全面”确立了进入中国特色社会主义新阶段的前进方向

中国特色社会主义由道路、理论体系、制度、文化四位一体构成，是实现途径、行动指南、根本保障的有机统一。新形势下坚持和发展中国特色社会主义，就是要针对新的矛盾问题、依据新的实践要求，拓展中国特色社会主义道路，丰富中国特色社会主义理论体系，完善中国特色社会主义制度，发展中国特色社会主义文化。党的十八大以来，我国处于民族复兴由大向强转变的关键期，全面建成小康社会决胜期，创新发展转型升级机遇期，诸多矛盾风险隐患高发期，深化改革完善制度攻坚期，政治生态党风党规重塑期。治国理政坚持问题导向，就是要着眼解决党和国家面临的主要矛盾，在解决矛盾、攻坚克难中拓展道路、丰富理论、完善制度。

“四个全面”构成中国道路的具体模式。党的十八大对中国特色社会主义道路做出了完整准确的概括。在这一道路上，每一发展阶段由于主要矛盾有其具体表现形式，面临形势有其具体特征。因此，走中国道路还要通过一定的具体模式体现出来。“四个全面”战略布局，是党的十八大以来党治国理政的总方略和总战略，方略和战略具有道路的意义和功能。可

① 中共中央文献研究室．习近平关于协调推进“四个全面”战略布局论述摘编．北京：中央文献出版社，2015：130.

以说，“四个全面”是新形势下中国道路的具体模式。“四个全面”围绕一个战略目标，构建三大战略举措，构成了走向民族复兴的具体道路。到2020年全面建成小康社会的宏伟目标，是中国特色社会主义取得成功的“门槛之局”，是民族复兴的近期目标，构成了直接的具体的道路牵引。围绕保证实现全面小康的战略目标，我们党推出动力机制、法治保障、领导力量三大战略举措，构建了实现战略目标的支持系统。实现全面建成小康社会的战略目标，要求进一步解放和发展社会生产力，进一步解放和增强社会活力，解决我国发展面临的一系列突出矛盾和问题。全面深化改革为全面建成小康社会提供动力保证，是战略目标与发展动力的统一。全面建成小康社会，依法治国在全局中的地位更加突出、作用更加重大，必须更好发挥法治的引领和规范作用。全面依法治国为全面建成小康社会提供法治保证，是战略目标与治理方式的统一。全面建成小康社会，党的建设是关键所在，全面从严治党为全面建成小康社会提供领导保证，是战略目标与组织力量的统一。“一个战略目标”与“三个战略举措”的有机统一，构成了决胜全面小康的具体道路。

“四个全面”提出引领中国的战略思想。中国特色社会主义理论体系是一个开放的体系、不断创新的体系。当前，我们正在进行具有许多新的历史特点的伟大斗争，如此丰富而深刻的创新实践，孕育和催生着党的理论创新。“四个全面”战略布局，体现着治国理政新理念新思想新战略，呈现了实现民族复兴清晰深邃、科学有效的路线图。“四个全面”战略布局，深刻总结党运筹中国大势的战略经验，科学部署新形势下治国理政的战略实施，凝练表述实现民族复兴的战略构想，是指引前行方向、激励党心民心、充满深思睿智的中国发展战略。“四个全面”战略布局，运用社会历史发展的基本逻辑，反映社会主义现代化的内在要求，着力解决发展进程中的主要矛盾，营造向新向好向上的全面发展态势，是走向民族复兴的固本之道、破障之道、兴旺之道。“四个全面”战略布局，全面回应人民愿望心声，以人民利益为经纬谋篇布局，是新形势下党执政为民的集中表达，是增进共同利益、形成民族合力的宏大布局。围绕“四个全面”战略布局，习近平总书记提出了一系列新思想新观点新论断，丰富发展了中国特色社会主义理论。比如：明确指出中国梦归根到底是人民的梦，高度概括了“两个一百年”奋斗目标和中华民族伟大复兴的价值本质；系统阐述完善和发展中国特色社会主义制度、推进国家治理体系和治理能力现代化的全面深化改革总目标，发展创新了中国特色社会主义治理理论；深刻论述中国特色社会主义法治道路，大大提高了党对全面依法治国的认识；深入研究从严治党规律，把对共产党执政规律的认识推进到更深层次；等等。

“四个全面”增强治党治国的制度基础。坚持和完善中国特色社会主义制度，是实现“两个一百年”奋斗目标和中华民族伟大复兴中国梦的根本保障。“四个全面”战略布局，实质上也正是从制度建设层面全面推进，为长期稳定持续发展夯实制度基础。全面建成小康社会新的目标要求不仅包括物质、精神、环境层面，而且包括各方面制度更加成熟更加定型的目标要求。主要有国家治理体系和治理能力现代化取得重大进展，各领域基础性制度体系基本形成；人民民主更加健全，法治政府基本建成，司法公信力明显提高；人权得到切实保障，产权得到有效保护；开放型经济新体制基本形成；中国特色社会主义现代军事体系更加完善；党的建设制度化水平显著提高。全面深化改革，经济体制改革对其他方面改革具有重要影响和传导作用，重大经济体制改革的进度决定着其他方面很多体制改革的进度，牵引和带动其他领域改革。全面依法治国，坚持法治国家、法治政府、法治社会一体建设，实现科学立法、严格执法、公正司法、全民守法，为党和国家事业发展提供根本性、全局性、长期性的制度保障。全面从严治党，加强制度治党，坚持思想建党和制度治党紧密结合，全方位扎紧制度笼子，更多用制度治党、管权、治吏，依法依规治党，按照决策、执行、监督既相互制约又相互协调的原则区分和配置权力，构建严密的权力运行制约和监督体系。改革立制、法治强制、治党用制，相互强化、相互深化，都是完善中国特色社会主义制度的创新实践。

4. 统筹兼顾、综合决策、驾驭全局，“四个全面”确立了推进中国特色社会主义新发展的科学方法

坚持和发展中国特色社会主义，贯穿其中的是科学的世界观、方法论。科学的世界观、方法论是普遍与特殊的统一，要在具体实践、实际运用中贯彻和体现出来。“四个全面”战略布局使我们的发展布局更加科学，集中体现了当代中国共产党人的全局视野和战略眼光。每一个“全面”都蕴含着重大战略意义，相互之间密切联系、有机统一，具有紧密的内在逻辑，是一个整体战略部署的有序展开，共同支撑起中国特色社会主义事业全局。“四个全面”战略布局创新发展了中国特色社会主义的科学内涵，同时也创新发展了中国特色社会主义的科学方法。

全面发展、全面进步。中国特色社会主义是全面发展、全面进步的社会主义，“四个全面”战略布局是全面的、联系的战略布局，其核心要义就是全面推进中国特色社会主义新发展。“四个全面”对小康社会的要求是“全面建成”。全面小康，覆盖的领域要全面，是“五位一体”全面进步。全面小康，是覆盖所有人口、惠及全体人民的全面小康，是“一个都不能少”的全面小康，一个地区、一个民族都不能少，一个家庭、一个群众都不能落下。全面小康，覆盖的区域要全面，是城乡区域共同的小康，努力缩小城乡区域发展差距，是全面建成小康社会的一项重要任务。“四个全面”对改革的要求是“全面深化”。全面深化改革不是某个领域某个方面的单项改革，而是一个涉及经济社会发展各领域的复杂系统工程，要求深化经济体制、政治体制、文化体制、社会体制、生态文明体制、党的建设制度、国防和军队改革，需要统筹谋划深化改革各个方面、各个层次、各个要素。“四个全面”对法治的要求是“全面推进”。全面依法治国，就要建设中国特色社会主义法治体系，加快形成完备的法律规范体系、高效的法治实施体系、严密的法治监督体系、有力的法治保障体系，形成完善的党内法规体系。“四个全面”对治党的要求是“全面从严”。全面从严治党，要坚持制度面前人人平等、执行制度没有例外，不留“暗门”、不开“天窗”，坚决维护制度的严肃性和权威性。“四个全面”又是一个整体，不能单打一，彰显了全局思维、战略思维，深刻体现了把握中国特色社会主义事业全局的要求。

协调推进、相互促进。新形势下治国理政呈现新特征、提出新要求，这就是中高速发展与中高端水平相匹配，强化改革动力与保持社会稳定相协调，破除沉疴积弊与重塑政治生态相结合，纠风反腐提振党心与保障民生凝聚民心相一致，加强党的领导权威与增强社会创造活力相统一，大国治理与大国外交相配合，实现奋斗目标与着力防控风险相统筹。“四个全面”战略布局反映新的实践要求，始终注意平衡着力，通盘考虑各方面情况和进展，把握平衡、综合施策，统筹兼顾、协调推进。特别是把两点论与重点论统一起来，正如习近平总书记指出的，“在推进这‘四个全面’过程中，我们既要注重总体谋划，又要注重牵住‘牛鼻子’。比如，我们既对全面建成小康社会作出全面部署，又强调‘小康不小康，关键看老乡’；既对全面深化改革作出顶层设计，又强调突出抓好重要领域和关键环节的改革；既对全面推进依法治国作出系统部署，又强调以中国特色社会主义法治体系为总目标和总抓手；既对全面从严治党提出系列要求，又把党风廉政建设作为突破口，着力解决人民群众反映强烈的‘四风’问题，着力解决不敢腐、不能腐、不想腐的问题”①。这就保证了在统揽全局的前提下抓住工作的重点和着力点，提供了以“四个全面”为样本的治国理政新方法。

破立并举、着力落实。党的十八届三中、四中全会分别把全面深化改革、全面推进依法治国作为主题并做出决定，有其紧密的内在逻辑，是一个总体战略部署在时间轴上的依次展开。党的十八届三中全会决定和四中全会决定是姊妹篇，体现了“破”和“立”的统一。全面深化改革就是要坚决破除各方面体制机制弊端，啃硬骨头，向积存多年的顽瘴痼疾开刀，改革不适应生产力发展的某些生产关系，改革不适应经济基础发展的某些上层建筑。而克服公器私用、以权谋私、贪赃枉法等现象，克服形式主义、官僚主义、享乐主义和奢靡之风，反对特权现象、惩治消极腐败现象等，都需要密织法律之网、强化法治之力。习近平总书记指出：“小智治事，中智治人，大智立法。治理一个国家、一个社会，关键是要立规矩、讲规矩、守规矩。法律是治国理政最大最重要的规矩。”提出“四个全面”很重要，践行“四个全面”更重要。提出一种正确的战略思想，还只是从

---

① 中共中央文献研究室．习近平关于协调推进“四个全面”战略布局论述摘编．北京：中央文献出版社，2015：160.

认识到实践的起点，是实践的观念形态，关键还要实现从认识到实践的飞跃、从观念形态到现实形态的转化，这样才能真正实现思想的价值和理论的力量。因此，要把“四个全面”战略布局贯彻到经济社会发展全过程，对照这一战略布局，找准工作中的薄弱环节，提出加强改进的政策举措。要把协调推进“四个全面”战略布局作为评价地区发展、评价干部实绩的重要标准，切实树立起正确的发展导向、政绩导向。

二、新时代中国特色社会主义的实践基础

（一）中国梦的丰富内涵

在中国特色社会主义道路上实现中华民族伟大复兴，是党的十八大提出的根本战略任务。党的十八大后，以习近平同志为核心的党中央继往开来，坚持和发展中国特色社会主义，集中体现在用中国梦凝聚共识、激励人心、引领未来上。深入领会、全面贯彻中国梦这一重大战略思想，是实现“两个一百年”奋斗目标的强大动力和重要保证。

1. 中国梦是谱写中国特色社会主义新篇章的标志性范畴

中国特色社会主义是几代中国共产党人薪火相传、持续推进的伟大事业，是已经留下了精彩篇章的一篇大文章。历史的接力棒在党的十八大交接。新一届中央领导集体深知责任重大，必须继续把这篇大文章写下去。“长风破浪会有时，直挂云帆济沧海。”

在新的历史起点上，以习近平同志为核心的党中央坚定不移地坚持中国特色社会主义道路、理论体系和制度，推进新事业、开创新局面。在参

观《复兴之路》展览时，习近平同志把中华民族的昨天、今天和明天联结起来，把民族复兴伟大事业和几代中国人的夙愿、每个人的梦想联系起来，把党的十八大确定的“两个一百年”奋斗目标和当代中国人的前途命运统一起来，指出实现中华民族伟大复兴，就是中华民族近代以来最伟大的梦想。此后，在视察广州战区、全国人大讲话、出访发表演讲、劳模代表座谈、青年代表座谈、与航天员通话等场合，习近平同志从不同角度对中国梦进一步做出深入阐发，思想体系逐步展开。

范畴是思维的结晶，反映了事物的本质。中国梦这一范畴，凝练地概括了近代以来中华民族、中国人民拼搏、奋斗、追求、自强的深厚情结和不竭动力，鲜明地表明了在新的历史起点上推进理论创新和实践创新的坚定信心。

范畴是实践的概括，体现了时代的精神。透视理论逻辑背后的实践逻辑，我们可以深深地感受到，全面小康的战略目标，开拓创新的改革任务，前进道路上的困难挑战，都要求我们党把民族复兴作为国家战略、全民事业来推进，作为执政之本、兴亡之道来对待，作为聚心工程、聚力平台来实施，用中国梦团结、唤起、振奋全党全国人民。

范畴是理论的元素，构成了创新的标志。如果说解放思想、改革开放等成为邓小平理论的标志性范畴，党的先进性、先进生产力等成为“三个代表”重要思想的标志性范畴，以人为本、全面协调可持续等成为科学发展观的标志性范畴，那么可以说中国梦是党的十八大后我们党推进马克思主义中国化的一个标志性范畴。

范畴是体系的起点，牵引着发展的方向。历史与逻辑是统一的，作为理论创新的历史起点，往往也是理论体系的逻辑起点。《资本论》从分析商品范畴、解剖商品的内在矛盾入手，经过一系列的理论阐述，揭示了资本主义经济运动的规律。同时，商品也是资本的历史起点。中国梦的提出呈现了从逻辑起点到理论展开的清晰脉络。

中国梦是谱写中国特色社会主义新篇章的动员令，是党和人民不畏艰难险阻、战胜风险挑战的宣言书，是全体中华儿女团结一心、振兴中华的交响诗。中国梦这一范畴提出后，全党全社会、海内外反响强烈、普遍赞许，充分表明中国梦的巨大感召力、高度辐射力和广泛群众性。

2. 中国梦是实现中华民族伟大复兴的大众化表述

对唯物主义的认识路线，毛泽东用《汉书》中的“实事求是”四个字来表述，是马克思主义大众化的一个创造、一个成功。实事求是作为党的思想路线的概括性表述，已深深根植于中国共产党的文化心理之中，渗透于中国人民的认知模式之中。中国梦是民族复兴的形象表达，便于传播、便于接受、便于使用。更重要的是，中国梦蕴含着丰富信息，需要做深入解读。

中国梦更加强调民族复兴的现代性质。梦想具有想象、憧憬、远望的成分。“我欲因之梦寥廓，芙蓉国里尽朝晖。”中国梦是近代以来中华民族的现代化梦。用中国梦指称民族复兴，立足历史，着眼现代、着眼未来，是对建设富强民主文明和谐美丽的社会主义现代化强国的向往。遥想当年，大秦王朝，一统天下；大唐盛世，百国来朝；一代天骄，铁骑欧亚，都是中国古代的辉煌岁月，俱往矣。我们要的民族复兴，是指追赶世界现代化潮流，以现代化中国的国力和形象自立于世界民族之林。如同欧洲文艺复兴不只是回归古希腊文明的复兴，实质是西方走向现代化的思想启蒙；我们的中国梦恰恰是在悠久文明基础上的凤凰涅槃。

中国梦更加强调民族复兴的激励功能。梦是理想的象征，具有信念的意味。人是理想的动物，做梦、追梦、圆梦是生命的动力、意义和乐趣所在。马丁·路德·金以“I Have a Dream”为题的著名演讲，激励着美国有色人种和进步人士为消除种族歧视、争取平等权利而奋斗。民族、政党、军队也都有自己的梦想，是动员人民、鼓舞全党、鞭策三军的精神动力。唱响中国梦、弘扬中国梦，本身就是实现民族复兴的进军号。全党全军全民心中有梦、脚下有路，锲而不舍、不懈奋斗。

中国梦更加强调民族复兴的人文价值。中国梦这一名称，不仅表达形式更加通俗生动、凝练简洁，更有亲和力，而且就其价值取向而言，也更加注重把民族复兴与人的利益、人的权利、人的发展需求融为一体。习近平同志强调，中国梦是民族的梦，也是每个中国人的梦。人民对美好生活的向往，对更加富足、平等、自尊、愉快、自由、发展、安全的渴望，是值得珍重、值得鼓励、值得保护的普通而又纯真的梦想。这就要让所有人共同享有人生出彩的机会，共同享有梦想成真的机会，共同享有同祖国和时代一起成长与进步的机会。中国梦是社会公平正义的梦。

3. 中国梦是包含目标与道路、理想与筹划、动力与纲领的创新型战略

中国梦不仅是辉煌梦想，而且是深邃思想；不仅是大众话语，而且是理论创新；不仅是奋斗目标，而且是行动纲领。必须深入领会、系统把握中国梦的丰富内涵。

国家、民族、人民既是中国梦的奋斗主体，又是中国梦的价值主体。中国梦的基本内涵是实现国家富强、民族振兴、人民幸福，是国家、民族、人民共有、共建、共享的同一个梦。这就把国家、民族的价值追求与人民的价值追求统一起来，把党的历史使命与近代以来中华民族的伟大梦想统一起来，把中华民族共同坚守的理想信念与夺取中国特色社会主义新胜利的行动纲领统一起来，揭示了中国梦的丰富内涵。国家梦是民族梦、人民梦的政治前提，只有中国特色社会主义才能让民族振兴、人民幸福；国家梦、民族梦是人民梦的可靠保障，国家好，民族好，大家才会好；人民梦是国家梦、民族梦的根本目的，国家的强盛、民族的兴旺，都要以人民的权利得到保障、利益得到实现、幸福得到满足为条件和目的。为人民创造幸福生活提供良好条件、制度保障、环境空间，做的就是让国家好、民族好的好事情，就是马克思主义执政党的根本职责。只有中国梦成为人民的梦，梦想才有生命，梦想才有根基，梦想才有力量。

中国梦依托强军梦，强军梦支撑强国梦。中国梦对军队来说，也是强军梦。我们要实现中华民族伟大复兴，必须坚持富国和强军相统一，努力建设巩固国防和强大军队。中国梦是强军梦的基本依托，只有国家经济实力增强了，国防建设才能有更大发展。强军梦是中国梦的有力保障，没有一个强大的军队，便没有一个强大的国家；强军梦不圆，中国梦难圆。改革开放 40 年来我国能够快速发展、稳定发展、持续发展，离不开国防和军队建设提供的安全保障。面对全面建成小康社会征程上的各种风险挑战，

更加迫切需要国防和军队的坚强保障，更加需要强大军队的力量支持。为建设一支听党指挥、能打胜仗、作风优良的人民军队而奋斗，是党在新时代的强军目标，是全军官兵的重大使命。

中国道路保障、中国精神引领、中国力量支持。实现中国梦必须走中国道路，必须弘扬中国精神，必须凝聚中国力量。中国道路、中国精神、中国力量是实现中国梦的三大要素，同时也构成当代中国的道路自信、精神自信、力量自信。中国道路就是中国特色社会主义道路，是实现中国梦的正确方向。中国精神就是以爱国主义为核心的民族精神，以改革创新为核心的时代精神，是凝心聚力的兴国之魂、强国之魂，构成了当代中国的精神主流。中国力量就是各族人民大团结的力量，是实现中国梦的雄厚基础。中国道路、中国精神、中国力量，相辅相成、相互促进，共同构成实现中国梦的基本支撑。

和平发展、造福世界、国际共赢。国家富强、民族振兴、人民幸福，既是中国的福祉，也是世界的福祉。中国梦包含中国的“世界梦”，也就是作为世界上人口最多的发展中国家，作为社会主义大国，不仅要以更加积极的姿态参与国际事务，发挥负责任大国的作用，而且要用经济、政治、文化、社会、生态、科技等方面的发展成就，在当代世界为人类文明做出更大贡献。中国发展壮大，带给世界的是更多机遇而不是什么威胁，中国梦是推动人类文明进步、维护世界和平稳定、增进人类共同利益的重要积极因素。

4. 中国梦是赢得主动、赢得优势、赢得未来的攻坚式实践

中华民族是一个既仰望星空、又脚踏实地，既富于理想信念、又崇尚埋头苦干的伟大民族。实现中华民族伟大复兴的中国梦，不是空想、幻想，不是梦境、仙境，而是包含目标与道路、理想与筹划、动力与纲领的系统工程，是可望而又可即、可知而又可行的发展战略，是坚持和发展中国特色社会主义的创新实践。实现中国梦是一项伟大而艰巨的事业，需要一代又一代中国人共同为之努力。面对各种风险和挑战、困难和考验，必须聚合实现中国梦的正能量，形成推进中国梦的强大合力，攻坚克难、

创造未来。可以说，中国梦不是舒缓浪漫的小夜曲，而是奋发昂扬的进行曲。

以社会发展规律为依据。习近平同志指出，中国特色社会主义，是科学社会主义理论逻辑和中国社会发展历史逻辑的辩证统一，是根植于中国大地、反映中国人民意愿、适应中国和时代发展进步要求的科学社会主义。中国梦坚持中国特色社会主义道路，必然也是理论逻辑与历史逻辑的融合，是遵循规律的梦想。

以时代进步潮流为取向。中国梦是百年梦、民族梦、时代梦，具有深远的历史渊源、广阔的社会基础、崭新的现代情怀。倡导富强、民主、文明、和谐，倡导自由、平等、公正、法治，倡导爱国、敬业、诚信、友善，这些既是社会主义核心价值观的主要内容，是当代中国的价值梦，也是人类文明的进步趋向。中国梦应当而且必须走在时代前列。

以全体人民愿望为支持。中国梦，人民的梦。这个梦想，凝聚了几代中国人的夙愿，体现了中华民族和中国人民的整体利益，是每一个中华儿女的共同期盼。中国梦的动力来自广大人民。生活在一个富强民主文明和谐美丽的中国，是广大人民的国家理想和社会信念，是一代代中国人的毕生愿望和追求。人民是中国梦的最大受益者，也是中国梦的积极践行者。

以国家整体实力为基础。新中国成立近 70 年来特别是改革开放 40 年来，我国发展取得了历史性进步，经济总量已经跃升到世界第二位，综合国力显著增强，人民生活明显改善。因此，我们比历史上任何时期都更有信心、有能力实现中国梦。

以科学规划蓝图为框架。党的十八大制定了全面建成小康社会的总体布局，新一届中央领导集体强调加强宏观思考和顶层设计，更加注重改革的系统性、整体性、协同性，着手制定中长期改革方案，都是中国梦的理性化科学化体现。

以辛勤劳动为支撑。中国梦是解放和发展社会生产力的创造之梦，是中华民族物质、精神、社会财富的增长之梦，是富强民主文明和谐美丽的社会主义现代化强国的建设之梦，归根到底是依靠劳动才能实现的梦想。人世间的美好梦想，只有通过诚实劳动才能实现。只有依靠从不停止的劳动、脚踏实地的劳动、精益求精的劳动、科学求实的劳动，中国梦才能走进生活、成为现实。

以真抓实干为途径。“空谈误国，实干兴邦”，深刻阐明了从梦想到现实的基本规律，表明了从“憧憬世界”到“改变世界”的实践取向。一个富于实践品格的政党，一个不懈奋斗、注重实干的民族，必须切实推动从理论到实践的转化，重在实际和效果；推动从目标到步骤的细化，重在落实和递进；推动从问题到行动的深化，重在解决矛盾、破除障碍。

以改革创新为动力。改革开放是实现中国梦的关键一招。我国改革已经进入攻坚期和深水区，攻坚期表明改革的艰巨性增加，深水区表明改革的风险性加大。全党全社会必须以更大的政治勇气和智慧，不失时机深化重要领域改革，坚定信心、凝聚共识、统筹谋划、协同推进。要坚持改革开放正确方向，敢于啃硬骨头，敢于涉险滩，既勇于冲破思想观念的障碍，又勇于突破利益固化的藩篱。越是存在着阻碍深化改革、形成合力的因素，越是要增强推进改革勇气，激发筹划改革智慧，越是要凝聚社会共识，集聚推进改革的强大力量。

以培养青年为大计。自然法则决定了当代青年是中国梦的力量所在、命运所系，中国梦希望在青年。正因如此，习近平同志深情寄语广大青年，勇敢肩负起时代赋予的重任，志存高远，脚踏实地，在实现中国梦的生动实践中放飞青春梦想，在为人民利益的不懈奋斗中书写人生华章。中国特色社会主义事业后继有人，中国梦一代代薪火相传，关键在一代代新人的健康成长。

以党的坚强领导为保证。中国共产党是实现中国梦的核心力量，中国梦能否实现关键在党，在党能不能肩负起历史重任、经受住时代考验。打铁还需自身硬。人民为中国梦不懈奋斗，建立在对国家命运、民族未来充满信心，对党和政府充分信赖的基础上。增强信心、信任、信赖最有效的办法在实践、在行动。党的十八大之后，中央政治局首先从改进工作作风做起，以作风建设推动党的各项建设，以改进作风促进党的各项工作并收到明显成效，有力增强了中国梦的感召力和吸引力，增强了广大党员干部群众的信心和希望。根据中央部署，围绕保持党的先进性和纯洁性，在全党深入开展以为民务实清廉为主要内容的党的群众路线教育实践活动，集中解决形式主义、官僚主义、享乐主义和奢靡之风这“四风”问题，是党在新形势下坚持党要管党、从严治党的重大决策，是推进中国特色社会主义、实现中国梦的重大举措。

（二）从“三个思考”维度把握发展的阶段性特征

认识和把握我国社会发展的阶段性特征，是在新的历史起点上推进中国特色社会主义伟大事业的实践基础，是在新的发展阶段制定具有全局性、战略性、前瞻性行动纲领的科学依据，是决胜全面建成小康社会、开启全面建设社会主义现代化国家新征程的关键环节。能否正确认识和准确把握我国社会发展的阶段性特征，关系到制定大政方针的科学性、描绘宏伟蓝图的有效性。习近平总书记专门阐述了认识和把握我国社会发展的阶段性特征的方法论要求，就是要坚持辩证唯物主义和历史唯物主义的方法论，从历史和现实、理论和实践、国内和国际等的结合上进行思考，从我国社会发展的历史方位上来思考，从党和国家事业发展大局出发进行思考，得出正确结论。“三个思考”站位高远、把握全局、抓住重点，是确保党和国家事业始终沿着正确方向胜利前进、夺取中国特色社会主义新的伟大胜利的方法论指导。

1. 从历史和现实、理论和实践、国内和国际等的结合上进行思考，顺应时代发展大势

辩证唯物主义和历史唯物主义的方法论，是马克思主义的科学方法论，是正确认识世界、认识历史、认识社会、认识未来的思想武器。认识和把握我国社会发展的阶段性特征，要坚持辩证唯物主义和历史唯物主义的方法论。这一科学的认识方法论，要求我们运用实事求是的观点、联系发展的观点、辩证统一的观点、实践标准的观点、社会基本矛盾的观点、改革创新动力的观点、人民主体地位的观点、政党领袖作用的观点等，认

真研究我国社会发展的现实状况，从而得出正确结论，全面把握阶段性特征。“三个思考”维度，是坚持辩证唯物主义和历史唯物主义方法论的具体体现和实际运用。

从历史和现实的结合上思考，就是要对社会发展阶段的坐标做出精准定位，发现处于历史与现实汇聚点的时代特征。我国社会发展的阶段性特征，是社会主义初级阶段这一要经历上百年历史过程中的特定阶段性特征，是中国特色社会主义这一承载着中国人民伟大梦想的航船破浪前进、胜利驶向光辉彼岸的特定阶段性特征；同时又是处于历史与当代、当代与未来交汇点上的特定阶段性特征，具有新的时代气息和新的实践内涵。准确把握我国社会发展的阶段性特征，首先要将其放在我国仍然处于社会主义初级阶段这个大前提、大背景下来认识。现阶段呈现出的发展特征，都是从社会主义初级阶段这个总依据中派生出来的，都是社会主义初级阶段总特征的反映。同时，要更准确地把握我国社会主义初级阶段不断变化的特点，不把初级阶段当成一成不变的过程，而是要认真考察党领导改革创新事业带来的新变化、生成的新内涵、造就的新实践，从而因势利导、与时俱进，使党的思想更符合变化了的实际，党的战略更适应新阶段的要求。

从理论和实践的结合上思考，就是要以马克思主义立场观点方法为指导，运用中国特色社会主义理论体系的思想成果，坚持从实际出发，防止出现把握阶段性特征问题上的教条主义和主观主义。既不能将其他国家特别是发达国家的阶段性特征、西方某个学派的历史划分模式，照套照用为我国发展的现实性特征，也不能从想象、愿望出发，用臆断的阶段性特征替代真实的阶段性特征，防止判断失误、决策失据、发展失衡。这就要求在理论上不断拓展新视野、做出新概括，并且深入分析和准确判断当前世情国情党情，提高战略思维能力，不断增强工作的原则性、系统性、预见性、创造性，按照新要求制定党和国家大政方针，完善发展战略和各项政策。

从国内和国际的结合上思考，就是要科学把握当今世界和当代中国的发展大势，在和平、发展、合作、共赢的时代潮流中确定中国的发展方向、路径和重点。我国社会发展的阶段性特征，不是在封闭孤立的环境中形成的，而是在世界变革的大棋局中精准确定中国的定位和走势，以中国发展的大战略运筹国际关系、影响世界变化。当今世界，国际战略格局发生重大变化，大国关系进入全方位角力新阶段；全球治理体系发生重大变化，全球治理正在向各国通过制定国际规则、相互协调关系和利益的方式演进；全球地缘政治棋局发生重大变化，亚太地区成为大国战略竞争和博弈的焦点；综合国力竞争发生重大变化，竞争在经济、政治、科技、文化、军事等领域全面展开。我国发展壮大成为推动国际格局和国际体系深刻调整最重要的动因，日益增强的综合国力正在转化为国际政治、经济、安全等领域的话语权和影响力。这些都影响和构成了我国社会发展的阶段性特征。

2. 从我国社会发展的历史方位上来思考，引领新的发展阶段

历史方位由发展阶段决定。把握历史方位，就能从总体上把握阶段性特征。党的十三大指出的我国初级阶段的“三个同时存在”，党的十五大指出的我国初级阶段是具有九大特征的历史阶段，都是我国社会发展历史方位的准确判断。

习近平总书记指出，党的十八大以来中国特色社会主义进入了新的发展阶段，要求认识和把握我国社会发展的阶段性特征。新的发展阶段与新的阶段性特征，二者有着密切联系。新的发展阶段必然具备新的阶段性特征，新的阶段性特征表征新的发展阶段；进入新的发展阶段以认识发展阶段性特征为前提，把握发展阶段性特征是进入新发展阶段的基础。进入新世纪新阶段后，党的十七大系统分析了我国发展呈现的一系列新的阶段性特征，从生产力发展状况、经济体制改革状况、人民生活水平状况、城乡发展状况、人民民主建设状况、思想文化状况、社会建设状况、国际环境状况等八个方面做出阐述，从而要求全党科学分析新机遇新挑战，全面认识新形势新任务，深刻把握新课题新矛盾，奋力开拓中国特色社会主义更为广阔的发展前景。习近平提出的“三个意味着”，是新的发展阶段的根本标识，也是新的阶段性特征的核心内容。

新的发展阶段，意味着近代以来久经磨难的中华民族实现了从站起来、富起来到强起来的历史性飞跃。党的十八大以来，中华民族170多年几个历史时期的接续奋斗，汇聚而成实现“两个一百年”奋斗目标、实现中华民族伟大复兴中国梦的巨大洪流。一代代中国人民、中国共产党人的强国梦复兴梦，就要在这几代中国人民、中国共产党人的创造实践中变为现实。实现这一目标就是要由大到强，建成一个社会主义现代化强国。让中华民族自立自强于世界民族之林，让东方大国重新走近世界舞台中央，正是新的历史条件下中国特色社会主义的时代使命。

新的发展阶段，意味着社会主义在中国焕发出强大生机活力并不断开辟发展新境界。党的十八大以来，坚持和发展中国特色社会主义面临新的矛盾和问题，迫切需要我们党攻坚克难、爬坡过坎、勇往直前。这五年是砥砺奋进的五年、攻坚克难的五年、深得民心的五年、成就卓著的五年。坚持和发展中国特色社会主义进入新阶段，继续谱写中国特色社会主义新篇章；社会主义治理开启新航程，明确地把国家治理现代化作为社会主义现代化的重要内涵和新的目标；“四个全面”形成新战略，确立了治国理政的目标引领、根本动力、治理方式、领导核心；政治生态走向风清气正，文化生态向善向好；强军兴军实现新飞跃，人民军队在中国特色强军之路上迈出坚实步伐；国际战略达到新高度，同步推进国家治理现代化和全球治理体系变革。

3. 从党和国家事业发展大局出发进行思考，提出科学行动纲领

决胜全面建成小康社会，夺取中国特色社会主义伟大胜利，为实现中华民族伟大复兴中国梦不懈奋斗，是党和国家事业发展的最大大局。认识和把握我国社会发展的阶段性特征，不是为认识而认识、为把握而把握，而是要牢牢把握我国发展的阶段性特征，牢牢把握人民群众对美好生活的向往，提出新的思路、新的战略、新的举措，科学制定具有全局性、战略性、前瞻性的行动纲领，更好解决我国社会出现的各种问题，更好实现各项事业全面发展，更好发展中国特色社会主义事业，更好推动人的全面发展、社会全面进步。

经过改革开放40年的发展，我国社会生产力水平明显提高；人民生活显著改善，对美好生活的向往更加强烈，人民群众的需要呈现多样化多层次多方面的特点，期盼有更好的教育、更稳定的工作、更满意的收入、更可靠的社会保障、更高水平的医疗卫生服务、更舒适的居住条件、更优美的环境、更丰富的精神文化生活。人民对美好生活的向往更加强烈，是我国社会发展的最大阶段性特征，满足人民的这一强烈愿望，是中国特色社会主义新的发展阶段的奋斗目标。

从党和国家事业发展大局出发，科学制定行动纲领，根本的是坚持党的基本路线，继续推动经济发展。党的基本路线是党在社会主义初级阶段的基本路线，是党和国家的生命线、人民的幸福线。在新的发展阶段，必须全面贯彻执行党的基本路线，任何时候都不能有丝毫偏离和动摇。准确把握初级阶段的新特点，就能够以更宽广的视野、更长远的眼光来思考和把握国家未来发展面临的一系列重大战略问题，在新的历史条件下更好坚持党的基本路线，体现新的发展阶段要求。在新的发展阶段，仍然要毫不动摇坚持以经济建设为中心，聚精会神抓好发展这个党执政兴国的第一要务，为实现“两个一百年”奋斗目标、实现中华民族伟大复兴中国梦打下坚实物质基础。

党和国家的发展目标、发展战略、发展道路、发展方式、发展需求等，不仅是对我国发展阶段性特征的正确反映和深刻把握，而且主导发展实践，融入阶段性特征之中，塑造新的发展阶段。习近平总书记要求以更宽广的视野、更长远的眼光来思考和把握国家未来发展面临的一系列重大战略问题，即：如何将中国特色社会主义与中华民族伟大复兴融为一体、共同推进；如何将“两个一百年”奋斗目标紧密联结、相互贯通，有步骤、分阶段实现中国梦；如何将道路、理论、制度、文化有机统一起来，夯实中国特色社会主义的深厚基础；如何统筹推进“五位一体”总体布局，实现中国特色社会主义全面发展进步；如何推进全面深化改革取得重大成效，增强中国特色社会主义发展动力；如何治理社会主义社会这样的全新社会，推进国家治理现代化；如何把法治作为治国理政的基本方式，建设法治中国；如何确立社会主义核心价值观，明确社会主义中国的基本价值；如何走中国特色强军之路，为中国梦提供坚强力量保证；如何把握国际社会的共同利益和规则，构建人类命运共同体；如何推动全面从严治党向纵深发展，确保党始终同人民想在一起、干在一起；等等。对这些重大问题思考彻底、对策有效，就能够在迅速变化的时代中赢得主动，在新的伟大斗争中赢得胜利。

（三）中国特色社会主义进入新时代

新时代中国特色社会主义，是党的十九大报告的主题和主线。习近平总书记指出，中国特色社会主义进入了新时代，这是我国发展新的历史方位。做出这个重大政治判断，是一项关系全局的战略考量。深刻学习领会中国特色社会主义进入新时代的新论断，是从理论和实践结合上系统回答新时代坚持和发展什么样的中国特色社会主义、怎样坚持和发展中国特色社会主义的基本前提，是实现新时代中国特色社会主义发展战略安排的坚实基础。

1. 历史方位标定新时代

时代是表述特定社会历史的范畴，不同社会形态、不同历史时期、不同发展阶段，形成了不同内涵的时代。马克思主义把社会经济形态作为时代变革与演进的基本依据。对于民族和国家而言，新时代表明战略任务的变化、发展坐标的前进、国际影响的增强。认识新时代是开创新事业的前提，引领新时代是实现新目标的基础。

从中华民族的历史方位看，中国特色社会主义进入新时代，意味着近代以来久经磨难的中华民族迎来了从站起来、富起来到强起来的伟大飞跃，迎来了实现中华民族伟大复兴的光明前景。中国近代以来的历史，是一部不懈奋斗、实现中华民族伟大复兴中国梦的历史。党的十八大以来，几个历史时期的接续奋斗，汇聚而成实现“两个一百年”奋斗目标、实现中华民族伟大复兴中国梦的巨大洪流。一代代中国人民、中国共产党人的强国梦复兴梦，就要在这几代中国人民、中国共产党人的创造实践中变为现实。让中华民族自立自强于世界民族之林，让东方大国重新走近世界舞台中央，正是新时代中国特色社会主义的历史使命。

从社会主义的历史方位看，中国特色社会主义进入新时代，意味着科学社会主义在21世纪的中国焕发出强大生机活力，在世界上高高举起了中国特色社会主义伟大旗帜。党的十八大以来的五年，是党和国家发展进程中极不平凡的五年。以习近平同志为核心的党中央，不忘初心，牢记使命，全面推进中国特色社会主义新发展。五年来的成就是全方位的、开创性的，夯实了新时代中国特色社会主义的雄厚基础；五年来的变革是深层次的、根本性的，塑造了新时代中国特色社会主义的崭新面貌。

从当代世界的历史方位看，中国特色社会主义进入新时代，意味着中国特色社会主义道路、理论、制度、文化不断发展，拓展了发展中国家走向现代化的途径，给世界上那些既希望加快发展又希望保持自身独立性的国家和民族提供了全新选择，为解决人类问题贡献了中国智慧和中国方案。现代化是近代以来的世界潮流，是工业革命之后国家富强的根本途径。在和平与发展的时代主题下，发展中国家怎样走出贫困落后，达到繁荣振兴，建成现代化国家，是构建人类命运共同体的基本条件。中国是最大的发展中国家，是走向现代化的东方大国。中国道路的世界意义，要从发展中国家向发达国家过渡、后发现代化国家向现代化国家转变的示范意义考察。中国道路的意义在于，经济科技比较落后的发展中国家，怎样走出一条不同于西方国家发展的道路，向着现代化目标迈进。

2. 发展内涵展现新时代

新时代决定了我国社会发展的新的历史方位，新时代必然有其时代内涵及其特征。把握这些时代内涵和特征，才能认识新时代、理解新方位。

这个新时代，是承前启后、继往开来、在新的历史条件下继续夺取中国特色社会主义伟大胜利的时代。坚持和发展中国特色社会主义是一篇大文章，邓小平同志为它确定了基本思路和基本原则，以江泽民同志为核心的党的第三代中央领导集体、以胡锦涛同志为总书记的党中央在这篇大文章上都写下了精彩的篇章。党的十八大后，新一代共产党人的任务，就是继续把这篇大文章写下去。正是在继承与创新的开拓中，新一代中国共产党人将中国特色社会主义推进到新时代。

从新时代的基本内容看，这是决胜全面建成小康社会、进而全面建成社会主义现代化强国的时代。从党的十九大到二十大，是“两个一百年”奋斗目标的历史交汇期。决胜全面建成小康社会，第一个百年奋斗目标冲刺收官，是全面建设小康社会这场接力赛的最后一棒。开启全面建设社会主义现代化国家新征程，第二个百年奋斗目标全面开局起步，是全面建设社会主义现代化国家这场新的接力赛的第一棒。这最后一棒和第一棒的执棒者，都是以习近平同志为核心的党中央。跑好这两棒，就是对中华民族伟大复兴的巨大历史贡献，就是开创了一个新时代。

从新时代的发展水准看，这是全国各族人民团结奋斗、不断创造美好生活、逐步实现全体人民共同富裕的时代。从求温饱到求环保，从求生存到求生态，从先富到共富，从差距到共享，反映了中国特色社会主义在量的发展基础上酝酿着质的进步。党的十九大报告指出，我国经济已由高速增长阶段转向高质量发展阶段，正处在转变发展理念、优化经济结构、转换增长动力的攻关期。这就从一个侧面表明新时代的发展质量跃升。

从新时代的民心所向看，这是全体中华儿女勠力同心、奋力实现中华民族伟大复兴中国梦的时代。中国人民在抗日战争中，万众一心，用血肉筑成民族新的长城，书写了一部壮丽的史诗，铸就了一个伟大的时代。时代塑造民心，民心映照时代，时代就在民心之中。中国梦是国家的梦、民族的梦，也是每一个中国人的梦。13 亿多中国人民同党想在一起、干在一起，共圆中国梦，这就是人民的新时代。

从新时代的国际影响看，这是我国日益走近世界舞台中央、不断为人类做出更大贡献的时代。党的十八大以来，实施共建“一带一路”倡议，发起创办亚洲基础设施投资银行，设立丝路基金，举办首届“一带一路”国际合作高峰论坛、亚太经合组织领导人非正式会议、二十国集团领导人杭州峰会、金砖国家领导人厦门会晤、亚信峰会。倡导构建人类命运共同体，促进全球治理体系变革。

3. 主要矛盾决定新时代

社会主要矛盾，是发展历史方位的基本依据。党的十九大报告明确指出，我国社会主要矛盾已经转化为人民日益增长的美好生活需要和不平衡不充分的发展之间的矛盾。深刻认识我国社会主要矛盾转化的实践基础，准确把握我国社会主要矛盾发生变化的新特点，是深入理解新时代中国特色社会主义的核心问题。

主要矛盾转化，标志着经济文化比较落后的国家建设社会主义出现根本性转折，科学社会主义在21世纪中国焕发出强大生机活力。社会主要矛盾以一种集中、凝练、典型的形式，反映了社会发展的基本关系、核心要素、关键问题，是社会发展的一面镜子，新时代主要矛盾的转化，意义非同寻常，它表明社会主义社会基本矛盾在当代中国，表现为新的性质、新的内容、新的水准，实现了人民需要和社会发展的历史性跃升。

主要矛盾转化，标志着社会主义初级阶段进入新的发展阶段，处于质量水平提高期、实现现代化的酝酿过渡期。社会主要矛盾是社会发展水平和状况的一个尺度，主要矛盾的概括和定位，实质上是社会发展的“地标”。党的十三大报告对社会主义初级阶段做出的“三个同时存在”分析，从今天的发展来看，产生了很多量的变化和部分质的变化。党的十五大报告对社会主义初级阶段做出的“九个历史阶段”描述，从今天的坐标来看，在这些发展趋势中都大大地向前推进了。

主要矛盾转化，标志着中国特色社会主义进入新时代，提出了21世纪中国马克思主义的重大时代课题。新时代是新的主要矛盾的总体性概括和历史性表述，新的主要矛盾则是新时代的本质内涵和基本特征。从求温饱到求环保，从求生存到求生态，从先富到共富，从差距到共享，从高速增长阶段转向高质量发展阶段，等等，都是新的主要矛盾的具体表现，也是新时代的具体特征。

主要矛盾转化，标志着全面建成小康社会成功在望，全面建设社会主义现代化国家势在必行。新时代成为决胜全面建成小康社会、进而全面建成社会主义现代化强国的时代，是社会主要矛盾转化的结果。主要矛盾是问题、动力和主攻方向，主要矛盾的提出本身就蕴含着解决主要矛盾的目标和途径。党的十九大做出新时代中国特色社会主义发展的战略安排，也正是解决新的主要矛盾，促进主要矛盾新的转化的战略安排。

主要矛盾转化，标志着解决矛盾的方向、重点、途径、机制等都有了新的内涵和要求，解决发展不平衡不充分问题成为主要任务。党的十九大明确指出新时代主要矛盾，同时在新时代中国特色社会主义的创新实践、思想理论、基本方略、战略安排、行动纲领中，包含着促进解决发展不平衡不充分矛盾的新要求新路径，这就是提出并解决我国社会新的主要矛盾的重大实践意义。

4. 伟大实践开创新时代

习近平总书记在党的十九大报告中指出，历史只会眷顾坚定者、奋进者、搏击者，而不会等待犹豫者、懈怠者、畏难者。这就告诉我们，新时代是勇于进取、开拓创新出来的，是党和人民进行伟大实践的产物。伟大斗争、伟大工程、伟大事业、伟大梦想，正是新时代中国特色社会主义的基本实践。

伟大斗争为新时代提供强大动力。实现伟大梦想，必须进行伟大斗争。社会是在矛盾运动中前进的，有矛盾就会有斗争。我们党要团结带领人民有效应对重大挑战、抵御重大风险、克服重大阻力、解决重大矛盾，必须进行具有许多新的历史特点的伟大斗争，任何贪图享受、消极懈怠、回避矛盾的思想和行为都是错误的。党的十八大以来，我们党解决了许多长期想解决而没有解决的难题，办成了许多过去想办而没有办成的大事。没有伟大斗争，就不可能取得全方位的、开创性的历史性成就，实现深层次的、根本性的历史性变革。

伟大工程锻造新时代主导力量。实现伟大梦想，必须建设伟大工程。以习近平同志为核心的党中央，勇于面对党面临的重大风险考验和党内存在的突出问题，以顽强意志品质正风肃纪、反腐惩恶，消除了党和国家内部存在的严重隐患，党内政治生活气象更新，党内政治生态明显好转，党的创造力、凝聚力、战斗力显著增强，党在革命性锻造中更加坚强，焕发出新的强大生机活力，为新时代中国特色社会主义提供了坚强政治保证。

伟大事业铸造新时代崭新面貌。实现伟大梦想，必须推进伟大事业。进入新时代，中国特色社会主义道路更加拓展，中国特色社会主义理论体系更加丰富，中国特色社会主义制度更加完善，中国特色社会主义文化更加繁荣。统筹推进“五位一体”总体布局，中国特色社会主义全面发展、全面进步。协调推进“四个全面”战略布局，中国特色社会主义动力增强、基础夯实、领导有力。强军兴军开创新局面，人民军队在中国特色强军之路上迈出坚定步伐。全面推进中国特色大国外交，我国国际影响力、感召力、塑造力进一步提高。

伟大梦想引领新时代奋斗方向。改革开放之后，我们党对我国社会主义现代化建设做出战略安排，提出“三步走”战略目标。党的十九大依据新时代中国特色社会主义的历史方位、主要矛盾、发展前景、人民愿望，提出了“新三步走”战略安排。全面建成小康社会决胜期，基本实现社会主义现代化阶段，全面建成社会主义现代化强国阶段，就是承接递进“两个一百年”奋斗目标的历史交汇期，就是分阶段、有步骤地实现中华民族伟大复兴的中国梦。承载着中国人民伟大梦想的航船破浪前进，一定能够胜利驶向光辉的彼岸。

5. 行动指南引领新时代

新时代提出新课题，新课题催生新思想，新思想指引新时代。党的十八大以来，以习近平同志为主要代表的中国共产党人，顺应时代发展，从理论和实践结合上系统回答了新时代坚持和发展什么样的中国特色社会主义、怎样坚持和发展中国特色社会主义这个重大时代课题，创立了习近平新时代中国特色社会主义思想。这一新思想，紧紧围绕重大时代课题，以全新的视野深化对共产党执政规律、社会主义建设规律、人类社会发展规律的认识，形成重大理论创新成果。概括地说，新思想是新时代的理论形态、理论成果、理论指导。

习近平新时代中国特色社会主义思想这一理论名称的表述，突出了这一理论创新成果的主题，这就是坚持和发展中国特色社会主义，这一理论提出的一系列新理念新思想新战略，都是紧紧围绕这一主题展开的；突出了这一理论创新成果的方位，这就是新时代，这一理论是中国特色社会主义进入新时代的思想结晶，是新时代中国特色社会主义的理论阐述；突出了这一理论创新成果的形态，这一理论是一个科学的、系统的、深刻的思想体系；突出了这一理论创新成果的主体，习近平总书记集中全党智慧、反映人民愿望，紧密结合新的时代条件和实践要求，进行艰辛理论探索，对这一理论创新成果的创立做出了重大贡献。

这一理论创新成果之所以形成，根本的原因是从理论和实践结合上系统回答了新时代坚持和发展什么样的中国特色社会主义、怎样坚持和发展中国特色社会主义这一重大时代课题，从而解决了新时代中国特色社会主义前进发展的一系列重大问题，成为坚持和发展中国特色社会主义的一次时代性飞跃。

这一理论的科学体系，紧紧围绕重大时代课题，在新时代坚持和发展中国特色社会主义的顶层设计和关键枢纽两个层面，展开为总目标、总任务、总体布局、战略布局和发展方向、发展方式、发展动力、战略步骤、外部条件、政治保证等基本问题，明确提出“八个明确”，在实践层面构成新时代坚持和发展中国特色社会主义的十四条基本方略，是以“不忘初心、牢记使命”为精神实质，具有丰富内涵并不断发展的科学理论。

党的十九大把习近平新时代中国特色社会主义思想同马克思列宁主义、毛泽东思想、邓小平理论、“三个代表”重要思想、科学发展观一道确立为党的行动指南，实现了党的指导思想的又一次与时俱进，树立起了新时代坚持和发展中国特色社会主义的思想旗帜，标定了21世纪中国马克思主义的宝贵结晶，提供了决胜全面建成小康社会、全面建成社会主义现代化强国的科学指导。

（四）准确把握我国社会主要矛盾发生变化的新特点

中国特色社会主义进入了新时代，这是我国发展新的历史方位，是党的十九大做出的重大政治判断，是一项关系全局的政治考量。社会主要矛盾，是发展历史方位的基本依据。党的十九大报告明确指出，我国社会主要矛盾已经转化为人民日益增长的美好生活需要和不平衡不充分的发展之间的矛盾。深刻认识我国社会主要矛盾转化的实践基础，准确把握我国社会主要矛盾发生变化的新特点，是深入理解新时代中国特色社会主义的核心问题，是决胜全面建成小康社会、全面建设社会主义现代化国家的战略基石。

1. 主要矛盾转化，标志着经济文化比较落后的国家建设社会主义出现根本性转折，科学社会主义在21世纪中国焕发出强大生机活力

中国特色社会主义是科学社会主义理论逻辑和中国社会发展历史逻辑的辩证统一。新中国成立后，我们党坚持不懈地探索在一个经济文化比较落后的东方大国建设什么样的社会主义、怎样建设社会主义的问题。首先要解决的就是从社会主义建设目标和中国国情现状出发，明确我国社会的主要矛盾。党的八大指出，我国国内的主要矛盾，已经是人民对于建立先进的工业国的要求同落后的农业国的现实之间的矛盾，已经是人民对于经济文化迅速发展的需要同当前经济文化不能满足人民需要的状况之间的矛盾。党的十一届六中全会指出，在社会主义改造基本完成以后，我国所要解决的主要矛盾，是人民日益增长的物质文化需要同落后的社会生产之间的矛盾。因此，党和国家的主要任务，就是大力发展社会主义生产力，满足人民不断增长的物质文化需要。新中国成立特别是改革开放以来，我们党始终不渝地着力解决这一主要矛盾，使人民需要层次提高、内涵拓展、更加丰富，使社会发展速度加快、水平提升、更加全面。这就推动了中国特色社会主义进入新时代，促成了我国社会主要矛盾的转化。社会主要矛盾以一种集中、凝练、典型的形式，反映了社会发展的基本关系、核心要素、关键问题，是社会发展的一面镜子，新时代主要矛盾的转化，意义非同寻常，它表明社会主义社会基本矛盾在当代中国表现为新的性质、新的内容、新的水准，实现了人民需要和社会发展的历史性跃升；表明中国社会主义出现了一次根本性转折，实现了从站起来、富起来到强起来的历史性飞跃，在富起来的过程中让中国全面强起来、真正强起来、持久强起来，显示出科学社会主义在21世纪的中国焕发出强大生机活力。这一主要矛盾的转化，是一代代中国共产党人、中国人民为实现中华民族伟大复兴勠力同心、接续奋斗的重大结果，是我们党把中国特色社会主义道路作为解决我国社会主要矛盾根本途径的重大成就，是以习近平同志为核心的党中央开创中国特色社会主义新时代的重大进展。这一根本性转折，有力证明了把科学社会主义基本原理同中国发展实际相结合，坚持党的基本理论、基本路线、基本方略，就能够走出一条独立自主的实现富强民主文明和谐美丽的中国道路，就能够实现人民对美好生活的向往。

2. 主要矛盾转化，标志着社会主义初级阶段进入新的发展阶段，处于质量水平提高期、实现现代化的酝酿过渡期

社会主义初级阶段从我国社会主义改造基本完成之时起，需要上百年的过渡时期。新时代中国特色社会主义，仍然是在初级阶段这个总阶段中的新时代，是在初级阶段这个总过程中的新时代。同时，我国社会主要矛盾的转化表明，新时代中国特色社会主义具有鲜明的时代特征和内涵，同以往几十年相比，不是处于同一个水平和尺度，是社会主义初级阶段中新的发展阶段。社会主要矛盾是社会发展水平和状况的一个尺度，主要矛盾的概括和定位，实质上是社会发展的“地标”。从我国社会主要矛盾的转化可以看出，虽然“三个同时存在”所揭示的发展不平衡问题仍然同时存在，仍然处于跨越“九个历史阶段”的进程之中，但我国社会主义初级阶段已经处于初级阶段与现代化的衔接过渡期，走出初级阶段的酝酿加速期、初级阶段的质量水平提高期，实现新型工业化、信息化、城镇化、农业现代化的跃升期。在党的十九大报告中，明确提出坚持以人民为中心的发展思想，不断促进人的全面发展、全体人民共同富裕；把党的群众路线贯彻到治国理政全部活动之中，把人民对美好生活的向往作为奋斗目标；保证人民当家作主落实到国家政治生活和社会生活之中；保证全体人民在共建共享发展中有更多获得感；我国人民将享有更加幸福安康的生活；等等，都是解决新的主要矛盾的基本方针，是奋力开创新时代中国特色社会主义美好未来的重大战略。

3. 主要矛盾转化，标志着中国特色社会主义进入新时代，提出了21世纪中国马克思主义的重大时代课题

时代是表述特定社会历史的范畴，不同社会形态、不同历史时期、不同发展阶段，形成了不同内涵的时代。对于民族和国家而言，新时代表明战略任务的变化、发展坐标的前进、国际影响的增强。党的十九大报告从中华民族、社会主义、当代世界的三重历史坐标，来判定中国特色社会主义进入新时代；从新时代的过程、内容、水准、民心、世界维度，来标定新时代中国特色社会主义的时代内涵。社会主要矛盾是时代的基本依据，在社会发展进程中起着主导的、支配的、决定的作用，贯通于时代的各个领域、各个层面、各个阶段。社会主要矛盾转化，表明原有的主要矛盾已经被新的主要矛盾所替代，社会发展进入新的时代。新时代是新的主要矛盾的总体性概括和历史性表述，新的主要矛盾则是新时代的本质内涵和基本特征。从求温饱到求环保，从求生存到求生态；从先富到共富，从差距到共享；从高速增长阶段转向高质量发展阶段，等等，都是新的主要矛盾的具体表现，也是新时代的具体特征。从理论和实践结合上系统回答新时代坚持和发展什么样的中国特色社会主义、怎样坚持和发展中国特色社会主义这一重大时代课题，首先就要认清我国社会主要矛盾发生了哪些深刻变化，把握我国发展新的历史方位和阶段性特征是什么，据此进一步回答一系列基本问题。习近平新时代中国特色社会主义思想，就是21世纪中国的马克思主义，这一思想的重大贡献就是明确新时代我国社会主要矛盾，强调必须坚持以人民为中心的发展思想，不断促进人的全面发展、全体人民共同富裕。这个重大政治论断，反映了我国社会发展的客观实际，是制定党和国家大政方针、长远战略的重要依据，为更好推进党和国家事业提供了重要指引。

4. 主要矛盾转化，标志着全面建成小康社会成功在望，全面建设社会主义现代化国家势在必行

中国特色社会主义进入新时代，是改革开放以来党和人民长期努力的结果，是党的十八大以来以习近平同志为核心的党中央不忘初心，牢记使命，把人民对美好生活的向往作为奋斗目标，朝着实现中华民族伟大复兴的宏伟目标奋勇前进的结果。新时代成为决胜全面建成小康社会、进而全面建成社会主义现代化强国的时代，是社会主要矛盾转化的结果。由于我国稳定解决了十几亿人的温饱问题，总体上实现小康，行进在全面建成小康社会的征程上，这就使得我国社会主要矛盾已经转化为人民日益增长的美好生活需要和不平衡不充分的发展之间的矛盾。新的主要矛盾表明，决胜全面建成小康社会具备了充分的条件。建成经济更加发展、民主更加健全、科教更加进步、文化更加繁荣、社会更加和谐、人民生活更加殷实的小康社会，可以在保持新的主要矛盾的状态下进行和实现。主要矛盾是问题、动力和主攻方向，主要矛盾的提出本身，就蕴含着解决主要矛盾的目标和途径。新的主要矛盾表明，只有乘势而上开启全面建设社会主义现代化国家新征程，在全面建成小康社会的基础上，再奋斗十五年，基本实现社会主义现代化；在基本实现现代化的基础上，再奋斗十五年，把我国建成富强民主文明和谐美丽的社会主义现代化强国，人民日益增长的美好生活需要，才能由更平衡更充分的发展所适应、协调和满足。党的十九大做出新时代中国特色社会主义发展的战略安排，要求坚忍不拔、锲而不舍，奋力谱写社会主义现代化新征程的壮丽篇章，也正是解决新的主要矛盾，促进主要矛盾新的转化的战略安排。

5. 主要矛盾转化，标志着人民需要层次的拓展提升和经济社会发展的前进上升，我国社会主要矛盾形成了新的性质和状况

社会主要矛盾存在于社会历史全过程，但矛盾的内容随着历史的发展而变化。我国社会主要矛盾的转化，正是社会主义在中国取得巨大成就的最好证明，是中华民族的面貌发生前所未有变化的深层原因。我国社会主要矛盾的变化，从主体需要的方面看，人民需要的层次发生了历史性变化，从人民对于经济文化迅速发展的需要、日益增长的物质文化需要到日益增长的美好生活需要。人民美好生活需要日益广泛，不仅对物质文化生活提出了更高要求，而且在民主、法治、公平、正义、安全、环境等方面

的要求日益增长。从发展状况的方面看，经济社会发展状况发生了历史性变化，从经济文化不能满足人民需要的状况、落后的社会生产到不平衡不充分的发展的状况。我国社会生产力水平总体上显著提高，社会生产能力在很多方面进入世界前列，更加突出的问题是发展不平衡不充分，这已经成为满足人民日益增长的美好生活需要的主要制约因素。不平衡不充分的发展，指的是发展起来后的发展现象，突出体现在发展质量和效益还不高，创新能力不够强，实体经济水平有待提高，生态环境保护任重道远；民生领域还有不少短板，脱贫攻坚任务艰巨，城乡区域发展和收入分配差距依然较大，群众在就业、教育、医疗、居住、养老等方面面临不少难题；社会文明水平尚需提高；社会矛盾和问题交织叠加，全面依法治国任务依然繁重，国家治理体系和治理能力有待加强等方面。可以说，新的主要矛盾是发展前进的矛盾，是相容相济的矛盾，是良性循环的矛盾，是充满希望的矛盾。

6. 主要矛盾转化，标志着解决矛盾的方向、重点、途径、机制等都有了新的内涵和要求，解决发展不平衡不充分问题成为主要任务

矛盾与解决矛盾的方法同生共长。党的十九大明确指出新时代主要矛盾，同时在新时代中国特色社会主义的创新实践、思想理论、基本方略、战略安排、行动纲领中，包含着促进解决发展不平衡不充分矛盾的新要求新路径。党的十九大报告指出，我国社会主要矛盾的变化是关系全局的历史性变化，对党和国家工作提出了许多新要求。要在继续推动发展的基础上，着力解决好发展不平衡不充分问题，大力提升发展质量和效益，更好满足人民在经济、政治、文化、社会、生态等方面日益增长的需要，更好推动人的全面发展、社会全面进步。在决胜全面建成小康社会阶段，要紧扣我国社会主要矛盾变化，统筹推进经济建设、政治建设、文化建设、社会建设、生态文明建设，突出抓重点、补短板、强弱项，特别是要坚决打好防范化解重大风险、精准脱贫、污染防治的攻坚战。在全面建设社会主义现代化国家第一个阶段，促进跻身创新型国家前列，国家治理体系和治理能力现代化基本实现，社会文明程度达到新的高度，全体人民共同富裕迈出坚实步伐，现代社会治理格局基本形成，美丽中国目标基本实现。在全面建设社会主义现代化国家第二个阶段，我国物质文明、政治文明、精神文明、社会文明、生态文明全面提升，实现国家治理体系和治理能力现代化，成为综合国力和国际影响力领先的国家，全体人民共同富裕基本实现，我国人民将享有更加幸福安康的生活。这就是提出并解决我国社会新的主要矛盾的重大实践意义，也是新时代中国特色社会主义的美好未来。

（五）新时代中国特色社会主义与伟大社会革命

党的十九大明确做出新时代中国特色社会主义的重大政治判断，新时代中国特色社会主义应当怎样定位，与党的历史、新中国的历史、中国特色社会主义的历史是什么关系，是需要深入认识和准确把握的重大问题。“新时代中国特色社会主义是我们党领导人民进行伟大社会革命的成果，也是我们党领导人民进行伟大社会革命的继续，必须一以贯之进行下去”，这是习近平总书记在新进中央委员会的委员、候补委员和省部级主要领导干部学习贯彻习近平新时代中国特色社会主义思想和党的十九大精神研讨班开班式上做出的重大结论，是对新时代中国特色社会主义本质内涵的精辟概括，抓住了新时代坚持和发展什么样的中国特色社会主义、怎样坚持和发展中国特色社会主义的根本。

1. 新时代中国特色社会主义是伟大社会革命的成果

社会基本矛盾是贯穿人类社会始终的矛盾，解决社会基本矛盾的途径和方式，既有渐进改良式，也有重塑革命式，称为社会革命。社会革命在社会历史发展进程中具有重大推动作用。中华民族近代以来的社会基本矛盾及其在各个历史时期的主要矛盾表现，使得伟大社会革命成为历史的必然。

中国共产党 90 多年的历史，就是一部党领导人民进行伟大社会革命的历史。在一个半殖民地半封建社会建立社会主义社会，在帝国主义、封建主义、官僚资本主义统治下实现人民当家作主，改良的道路走不通，“科学救国”“教育救国”等方案行不通。只有进行广泛深刻的社会革命，也就是新民主主义革命，开展武装斗争，推翻“三座大山”，才能建立一个新中国。

新中国成立后，在建设一个什么样的新社会问题上，我们党坚持只有社会主义才能救中国，继续进行社会主义革命，推进农业、手工业、资本主义工商业的社会主义改造，建立起社会主义经济制度。社会主义基本制度的建立，是中华民族历史上一场最为广泛而深刻的社会革命，为当代中国的发展奠定了坚实的制度基础。

在社会主义建设的过程中，由于历史原因，我国形成了高度集中的计划经济体制和封闭半封闭的发展环境。以党的十一届三中全会为起点，党带领人民开始了一场改革开放新的伟大革命。建立社会主义市场经济体制，实行全方位开放，推进各方面改革，建设中国特色社会主义，是一场社会主义条件下的伟大社会革命。只有改革开放才能发展中国、发展社会主义、发展马克思主义，改革开放是党领导人民开展的社会主义自我革命。

党的十八大以来，以习近平同志为核心的党中央开创了中国特色社会主义新时代。这个新时代，是在全方位、开创性成就的基础上发生的，是在深层次、根本性变革的过程中实现的。五年来，党的领导得到全面加强，党的领导被忽视、淡化、削弱的状况得到明显改变；坚定不移贯彻新发展理念，发展观念不正确、发展方式粗放的状况得到明显改变；坚定不移全面深化改革，各方面体制机制弊端阻碍发展活力和社会活力的状况得到明显改变；坚定不移全面推进依法治国，有法不依、执法不严、司法不公问题严重的状况得到明显改变；加强党对意识形态工作的领导，社会思想舆论环境中的混乱状况得到明显改变；坚定不移推进生态文明建设，忽视生态文明保护、生态环境恶化的状况得到明显改变；坚定不移推进国防和军队现代化，人民军队中一度存在的不良政治状况得到明显改变；坚定不移推进中国特色大国外交，我国在国际力量对比中面临的不利状况得到明显改变；坚定不移推进全面从严治党，管党治党宽松软的状况得到明显改变。这些历史性成就与历史性变革，既是中国特色社会主义进入新时代的显著标识，也是新时代中国特色社会主义的伟大社会革命。

新时代中国特色社会主义是伟大社会革命的成果，是指新时代中国特色社会主义是在以往伟大社会革命的基础上实现的。党领导人民进行伟大社会革命 90 多年的实践，可以分为不同的历史时期，有着不同的主要任务，但都使得党的政治经验更加丰富，领导能力更加成熟，引领中国发展进步更加自觉。中华人民共和国成立近 70 年的持续探索，即使出现过挫折曲折，但都使得党对“三大规律”的认识更加深刻，对推进社会主义在中国新胜利的愿望更加强烈。改革开放 40 年的伟大实践，取得了伟大成就，也产生了重大矛盾，使得新时代中国特色社会主义的产生成为必然。正是在党的领导下经过长期努力，近代以来久经磨难的中华民族迎来了从站起来、富起来到强起来的伟大飞跃，科学社会主义在 21 世纪的中国焕发出强大生机活力，中国特色社会主义道路、理论、制度、文化不断发展。

2. 新时代中国特色社会主义是伟大社会革命的继续

新时代中国特色社会主义是伟大社会革命的继续，是指它是党领导人民进行 90 多年伟大社会革命的继续，特别是改革开放新的伟大革命的继续。党的十八大以来，以习近平同志为核心的党中央领导人民进行伟大斗争、建设伟大工程、推进伟大事业、实现伟大梦想，实质上就是进行伟大社会革命。伟大斗争是伟大社会革命的开路机，伟大工程是伟大社会革命的压舱石，伟大事业是伟大社会革命的主动轮，伟大梦想是伟大社会革命的导航仪。统筹推进“五位一体”总体布局，是改革开放以来建设中国特色社会主义领域的不断拓展、规律认识的不断深化。建设社会主义市场经济、社会主义民主政治、社会主义先进文化、社会主义和谐社会、社会主义生态文明，是改革开放实践逻辑的渐次展开。协调推进“四个全面”战略布局，从历史联系和全部内容看，都是改革开放新的伟大革命的继续。全面建成小康社会，是改革开放“三步走”发展战略的推进，是改革开放以来党带领人民为之奋斗的目标实现。全面深化改革，坚持改革只有进行时，没有完成时，将中国改革推进到深层次、根本性变革阶段。全面依法治国，是把依法治国基本方略以治国理政基本方式确定下来，推进国家治理领域的深刻变革。全面从严治党，紧紧盯住全面从严治党不力这个症结，推进党的建设新的伟大工程。

新时代中国特色社会主义是伟大社会革命的继续，是指新时代中国特色社会主义本身就是一场具有新的性质和内涵的伟大社会革命。比如，新时代要在取得重大进展的同时解决重大社会矛盾，进行伟大斗争解决重大矛盾，建设伟大工程重塑政治生态，推进伟大事业攻克发展难关。要在呈现美好未来的同时防范重大社会风险，全面掌握社会风险成因，有效化解社会风险振荡，及时中止社会风险演化。再比如，新时代要实现从全面建成小康社会向全面建设社会主义现代化国家过渡，全面建设社会主义现代化国家是新的伟大社会革命的主要内容。新时代要实现从解决旧的主要矛盾向解决新的主要矛盾过渡，从满足人民日益增长的物质文化需要到满足人民日益增长的美好生活需要，人民需要包括更为广泛的领域、更为丰富的内涵、更为提高的层次、更为自主的选择；从改变落后的社会生产状况到改变不平衡不充分的发展状况，矛盾更具复杂性多样性，任务更具精准性差异性，标准更具现代性综合性。

新时代中国特色社会主义作为伟大社会革命的成果和继续，必须一以贯之进行下去。这是因为，历史和现实都告诉我们，一场社会革命要取得最终胜利，往往需要一个漫长的历史过程。取得社会革命的最终胜利，不是一个主观愿望就能决定的事情。社会革命的条件需要逐步生长培育，无论是环境条件、要素条件、主体条件、时机条件，都不是一日之功。我国处于社会主义初级阶段的基本国情没有变，走出初级阶段还需要几十年的时间，这就决定了伟大社会革命的长期性和艰巨性。今天，我们仍然可以说："革命尚未成功，同志仍需努力。"

3. 勇于进行党的自我革命，引领伟大社会革命

中国共产党是勇于推进伟大社会革命和伟大自我革命的党，党的历史既是持续推进伟大社会革命的历史，也是不断开展党的自我革命的历史。习近平总书记在讲话中强调，要把新时代坚持和发展中国特色社会主义这

场伟大社会革命进行好，我们党必须勇于进行自我革命，把党建设得更加坚强有力。“两个革命”相辅相成，没有伟大社会革命，党的自我革命就缺乏动力；没有党的自我革命，伟大社会革命就难以为继。

勇于自我革命，从严管党治党，是我们党最鲜明的品格。作为一个执政党，特别是一个长期执政的党，要始终保持马克思主义政党的先进性和纯洁性，不仅要接受外部监督，更要以自我革命的方式不断革除积弊、去除病灶，激发生机活力，强筋壮骨。党的自我革命，包括全党的教育实践活动，全党更新思想、转变作风、提高觉悟，实质上是党的思想的自我革命；包括开展严肃认真的党内政治生活，进行批评和自我批评，树立正气，反对不良风气，实质上是党内政治生活的自我革命；包括加强党内监督，严格执行党的纪律，对于违规违纪的党员决不姑息纵容，坚决开展反腐败斗争，严厉查处党内腐败分子，实质上是党内监督革命。只有以党和国家命运、人民根本利益为最高原则，只有一个真正的马克思主义政党，才有这样的决心和毅力开展党的伟大自我革命。进入新时代，在统揽伟大斗争、伟大工程、伟大事业、伟大梦想中，起决定性作用的是新时代党的建设新的伟大工程，核心的问题是党的自我革命。

在新时代，我们党必须以党的自我革命来推动党领导人民进行的伟大社会革命，把党建设成为始终走在时代前列、人民衷心拥护、勇于自我革命、经得起各种风浪考验、朝气蓬勃的马克思主义执政党，这既是我们党领导人民进行伟大社会革命的客观要求，也是我们党作为马克思主义政党建设和发展的内在需要。党的自我革命是伟大社会革命的先导，如果不能破除利益固化的藩篱，不能破除既得利益的羁绊，就不可能有继续推进社会革命的动力，就会造成党的肌体僵化，不思进取、不谋变革。党的自我革命是伟大社会革命的内核，新时代建设什么样的党、怎样建设党，与新时代坚持和发展什么样的社会主义、怎样坚持和发展中国特色社会主义密切相关。党在什么意义和程度上实现了自我革命，党的先进性和纯洁性保持到什么水平，党领导的伟大社会革命就能够达到什么样的历史高度和实践深度。

三、新时代中国特色社会主义的根本原则

（一）深刻领会坚持党对一切工作领导的基本方略

党的十九大系统阐述了新时代坚持和发展中国特色社会主义的基本方略，列在首位的是坚持党对一切工作的领导。这充分反映了习近平新时代中国特色社会主义思想的核心要义，是党实现伟大复兴、推进伟大事业的根本经验，是党的十八大以来取得全方位成就和全局性变革的决定因素。坚持党对一切工作的领导，深刻回答了马克思主义执政党怎样履行好执政使命的重大课题，丰富发展了中国特色社会主义党建理论。要深入学习领会这个第一基本方略的统领作用、内涵实质、重点要求、实现方式等，全面贯彻于新时代实现党的历史使命的总体进程之中，使之与全面从严治党紧密结合、相互促进，使之与用习近平新时代中国特色社会主义思想武装全党融为一体、相辅相成。要在坚持和加强党的全面领导新的实践中，深化规律认识，创新实现形式，增强领导效能，进一步将党的各种优势转化为进行伟大斗争、推进伟大革命的强大动力，将党的巨大能量转化为实现中华民族伟大复兴的强劲进展。

1. 坚持党对一切工作的领导是新时代坚持和发展中国特色社会主义的根本政治要求

坚持党对一切工作的领导，是我们党的性质、宗旨和使命的要求。中国共产党作为“两个先锋队”，为中国人民谋幸福，为中华民族谋复兴，必然要勇于担当起带领人民的庄严使命，担当起民族先锋的历史责任，担当起引领时代的航标职能。民主革命时期，我们党坚持党对人民军队的绝对领导，锻造出一支新型军队、胜利之师；我们党坚持对抗日民族统一战线的领导权，保证了全民族抗战的最后胜利。近70年来，党领导社会主义事业的体制机制，在社会主义建设和改革进程中不断完善、不断发展，这是我们党和国家能够战胜各种挑战、从胜利走向胜利的根本所在。

党政军民学，东西南北中，党是领导一切的。一是党对一切工作的领导，体现在党的领导的全方位上。党领导进行自身建设，党的使命决定党还要领导开展各项事业，特别是党成为长期执政的政党之后，执政兴国、治国理政的职责，都使得党对一切工作的领导责无旁贷，不能虚位、缺位、失位。如内政、外交、国防、民族等工作，国家立法、司法、行政、监察等机关，都要在党的领导下开展工作。党领导政治建设，党的作用决定党还要领导经济建设、文化建设、社会建设、生态文明建设、国防和军队建设等，政治建设搞不好会出大问题，其他建设搞不好同样要出大问题。党中央负责对党的各级组织的领导，中央委员会、中央政治局、中央政治局常委会，是党的领导决策核心。党中央做出的决策部署，党的组织、宣传、统战、政法等部门要贯彻落实，人大、政府、政协、法院、检察院的党组织要贯彻落实，军队、事业单位、人民团体等的党组织也要贯彻落实。党的领导突出体现在党中央的集中统一领导，党的各级组织立体覆盖决定党的领导作用体现在从中央到基层的各个层级。二是党对一切工作的领导，体现在党的领导的全过程中。党的领导不是阶段性的，而是贯穿于党执政的整个历史时期；不是过渡性的，而是实现中华民族伟大复兴必须始终坚持的基本原则。三是党对一切工作的领导，体现在党的领导的无条件性。在党和国家工作的一切领域内、一切问题上、一切情况中，都不能以特殊性的理由，削弱或摆脱党的领导，成为这样那样的“飞地”。习近平总书记在党的十九大报告中明确指出，中国特色社会主义最本质的特征是中国共产党领导，中国特色社会主义制度的最大优势是中国共产党领导，党是最高政治领导力量。因此，党对一切工作的领导，是坚持和发展中国特色社会主义的必然要求，是实现“两个一百年”奋斗目标的必然要求，是保证13亿多人民根本利益的必然要求。

完成新时代党的历史使命，必须坚持和加强党的全面领导。中国特色社会主义进入了新时代，使命更加重大，全局更加凸显，矛盾更加复杂。新时代新课题，需要重新学习、继续提高。中国共产党有着长期和丰富的领导经验，有着领导新长征的卓越能力。只有坚持和加强党的全面领导，充分发挥党蕴藏的深邃政治智慧和宏大领导能量，才能胜利完成新时代党的历史使命。党的十八大以来，针对党的领导被忽视、淡化、弱化的状况，以习近平同志为核心的党中央果断提出坚持和改善党的领导的重大政治要求，改革和完善坚持党的领导的体制机制，增强了全党思想上统一、政治上团结、行动上一致。习近平总书记在坚持和加强党的全面领导这个重大问题上立场坚定、态度鲜明，用坚定的意志和有效的行动树立起了党中央的权威、强化了党的全面领导。如加强党对经济工作的领导，增强群团工作的政治性等，都是坚持党对一切工作领导的具体表现。党的十九大闭幕后，中共中央制定出台关于加强和维护党中央集中统一领导的若干规定，这是对十八大以来管党治党经验的深刻总结，也是贯彻落实基本方略、体现党对一切工作领导的集中体现。

确保党始终总揽全局、协调各方。坚持党对一切工作的领导，就要解决好党的领导方式、领导体制、领导机制、领导途径等问题，提高党的领导水平和效能。首先，党的领导是总揽全局、协调各方的领导。我国社会主义政治制度优越性的一个突出特点就是党总揽全局、协调各方的领导核心作用。这就像是“众星捧月”，这个“月”就是中国共产党。在国家治理体系的大棋局中，党中央是坐镇中军帐的“帅”，车马炮各展其长，一盘棋大局分明。发挥党总揽全局、协调各方领导核心作用，至关重要的是维护党中央权威，只有党中央有权威，才能把全党牢固凝聚起来，进而把全国各族人民紧密团结起来，形成万众一心、无坚不摧的磅礴力量。其次，党的领导能力体现在党把方向、谋大局、定政策、促改革的能力和定力上。党的领导要着重落在处于复杂局势能够把握发展大势上，落在面对多种矛盾能够抓住主要矛盾上，落在应对不同利益诉求能够妥善权衡上，落在遇到阻力掣肘能够攻坚克难上。越是在关键问题、关键时机、关键环节，越能显示出党的统领力、控制力、指导力。再次，党的领导是集中统一与党内民主紧密结合的领导。习近平总书记强调指出，维护党中央权威和集中统一领导，同坚持民主集中制是一致的。坚持党中央集中统一领导，党和国家工作重大决策部署的决定权在中央，保证了大党大国的协同、秩序和效率。这样的集中统一，是建立在充分的党内民主基础上的。我们党历来高度重视发展党内民主，党的重大决策都要严格按照程序办事，充分发扬民主，广泛听取意见和建议，做到兼听则明，防止偏听则暗，以利于严格审议、慎重决策。党中央的决策从全局出发，科学评估各方面意见，集中各方面智慧，综合考虑各方面条件，形成了民主决策的理念和原则、设计和方法。最后，党的领导是与人民当家作主、依法治国有机统一的领导。党的领导是人民当家作主和依法治国的根本保证，人民当家作主是社会主义民主政治的本质要求，依法治国是党领导人民治理国家的基本方略。要坚持发挥党的领导核心作用，改进和完善党的领导方式和执政方式，不断提高党科学执政、民主执政、依法执政水平。切实保证国家的一切权力属于人民，以民主的制度、民主的形式、民主的手段支持和保证人民当家作主。

2. 坚持和加强党的全面领导与坚持党要管党、全面从严治党的高度统一

新时代坚持和发展中国特色社会主义的十四条基本方略，第一条是坚持党对一切工作的领导，第十四条是坚持全面从严治党，首尾衔接呼应，构思缜密深邃。在基本方略体系中，将党的领导和党的建设分别作为两条阐述，以党的领导总揽全局，以党的建设强基固本，突出了党的领导和党的建设相辅相成关系，是我们党对新时代坚持和发展中国特色社会主义规

律认识的深化，是确立新时代党的基本方略的重要创新。党的十九大明确提出新时代党的建设总要求，在总要求中，第一条是坚持和加强党的全面领导，第二条是坚持党要管党、全面从严治党。这是把党的基本方略与党的建设总要求统一起来，将基本方略的内容凝聚于党的建设总要求之中。这就告诉我们，坚持党对一切工作的领导要与坚持全面从严治党统筹部署，坚持和加强党的全面领导要与坚持党要管党、全面从严治党共同推进，在二者的相互依存、相互促进、相互转化中，毫不动摇地坚持和完善党的领导，毫不动摇地把党建设得更加坚强有力。

统一于新时代党的建设总要求。坚持和加强党的全面领导，坚持党要管党、全面从严治党，在新时代党的建设总要求中处于提纲挈领位置，同时二者是有机统一的。坚持和加强党的全面领导，提高党的执政能力和领导水平，打铁必须自身硬。进入新时代，党面临的“四大考验”是长期复杂的，面临的“四种危险”是尖锐严峻的，党内存在的思想不纯、政治不纯、组织不纯、作风不纯等突出问题尚未得到根本解决。如果管党治党宽松软，党内突出问题不能得到有效遏制，必然削弱党的领导力，降低党的领导效果，难以实现党的历史使命。全面从严治党是坚持党的领导的必然要求和组织保证，一个具有强大战斗力的党才能形成强大领导力。坚持党要管党、全面从严治党，目的和动力是坚持和加强党的全面领导。一个政党，一个政权，其前途命运取决于人心向背。我们党要为人民长期执政，实现长治久安，如果管党不力、治党不严，人民群众反映强烈的党内突出问题得不到解决，那我们党迟早会失去执政资格，不可避免被历史淘汰。新时代党的建设总要求，深刻揭示了党的领导与党的建设密切相关、缺一不可的内在关系，明确了总要求的纲领。

统一于新时代党的建设各领域。新时代党的建设，全面推进党的政治建设、思想建设、组织建设、作风建设、纪律建设，把制度建设贯穿其中，深入推进反腐败斗争。在这些党建领域中，既包含着坚持和加强党的全面领导的要求，以党的建设各领域的成就坚持和加强党的全面领导；又包含着坚持党要管党、全面从严治党的要求，以党的建设各领域的转变落实党要管党、全面从严治党。党的领导和党的建设的统一，是推动全面从严治党向纵深发展的一条主线。党的政治建设是党的根本性建设，保证全党服从中央，坚持党中央权威和集中统一领导，是党的政治建设的首要任务。坚决防止和反对个人主义、分散主义、自由主义、本位主义、好人主义，坚决防止和反对宗派主义、圈子文化、码头文化，坚决反对搞两面派、做两面人，正是坚持和加强党的全面领导的政治准则。党的干部是党和国家事业的中坚力量，坚持正确选人用人导向，匡正选人用人风气，突出政治标准，提拔重用牢固树立“四个意识”和“四个自信”、坚决维护党中央权威、全面贯彻执行党的理论和路线方针政策、忠诚干净担当的干部，正是巩固强化实施党的领导的组织力量。人民群众最痛恨腐败现象，腐败是我们党面临的最大威胁。只有以反腐败永远在路上的坚韧和执着，深化标本兼治，保证干部清正、政府清廉、政治清明，才能跳出历史周期率，确保党和国家长治久安。无论是从加强党的领导的要求出发，还是从全面从严治党的要求出发，夺取反腐败斗争压倒性胜利的决心必须坚如磐石。

统一于新时代党的建设全过程。从全面建成小康社会到基本实现现代化，再到全面建成社会主义现代化强国，是新时代中国特色社会主义发展的战略安排。成功与否，关键在党，在党的全面领导能力和党的全面建设成效。党的十八大以来，全面加强党的领导和党的建设，成效显著、党心振奋，但不能一劳永逸，全面从严治党永远在路上。我们党面临的执政环境是复杂的，影响党的先进性、弱化党的纯洁性的因素也是复杂的，并且在历史的进程中会发生新的变化、出现新的情况。新时代党的建设这一表述本身，就表明坚持和加强党的全面领导，坚持党要管党、全面从严治党，是一个贯穿新时代全过程的历史任务。随着“新三步走”战略安排的逐步深入，在每一个战略节点，都会对党的领导提出新的重大课题、出现新的考验，都会对党的建设提出新的更高要求、赋予新的内涵。可以说，中国共产党既是社会主义现代化国家的设计者和建设者，同时也是适应社会主义现代化国家要求的创新者和变革者。在这一过程中，党的建设与现代化建设是一个相互塑造的关系及过程，实现党的发展与民族复兴的同步跃升。

3. 用习近平新时代中国特色社会主义思想武装全党是坚持党对一切工作领导的根本思想保证

党的十九大的最大政治贡献，是把十八大以来党的理论创新最新成果——习近平新时代中国特色社会主义思想，确立为全党必须长期坚持的指导思想，立起了一面新时代的理论旗帜，实现了党的指导思想的又一次与时俱进。党的十九大要求全党以习近平新时代中国特色社会主义思想统一思想和行动，增强学习贯彻的自觉性和坚定性，把习近平新时代中国特色社会主义思想贯彻到社会主义现代化建设全过程、体现到党的建设各方面，正是坚持和加强党的全面领导的重大举措。用习近平新时代中国特色社会主义思想武装全党，是坚持党对一切工作领导的核心。

思想领导是党的全面领导的灵魂。党的全面领导包括政治领导、组织领导、制度领导和思想领导等方面。思想领导既发挥着党的领导重要功能，又贯通于党的领导的各个方面。中国共产党90多年的历史，就是坚持不懈地用马克思列宁主义和马克思主义中国化理论成果教育全党、武装头脑的历史，就是用党的思想力量增强党的领导力量的历史。思想的转变、觉悟的提高、理想的坚定，是党实施坚强有力领导的基础。思想建设是党的基础性建设，坚定理想信念是党的思想建设的首要任务。共产主义远大理想和中国特色社会主义共同理想，是中国共产党人的精神支柱和政治灵魂，也是保持党的团结统一的思想基础。党的基本理论，是理想信念的理论根基和科学证明。学好用好党的基本理论，是坚持和加强党的全面领导的基础建设。

习近平新时代中国特色社会主义思想是党的行动指南。习近平新时代中国特色社会主义思想，来自新时代的伟大实践，反映新时代的本质内涵，体现新时代的时代精神，是新时代的思想结晶和理论形态。新时代产生新课题，新课题催生新思想，习近平新时代中国特色社会主义思想正是在从理论和实践结合上系统回答重大时代课题中形成的，成为党的创新理论最新成果、21世纪中国马克思主义的理论结晶。这个重大时代课题就是新时代坚持和发展什么样的中国特色社会主义、怎样坚持和发展中国特色社会主义，构成了习近平新时代中国特色社会主义思想的理论基石。深入领会重大时代课题的历史底蕴、丰富内涵、高远视界，全面领悟围绕重大时代课题的艰辛理论探索、规律认识成果、创新思想观点，是更加充分认识习近平新时代中国特色社会主义思想科学性、规律性、指导性的前提和基础。新时代坚持党对一切工作的领导，首先就要学懂弄通习近平对这个重大时代课题的系统回答，以此为基本依据，全面开展和正确实施党的领导。新思想科学回答了重大时代课题，给予了实现中华民族伟大复兴的理论指导。新思想系统构建新时代基本方略，制定了实现中华民族伟大复兴的行动纲领。新思想全面贯穿“不忘初心、牢记使命”的高远情怀，提供了实现中华民族伟大复兴的精神动力。

以习近平新时代中国特色社会主义思想统一思想和行动。党的十九大提出了用习近平新时代中国特色社会主义思想武装全党的重大战略任务，这是新时代中国特色社会主义攀登新的高峰、走向新的胜利的思想保证，是为实现中华民族伟大复兴提供理论指导的必然要求，也是坚持党对一切工作领导的铸魂之举。推进伟大实践，需要创新思想，习近平新时代中国特色社会主义思想始终是引领民族复兴的精神旗帜。实现战略安排，需要战略指导，新时代中国特色社会主义发展的战略安排，体现了习近平新时代中国特色社会主义思想对民族复兴宏伟蓝图的科学擘画。贯彻重大部署需要理论支持，新时代坚持和发展中国特色社会主义的重大部署，是从思想、理念、原则到实践、具体、操作的过渡。党的十九大部署的在全党开展的“不忘初心，牢记使命”主题教育，用党的创新理论武装头脑，推动全党更加自觉地为实现新时代党的历史使命不懈奋斗，将对党和国家事业的蓬勃发展、对全党同志以永不懈怠的精神状态和一往无前的奋斗姿态继续朝着实现中华民族伟大复兴的宏伟目标奋勇前进，起到重大的引领作用。

（二）坚决维护党中央权威，保证全党令行禁止

党的十八届六中全会推进和深化全面从严治党，加强和规范党内政治

生活，明确提出坚决维护党中央权威、保证全党令行禁止的重大政治要求，这是党和国家前途命运所系、全国各族人民根本利益所在。习近平总书记在省部级主要领导干部学习贯彻党的十八届六中全会精神专题研讨班上进一步强调指出，每一个党的组织、每一名党员干部，无论处在哪个领域、哪个层级、哪个部门和单位，都要服从党中央集中统一领导，确保党中央令行禁止。深入学习贯彻党的十八届六中全会精神，旗帜鲜明讲政治，必须紧紧扭住这一根本要求，聚焦着力贯彻落实，集聚起全党同心同德、同向同力、同步同调实现伟大目标的强大力量。

1. 统一思想、统一意志、统一行动是胜利之道

权威是组织运行、实现目标的必要条件。一个政党形成了领导权威，就有了引领力、动员力、控制力；统一是保持组织效率、增强团队合力的行动前提，一个政党各级组织和全体成员令行禁止，就有了战斗力、攻坚力、前行力。新形势下，我们党担负着领导实现“两个一百年”奋斗目标的历史使命，坚决维护党中央权威、保证全党令行禁止，是取得新的伟大胜利的政治保证和组织前提，具有重大战略意义。

坚持党的领导的政治要求。坚持党的领导，是我国革命、建设和改革取得成功的根本保证。党中央是全党的指挥部，坚持党的领导首先是坚持党中央的集中统一领导，通过党中央实施党的领导。党中央制定的理论和路线方针政策，是全党全国各族人民统一思想、统一意志、统一行动的依据和基础，党中央的权威是贯彻执行的动力和保证。只有党中央有权威，才能把全党牢固凝聚起来，进而把全国各族人民紧密团结起来，形成万众一心、无坚不摧的磅礴力量。如果党中央没有权威，有令不行、有禁不止，党的组织和党员干部各自为政、自行其是，党就会变成一盘散沙，党的领导就会成为一句空话。一个国家、一个政党，领导核心至关重要，核心站在前列、引领方向、统筹全局、凝聚力量。我们党在新的发展阶段，必须坚决维护以习近平同志为核心的党中央权威。正如习近平总书记指出的：“坚持党中央集中统一领导，确立和维护党的领导核心，是全党全国各族人民的共同愿望，是推进全面从严治党、提高党的创造力凝聚力战斗力的迫切要求，是保持党和国家事业发展正确方向的根本保证。”

进行伟大斗争、推进伟大工程、开展伟大事业的组织保证。党的十八大以来，以习近平同志为核心的党中央带领全党进行具有许多新的历史特点的伟大斗争，推进党的建设新的伟大工程，开展中国特色社会主义伟大事业，使命重大艰巨，矛盾复杂多样，光明前景与风险挑战并存。坚决维护党中央权威、保证全党令行禁止，是履行使命、解决矛盾、应对挑战、赢得胜利的组织保证。从党中央的政治能量看，我们党拥有 8 900 多万党员、440 多万个基层党组织，是世界第一大党，维护党中央权威就是增强了指挥动员、组织部署、统筹协调这个大党的权威。这样的大党劲儿往一起使、拧成一股绳，就能够取得斗争胜利、确保事业成功。从党中央的决策优势看，坚持科学决策、民主决策、依法决策，汇聚优秀人才，集中全党智慧，从群众中来，到群众中去，大大增强了决策的科学性。坚决维护党中央权威、保证全党令行禁止，就能够有效贯彻党中央的正确决策，推进党和国家事业顺利发展。从党中央的制度关系看，全党服从中央，是民主集中制的最重要原则，坚持民主集中制必然要求坚决维护党中央权威。全党服从中央，服从的前提是维护权威，服从的表现是令行禁止。全党服从中央，说到底，是服从党的使命和事业，齐心协力、共同奋斗。

旗帜鲜明讲政治的重要目的。讲政治，是马克思主义政党的根本要求，是我们党风清气正、团结统一、充满生机活力的根本法宝。旗帜鲜明讲政治，目的在于统一全党意志、凝聚全党力量，就是要落实到坚决维护党中央权威、保证全党令行禁止上来。对于党的高级干部来说，注重提高政治能力，一个极为重要的方面，就是在维护党中央权威上的政治能力，在保证党中央令行禁止上的政治能力。一段时间内，党内存在着部分党员、干部立场不稳、丧失原则，自以为是、说三道四，上有政策、下有对策，自作主张、变形走样等问题，有的在重大政治问题上公开发表同党中央精神相违背的意见，有的对党中央决策部署打折扣、做选择、搞变通等等。这些问题如不坚决克服，就会对党和人民事业造成严重损害。把党中央权威牢固立起来，让党中央政令通畅，是全面从严治党的重要内容。

2. 把“四个意识”变成全党的共同行动

牢固树立政治意识、大局意识、核心意识、看齐意识，是坚决维护党中央权威、保证全党令行禁止的内在要求。政治意识明确了定位，大局意识提高了站位，核心意识指明了关键，看齐意识标明了方向。牢固树立“四个意识”，要着力从思想到行动、从理论到实践、从要求到落实，建设一个政治过硬、团结统一、战斗力强、作风清正的马克思主义执政党。

确立和维护习近平同志党的领导核心地位。党的十八届六中全会正式确立习近平同志为党中央的核心、全党的核心，是关系党和人民根本利益的大事，是关系党中央权威、关系全党团结和集中统一的大事，是关系党和国家事业长远发展的大事。习近平同志成为党中央的核心、全党的核心，是在新的伟大斗争实践中形成的，赢得了全党全军全国各族人民衷心拥护。坚决维护党中央权威，就是要确立和维护习近平总书记党中央的核心、全党的核心地位，把维护核心权威与维护中央权威统一起来，将核心权威贯穿于中央权威之中，将中央权威体现在核心权威之中。保证全党令行禁止，就是要认真学习贯彻习近平新时代中国特色社会主义思想，用党的创新理论最新成果武装全党、指导行动。这是全党更加团结统一、奋进向前的基础建设。

自觉在思想上政治上行动上同党中央保持高度一致。“四个意识”要落实到看齐对标上。中共十八届六中全会指出，党的各级组织、全体党员特别是高级干部都要向党中央看齐，向党的理论和路线方针政策看齐，向党中央决策部署看齐，做到党中央提倡的坚决响应、党中央决定的坚决执行、党中央禁止的坚决不做。党的基本路线是党和国家的生命线，是党中央的基准线。看齐对标最重要的是全面贯彻执行党的基本路线，旗帜鲜明反对和抵制一切违背、歪曲、否定党的基本路线的言行，任何时候都不能有丝毫偏差和动摇。全党在政治方向、政治路线、政治立场、政治主张上，必须同党中央保持高度一致。纪律严明是全党统一意志、统一行动、步调一致前进的重要保障，党的政治纪律是管方向、管立场、管根本的总要求。遵守党的政治纪律和政治规矩，最根本的就是自觉在思想上政治上行动上同党中央保持高度一致，坚决克服目无政治纪律、无视党中央权威的现象。

健全和完善维护权威、令行禁止的体制机制。坚决维护党中央权威、保证全党令行禁止的政治要求，要通过相应的体制机制加以保障和强化。在大政方针的决定权上，涉及全党全国性的重大方针政策问题，只有党中央有权做出决定和解释。各部门各地方党组织和党员领导干部可以向党中央提出建议，但不得擅自做出决定和对外发表主张。在党中央的领导权上，全国人大、国务院、全国政协，中央纪律检查委员会，最高人民法院、最高人民检察院，中央和国家机关各部门，人民军队，各人民团体，各地方，各企事业单位、社会组织，其党组织都要不折不扣执行党中央决策部署，必须自觉服从党中央领导。在党的工作程序和运行机制上，全党必须严格执行重大问题请示报告制度，各机关部门的党组织要定期向党中央报告工作，研究涉及全局的重大事项或做出重大决定要及时向党中央请示报告，执行党中央重要决定的情况要专题报告。在各级党委和领导干部的政治责任和领导责任上，领导干部特别是一把手要亲自抓、亲自管，以解决突出问题为突破口和主抓手，强化制度和纪律的底线、红线、高压线，在维护党中央权威的重大问题上以身作则、率先垂范。

3. 实现民主和集中的紧密结合

民主集中制是党的根本组织原则。习近平总书记强调指出，维护党中央权威和集中统一领导，同坚持民主集中制是一致的。我们实行的民主集中制，是又有集中又有民主、又有纪律又有自由、又有统一意志又有个人心情舒畅生动活泼的制度，是民主和集中紧密结合的制度。这就表明，坚决维护党中央权威、保证全党令行禁止，不是不讲民主集中制、不讲发扬党内民主，而是全面贯彻民主集中制的题中应有之义，更有助于严肃党内政治生活、净化党内政治生态、提升党内政治文化。

确立核心与集体领导紧密结合。党的十八届六中全会确立了以习近平同志为核心的党中央，具有重大历史意义。确立核心增强了政治责任、政治担当和政治影响，同时统一于党的集体领导，发挥核心在中央领导集体行使权力、开展工作过程中的枢纽作用。

看齐中央与自身积极作为紧密结合。全党各个组织和全体党员服从党的全国代表大会和中央委员会，就是各地区各部门各方面都必须向党中央看齐，把广大党员、干部、群众思想和行动统一到党中央精神和决策部署上来。看齐中央与自身积极作为是一个问题的两个方面，都是对党和人民事业高度负责的表现，要求把贯彻党中央决策部署与发挥积极性主动性创造性有机统一起来。部分干部存在的一定程度“为官不为”问题，其中一个原因是对看齐中央的片面理解和消极对待。向党中央看齐，就是要在党和人民的事业中当先锋、站前列、做贡献，为党为国为民想作为、敢作为、善作为。要健全激励保障机制，最大限度调动广大干部的事业心、使命感，形成有利于奋发有为的社会环境，激励各级干部更好带领群众干事创业。

（三）人民是历史的创造者

伟大民族精神的根基在人民，是人民精神的凝练；中华民族精神的血脉在中国人民，是中国人民精神的汇聚。新时代中国特色社会主义，是一个需要高扬伟大民族精神并且升华伟大民族精神的时代，这就要求从根本上牢固确立人民的历史、国家和社会主体地位，充分发挥中国人民塑造伟大民族精神的主动性创造性持续性。习近平总书记在十三届全国人大一次会议上的重要讲话，开宗明义是人民，通篇主题是人民，价值旨归是人民，充分体现了历史唯物主义的立场观点方法，展现了人民领袖敬重人民、相信人民、依靠人民的赤子情怀。

人民是历史的创造者，人民是真正的英雄。人民从事物质生产劳动，发明新的劳动工具，生产满足人类社会生存和发展需要的各类物品，创造出一个“人化的自然”；人民在社会生产和交往中，建立起多种类型的社会关系和制度体系，构建起日益完善和复杂的人类社会，推进社会形态和历史面貌的更新变革；人民进行精神生产，发展科学文化，是社会精神财富的创造者；人民投身社会革命，成为改革创新的主体力量，是社会历史进步的推动者。人民创造历史，并不否认个人特别是杰出人物在历史中的重要作用。个人的历史作用，必须和人民的历史主体作用统一起来理解把握。杰出人物只有满足人民利益，顺应人民愿望，得到人民支持，才能成就丰功伟业、彪炳史册。他们的历史贡献，归根到底要从人民创造历史的总动力中得到说明。

用唯物史观考察中国历史，必然得出中国历史是由中国人民创造的、中国人民是中国历史上的真正英雄的结论。中国人民书写了波澜壮阔的中华民族发展史。中华民族的统一、中华疆域的开拓、中华历史的辉煌、中华雄踞的高峰，不仅是英雄人物文治武功的结果，根本上是无数中国人民一代代不懈奋斗的产物。中国人民创造了博大精深的中华文明。深刻影响人类文明进程的造纸术、火药、印刷术、指南针等伟大科技成果，是中国人民在长期的生产实践中发明、创造出来的改变世界的文明贡献。令世界各国惊叹不已的中华文明，蕴藏于经济、政治、文化、社会、军事等卓越成就之中，无不是中国人民辛勤劳动、富于智慧的实践结晶。中国人民培育了历久弥新的中华民族精神。与 5 000 多年中华文明相伴随，与可歌可泣的中国历史相印证，与屹立东方的中华儿女相映照的，是中华民族的灵魂，这就是伟大民族精神。中国人民在奋斗中实现了从站起来、富起来到强起来的中华民族伟大飞跃。中华人民共和国的成立，是党团结带领人民进行新民主主义革命取得胜利的成果；中华民族正以崭新姿态屹立于世界的东方，是党团结带领人民进行社会主义革命和建设、进行改革开放新的伟大革命取得胜利的成就；中国特色社会主义进入新时代，是党团结带领人民进行新的伟大社会革命发生的根本性变革。

人民是历史塑造的，历史是人民创造的。人民是历史的主体，历史因而成为人民创造的对象。在一代代人民的全部创造活动中，人民的特质和禀赋深深地融入历史的过程、产物和结果中。中国人民是在源远流长、根深叶茂、蔚为大观的中华文明历史中生长、熏陶、培塑起来的，同时，中华文明之所以能在世界民族之林自立自强、灿烂夺目，又是与中国人民的文化基因密切相关的。中国人民的特质和禀赋，铸就了内涵丰厚、生机勃勃、特色鲜明的中华文明。无论是都江堰、万里长城，或是楚辞汉赋、唐诗宋词，抑或是浑天仪、祖率，等等，都是中国人民一脉相承的勤劳坚韧、聪明才智、精气神的外化、物化和对象化。中国人民的特质和禀赋深刻影响着当代中国的发展进步，改革开放40年来，中华民族的面貌发生了前所未有的变化，正是中国人民的伟大创造精神、奋斗精神、团结精神、梦想精神得到了空前迸发、增强和深化的自然结果。中国人民的精神素质深刻影响着当代中国人的精神世界，屈原、司马迁、张载、范仲淹、岳飞、文天祥等众多民族俊杰，一直是中国人的人格楷模。

人民是物质文明、政治文明、社会文明、生态文明的创造者，也是精神文明的创造者。在精神文明的创造中，蕴含于伟大思想著作、物化于伟大科技成果、体现于伟大文艺作品、凝固在伟大文化遗产之中的，是伟大民族精神。中国人民在长期奋斗中培育、继承、发展起来伟大民族精神。中国人民在广阔的国土上辛勤劳动、进行生产，自然界气候多样、地形多样、物种多样，唯有创新生产工具，唯有不畏艰难困苦，才能生存发展。中国是统一的多民族国家，中国人民在多民族组成的大家庭中，在千百年来持续的交流交往交融中，不同宗教传统、文化习俗、语言特征的各族人民，消弭冲突、化解隔阂，相互学习、相互帮助，各族人民的禀赋气质熔铸为中华民族精神，特别是渴望国家统一、需要和谐相处的共同愿望形成了团结精神。中国人民创造了辉煌的中华文明，包括创造了灿烂的中华民族精神。先秦诸子百家的思想，广博深邃，充满着想象力和探索性，究天地之理，析人间之道。中国古代的“四大发明”，究其实质也是中华民族创造精神和梦想精神的产物和结晶。可以说，中国人民是人化的民族精神，民族精神是精神化的中国人民。

精神的力量是无形的，精神的力量又是强大而持久的。伟大民族精神，为中国发展和人类文明进步提供了强大精神动力。中华民族精神既是中国的，也是世界的，与人类精神息息相通。中华民族精神不仅从人类文明优秀成果中汲取营养，而且以其超越时空的影响力辐射力感召力，汇入人类文明的宝贵精神财富之中。中国共产党成立后形成的伟大的长征精神、抗战精神、雷锋精神、“两弹一星”精神、改革开放精神、抗震救灾精神等等，都是中华民族精神感动和影响世界、推动人类文明进步的闪亮灯塔、璀璨星辰。

（四）改革开放是我们党最鲜明的旗帜

党的十八届三中全会做出决定，对全面深化改革进行总体部署，这是在新的历史起点上坚持和发展中国特色社会主义的重大战略决策。党的十八大以来，以习近平同志为核心的党中央系统总结改革开放的历史经验，准确把握全面深化改革的内在规律，坚定不移推进全面深化改革，深入探索实现中华民族伟大复兴中国梦的现实途径，做出了许多重要论述。习近平特别强调："改革开放是当代中国最鲜明的特色，也是我们党最鲜明的旗帜。"认真学习这些重要论述，是贯彻落实十八届三中全会决定精神、全面深化改革的理论武装。

1. 实现中华民族伟大复兴的宏伟蓝图要求全面深化改革

我国改革开放的历史雄辩证明，改革开放是党在新的时代条件下带领全国各族人民进行的新的伟大革命，是决定当代中国命运的关键抉择，是党和人民事业大踏步赶上时代的重要法宝。党的十八届三中全会阐明了全面深化改革的重大意义和未来走向。习近平同志以宽阔的视野深刻分析了在新的历史起点上改革开放永无止境，只有进行时没有完成时。

实现"两个一百年"奋斗目标和中华民族伟大复兴的中国梦，要求全面深化改革。改革开放以来，中华民族面貌发生的历史性变化靠的就是改革开放。党的十八大以来，面对十分复杂的国际形势和艰巨繁重的国内改革发展稳定任务，领导进行具有许多新的历史特点的伟大斗争，习近平明确指出：我国未来发展也必须坚定不移依靠改革开放。中国特色社会主义在改革开放中产生，也必将在改革开放中发展壮大。没有改革开放，就没有中国的今天，也不会有中国更加美好的未来。这鲜明地表明了新一届中央领导集体将改革开放推向前进、推向深入的决心和信心。党的十八届三中全会对全面深化改革的宣示表明，全面深化改革是大势所趋、人心所向。虽然我国改革开放取得巨大成就，但改革开放历史任务远未完成，在改革开放过程中形成的新的体制性机制性结构性矛盾正在凸显，需要继续推进新的改革。人民群众是改革开放的受益者、支持者，同时，经济社会发展不平衡带来的社会利益不平衡，促使着人民群众呼唤全面深化改革，共享改革发展成果。

应对世界经济形势带来的新挑战、努力寻求新的增长动力，要求全面深化改革。启动中国改革开放的一个重要动因就是适应世界新科技革命以及由此引发的经济社会快速发展的时代潮流，让中国走进世界，让世界走进中国。进入 21 世纪第二个 10 年，世界经济仍然处于深度调整期，既有复苏迹象，也面临基础不稳、动力不足、速度不均的问题。面对世界经济形势带来的新挑战，无论是发达经济体还是发展中经济体，都在努力寻求新的增长动力。习近平明确指出，增长动力只能从改革中来，从调整中来，从创新中来。中国经济已经进入新的发展阶段，正在进行深刻的方式转变和结构调整。这就要不断爬坡过坎、攻坚克难。这必然伴随调整的阵痛、成长的烦恼，但这些都是值得付出的代价。全面深化改革是支撑中国经济发展的内生因素，只有全面深化改革才能保持经济持续健康发展，不落入所谓“中等收入陷阱”。

解决我国发展面临的一系列突出矛盾和问题，破除各方面体制机制弊端，要求全面深化改革。突出强调全面深化改革，是由于我国改革已经进入攻坚期和深水区。攻坚期表明改革的难度加大，深水区表明改革的风险加大。改革开放是利益关系的重塑，40 年来形成了新的利益格局，有的成为固化利益，不利于生产力的发展和人民的利益要求，所以必须勇于突破利益固化的藩篱。改革就是生产关系、上层建筑的变革，改变革除某些落后的经济社会关系及其制度形式。当前，各方面体制机制弊端是发展的严重阻碍，所以必须攻克体制机制上的顽瘴痼疾。习近平总书记强调，中国共产党人干革命、搞建设、抓改革，从来都是为了解决中国的现实问题。可以说，改革是由问题倒逼而产生，又在不断解决问题中得以深化。我们用改革的办法解决了党和国家事业发展中的一系列问题。

同时，在认识世界和改造世界的过程中，旧的问题解决了，新的问题又会产生，制度总是需要不断完善，因而改革既不可能一蹴而就，也不可能一劳永逸。这就从根本上阐明了在新的历史起点上全面深化改革的必然性和必要性。

2. 加强全面深化改革的顶层设计和整体谋划

改革是一种历史自觉、社会自觉、政党自觉。习近平总书记强调，全面深化改革是一项复杂的系统工程，需要加强顶层设计和整体谋划，加强各项改革关联性、系统性、可行性研究。要在基本确定主要改革举措的基础上，深入研究各领域改革关联性和各项改革举措耦合性，深入论证改革举措可行性，把握好全面深化改革的重大关系，使各项改革举措在政策取向上相互配合，在实施过程中相互促进，在实际成效上相得益彰。

深入调查研究，认识内在规律。全面深化改革需要解决的问题十分繁重。调查研究是谋事之基、成事之道。没有调查就没有发言权，更没有决策权。习近平指出，“研究、思考、确定全面深化改革的思路和重大举措，刻舟求剑不行，闭门造车不行，异想天开更不行，必须进行全面深入的调查研究”。调查研究的着力点有以下四个：一是下大功夫总结和运用我国改革开放的成功经验，从学习历史中发现规律。规律蕴含于历史经验之中，改革开放丰富而深刻的历史经验，愈益清晰地呈现出改革开放的客观逻辑。凡是成功经验，就是遵循规律的结果；凡是挫折教训，必然是违背规律的结果。二是下大功夫把握党和国家事业发展对改革开放的客观要求，从洞察趋势中把握规律。规律蕴含于发展趋势之中，中国特色社会主义是当代中国社会基本矛盾运动的产物，生产力的推动力量、人民群众的利益需求，构成了改革开放的不竭动力，引领着大趋势，规定着总规律。三是下大功夫了解党内外对改革开放的各种意见和建议，从集思广益中认识规律。规律蕴含于集体智慧之中，来自不同位置、不同视角、不同关系、不同感受的改革认知，虽然不尽相同，但包含的共识比起个人的臆断，更为合理可行，更加贴近规律。四是下大功夫了解地方、基层和群众在改革方面所做的有益探索，从改革实践中提炼规律。规律蕴含于切身体验之中，实践出真知，那些改革开放第一线亲历者的成败得失、盈亏沉浮、酸甜苦辣，最能说明改革的实质、关键和症结，最能表明真实的、活生生的规律。

把握重大关系，促进整体协同。习近平同志特别强调把握全面深化改革的重大关系，要着重处理好五个关系，这就为准确把握全面深化改革的内在规律提供了基本线索，指明了重点所在。一是解放思想和实事求是的关系。全面深化改革必须解放思想，勇于冲破思想观念的障碍，为渡过攻坚期、涉过深水区提供精神力量；必须实事求是，改革的目标、进度、方法等，都不能一厢情愿、脱离实际，都要科学筹划、循序渐进。二是整体推进和重点突破的关系。全面深化改革，每一项改革都会对其他改革产生重要影响，每一项改革又都需要其他改革协同配合，必须更加注重各项改革的相互促进、良性互动。在不同阶段、不同领域抓住重点、难点、关键点，先行突破、推动全局。三是顶层设计和摸着石头过河的关系。习近平指出："摸着石头过河，是富有中国特色、符合中国国情的改革方法。摸着石头过河就是摸规律，从实践中获得真知。"摸规律、获真知是顶层设计的认识前提，顶层设计要在推进局部的阶段性改革开放的基础上来谋划。全面深化改革既要摸路探路，也要望路测路，加强宏观思考和顶层设计。四是胆子要大和步子要稳的关系。全面深化改革要有政治勇气，有攻克体制机制上的顽瘴痼疾、突破利益固化的藩篱的改革魄力，否则，改革难以全面、难以深化。全面深化改革又是利益关系的重大调整，会遇到各种阻力和障碍，这就要求改革的步骤、步伐、步速稳中求进、稳中求变。五是改革发展稳定的关系。全面深化改革要在保持改革发展稳定的均衡点上展开，把改革的力度、发展的速度和社会可承受的程度统一起来。努力做到推进改革的时机把握适当，节奏把握合理，措施把握适度。

研究重大问题，加强宏观筹划。问题是改革的先导，全面深化改革必须抓住关键问题。习近平从六个方面提出了全面深化改革需要深入调查研究的重大问题。从这些问题可以看出，改革正在向深层次、全方位推进，要解决的重大问题是：既要进一步形成全国统一的市场体系，清除市场壁垒，又要形成公平竞争的发展环境，提高资源配置效率；既要增强经济发展活力，特别是增强经济发展微观基础的活力，又要为实现经济持续健康发展提供不竭动力；既要提高宏观调控水平，处理好政府和市场的关系，又要提高政府效率和效能，加快转变政府职能；既要增强社会发展活力，使全社会创造能量充分释放，又要促进社会和谐稳定，让全体人民各得其所；既要倡导社会公平正义，坚持社会主义原则，又要建立有效制度安排，保障人民群众各方面权益；既要提高党的领导水平和执政能力，充分发挥党总揽全局、协调各方的领导核心作用，又要巩固党的执政地位，加强惩治和预防腐败体系建设。解决好这些重大问题，就是全面改革的深化。

3. 以更大的政治勇气和智慧、更有力的措施和办法推进全面深化改革

党的十八届三中全会把我国改革开放伟大事业推进到一个新的发展阶段。确保全面深化改革进展顺利、收到成效、取得成功，是对党和人民的重大考验。习近平总书记对此做出许多深邃思考，提出许多重要观点，是指导全面深化改革的科学指南。

绝不能在根本性问题上出现颠覆性错误。改革开放以来，我们党紧紧把握改革的正确方向，改革不改制、转型不转向，经受了风险挑战，保证了中国特色社会主义巩固发展。在新的历史起点上，习近平特别强调，中国是一个大国，决不能在根本性问题上出现颠覆性错误，一旦出现就无法挽回、无法弥补。这就要求始终坚持改革开放正确方向，根本是坚持中国特色社会主义的道路自信、理论自信、制度自信，绝不能按照西方资本主义的模式改造我国的经济、政治和社会，必须保持头脑清醒、立场坚定。坚持改革开放正确方向的一个重要问题是，不能用改革开放后的历史时期否定改革开放前的历史时期，也不能用改革开放前的历史时期否定改革开放后的历史时期，要在这个认识基础上把改革开放事业继续推向前进。

胆子要大，步子要稳。改革是一场深刻的革命，涉及重大利益关系调整，涉及各方面体制机制完善。全面深化改革需要解决的问题格外艰巨，都是难啃的硬骨头。这个时候就要一鼓作气，敢于啃硬骨头，敢于涉险滩，敢于向积存多年的顽瘴痼疾开刀。瞻前顾后、畏葸不前不仅不能前

进，而且可能前功尽弃。全面深化改革系统性强、风险性大，遇到的复杂矛盾和尖锐问题可能是前所未有的，既要大胆探索、勇于开拓，也要稳妥审慎、三思而后行。全面深化改革开放，就是要积极回应广大人民群众的强烈呼声和殷切期待，聚合更多的正能量，用各种正能量替代各种负能量。一些改革之所以难以推行，很重要的原因就是存在着利益冲突，不能形成合力。着眼于凝聚改革共识、集聚改革合力，改革目标的选择、改革方案的设计、改革时机的选择、改革节奏的把握，都要统筹兼顾各个地区、民族、阶层、部门的利益，取得利益的最大公约数，让更多的人受益，让更多的群众受益。

坚持有效的改革路径。在全面深化改革的指导上，要尊重实践、尊重创造。一是坚持全局和局部相配套。综合改革是全局性的改革，必须与局部性的改革相协调。这就要统筹推进经济、政治、文化、社会、生态文明领域体制改革，推进宏观调控、财税、金融、投资、行政管理等领域体制改革，深化利率和汇率市场化改革。二是治本和治标相结合。继续完善中国特色社会主义经济、政治相关制度，同时着力完善经济、政治、文化、社会等方面的具体制度。三是渐进和突破相促进。注重循序渐进、逐步推进，同时要找准深化改革开放的突破口，明确深化改革开放的着力点，不失时机地推进重要领域和关键环节改革，在制约发展的难题上求突破，在人民群众关注的热点上看分晓，在破除障碍、打破藩篱、革除顽瘴痼疾上见成效。

（五）推动全面深化改革在新起点上实现新突破

当代中国改革开放的巨轮已经行驶了40年，冲破惊涛骇浪，进入扬帆远航，正在以习近平同志为核心的党中央领导下向大海深处、向壮丽景色疾速挺进。党的十九大系统总结十八大以来全面深化改革取得的重大突破，精辟概括党领导全面深化改革的思想结晶和基本方略。在党的十九大之后召开的中央全面深化改革领导小组第二次会议上，习近平总书记强调，要弘扬改革创新精神，推动思想再解放改革再深入工作再抓实，凝聚起全面深化改革的强大力量，在新起点上实现新突破。这是推动全面深化改革新的动员令，是迎接改革开放40周年，将改革开放推向新的历史高度和实践深度的再布局。

1. 全面深化改革是新时代伟大社会革命的核心内容

中国共产党90多年的历史，是领导人民进行伟大社会革命的历史，改革开放40年书写了伟大社会革命的崭新篇章和壮丽画卷。党的十八大以来，中国特色社会主义进入了新时代，新时代中国特色社会主义是伟大社会革命的成果和继续。社会革命是一个内涵极为广泛、领域极为宽阔的范畴，全面深化改革就其对象的广泛性、性质的深刻性、效应的长远性而言，可以说是新时代中国特色社会主义这场伟大社会革命的核心内容，是新时代伟大社会革命的鲜明标识。

只有改革开放才能发展中国、发展社会主义、发展马克思主义。党的十一届三中全会开启了改革开放新的伟大革命，中国社会主义进入了改革开放新时代。40年来，几代中国共产党人接续奋斗，始终不渝地推进以改革开放为主线的中国特色社会主义伟大事业。无论国际风云如何变幻，国内形势如何波动，社会思潮如何走向，党内意见如何不同，我们党坚持改革开放的路线从未退缩，坚持党的基本路线的决心从未动摇，坚持中国特色社会主义的道路从未偏离。一条路线、一个方针的利弊得失，往往经历的时间越长、积淀的年份越久，越能得到更为真实准确的评判。改革开放以来，尽管改革的路程不是一帆风顺，改革的设计不是完美无缺，改革的结果不是皆大欢喜，改革的评价不是众口一词，但历史得出的基本结论是，改革开放让中国的面貌发生了历史性变化，让社会主义生机盎然、活力迸发，让马克思主义在东方大国获得空前的大发展。

全面深化改革赋予新时代中国特色社会主义蓬勃生机。中国特色社会主义进入新时代，一个重要起点，就是党的十八届三中全会以及《中共中央关于全面深化改革若干重大问题的决定》，全面深化改革全盘推出、步步深入。几年来，党领导人民蹄疾步稳推进全面深化改革，坚决破除各方面体制机制弊端。改革全面发力、多点突破、纵深推进，着力增强改革系统性、整体性、协同性，拓展改革广度和深度，推出 1 500 多项改革举措，重要领域和关键环节改革取得突破性进展，主要领域改革主体框架基本确立。就拿深化国防和军队改革来说，已经取得历史性突破，形成军委管总、战区主战、军种主建新格局，人民军队组织架构和力量体系实现革命性重塑。坚定不移全面深化改革，各方面体制机制弊端阻碍发展活力和社会活力的状况得到明显改变。全面深化改革作为新时代中国特色社会主义的主动轮，以其新的能量、新的力度、新的气势，决定着新时代伟大社会革命的广阔空间和深层变化，塑造着新时代的全新风貌。

继续推进伟大社会革命必须推动全面深化改革取得新突破。一以贯之地将新时代中国特色社会主义这场新的伟大革命继续下去，一个根本要求，就是要在全面深化改革取得重大突破的基础上，不停步、不懈怠、不犹疑，坚定不移将全面深化改革引向深入，在进一步落实改革部署和重大政策措施上取得新成效，在破除利益固化藩篱、坚决防止党内形成利益集团上取得新突破，在以全面深化改革带动伟大社会革命、实现中华民族伟大复兴上取得新进展。决胜全面建成小康社会，开启全面建设社会主义现代化国家新征程，是社会主义中国走向富强民主文明和谐美丽最为重要的步骤，这个伟大实践对于当代中国发展进步的重大意义，对于中华民族崭新面貌的塑造，从内容到形式，从实质到现象，从总体到局部，从有形到无形，从器物到人，都是一场前所未有的伟大社会革命。社会革命有多种方式，在社会主义条件下，改革是社会革命的基本方式和最佳途径，是我们党解决社会主义社会基本矛盾和主要矛盾的伟大创造。全面深化改革，是改革开放的继续、拓展和深化，是新时代伟大社会革命的集中体现，是实现“两个一百年”奋斗目标的根本途径。

2. 全面深化改革是开启全面建设社会主义现代化国家新征程的强大动力

从全面建成小康社会到基本实现现代化，再到全面建成社会主义现代化强国，是新时代中国特色社会主义发展的战略安排。这是中华民族伟大复兴历史征程最为关键的路程、最为壮观的画卷，是以习近平同志为核心的党中央向历史、民族和人民做出的庄严承诺、交出的大考答卷。前进的道路并不平坦，必须披荆斩棘、斩关夺隘，全面深化改革是通向远方的开路机、架桥船。

坚持全面深化改革总目标，夯实社会主义现代化的制度和治理基础。全面深化改革总目标是完善和发展中国特色社会主义制度、推进国家治理体系和治理能力现代化。这一总目标，总结了党领导改革开放的宝贵经验，着眼于为全面建设社会主义现代化国家筑牢制度和治理基础，成为习近平新时代中国特色社会主义思想的主要内涵之一。完善和发展中国特色社会主义制度，是要为党和国家事业发展、为人民幸福安康、为社会和谐稳定、为国家长治久安提供一整套更完备、更稳定、更管用的制度体系。更完备要求随着社会系统的复杂程度增强，增大制度的覆盖面。更稳定要求随着社会运行的有序程度增强，提高制度的规范性和延续性。更管用要求随着社会管理的法治程度增强，充分发挥制度的导向、激励、协调、控制功能。国家治理现代化是近代以来世界现代化潮流的重要方面，是各个国家依据基本制度框架、历史文化传统、社会发展需要，着眼提高治理质量、效能、水准，促进国家有序、协调、稳定运行的治理变革与创新。

加快建设现代化经济体系，确保社会主义现代化强国目标如期实现。全面深化改革首先是经济改革。建设现代化经济体系是我国发展的战略目标，也是转变经济发展方式、优化经济结构、转换经济增长动力的迫切要求。国家强，经济体系必须强。只有形成现代化经济体系，才能更好顺应现代化发展潮流和赢得国际竞争主动，也才能为其他领域现代化提供有力支撑。全面深化改革，既包括经济体制改革、发展方式转变，也包括经济体系变革。要建设创新引领、协同发展的产业体系，统一开放、竞争有序的市场体系，体现效率、促进公平的收入分配体系，彰显优势、协调联动的城乡区域发展体系，资源节约、环境友好的绿色发展体系，多元平衡、安全高效的全面开放体系，充分发挥市场作用、更好发挥政府作用的经济体制。建设现代化经济体系，是改革开放的题中应有之义，这就要求深化经济体制改革，完善现代化经济体系的制度保障，加快完善社会主义市场经济体制，坚决破除各方面体制机制弊端，激发全社会创新创业活力。要求着力发展开放型经济，提高现代化经济体系的国际竞争力，更好利用全球资源和市场，继续积极推进“一带一路”框架下的国际交流合作。

解决社会新的主要矛盾，满足人民日益增长的美好生活需要。实现社会主义现代化，必须解决人民日益增长的美好生活需要和不平衡不充分的发展之间的矛盾。从满足人民日益增长的物质文化需要到满足人民日益增长的美好生活需要，人民需要包括更广泛的领域、更丰富的内涵、更高的层次、更自主的选择；从改变落后的社会生产状况到改变不平衡不充分的发展状况，矛盾更具复杂性多样性，任务更具精准性差异性，标准更具现代性综合性。解决新的主要矛盾，必须依靠全面深化改革。发展的不平衡不充分，不仅是物质生产创新的供给不足，而且也是制度、治理、机制、服务等领域生产创新的供给不足。转变这种状况，需要全面深化改革，解决体制机制性障碍、利益羁绊性障碍、人的效率性障碍。进一步而言，即使通过改革达到了平衡且充分的发展，如果没有相应的制度性保障和人的传导，这些发展成果也不一定能够自动满足人民的美好生活需要，仍然需要全面深化改革，解决满足人民美好生活需要的“最后一公里”问题。由此可见，全面深化改革是解决新的主要矛盾的必要条件。

3. 推动思想再解放、改革再深入工作再抓实，凝聚起全面深化改革的强大力量

新时代中国特色社会主义，重大成就与重大矛盾同时存在，光明前景与风险隐患同时存在，发展动力与发展阻力同时存在。这是一个唯有坚定改革才能解决重大矛盾的新时代，是一个唯有攻坚克难才能化解风险隐患的新时代，是一个唯有自我革命才能根除发展阻力的新时代。从党的十一届三中全会到党的十九大的实践充分证明，改革开放是兴旺发达之道、民族飞跃之道、人民幸福之道；从党的十九大到21世纪中叶的实践还将继续证明，全面深化改革仍然是全面建成社会主义现代化强国之道、实现中华

民族伟大复兴中国梦之道、中国对人类做出新的更大贡献之道。

思想再解放，破除一切不合时宜的思想观念，凝聚思想力量。解放思想是改革开放的先导，思想解放，改革开放才能破冰而行。全面深化改革需要思想再解放，从与社会主义现代化不相适应的思想观念中解放出来，从而把全党和全体人民的思想力量凝聚到新的思想坐标上来，牢固树立战略思维、创新思维、辩证思维、法治思维、底线思维。党的十九大报告指出：“历史车轮滚滚向前，时代潮流浩浩荡荡。历史只会眷顾坚定者、奋进者、搏击者，而不会等待犹豫者、懈怠者、畏难者。”只有思想再解放，才能推动历史车轮、顺应时代潮流，才能奋进不止、搏击不息。习近平新时代中国特色社会主义思想，是思想再解放的精神动力和理论指导。用习近平新时代中国特色社会主义思想武装头脑，本身就是理论再提高、思想再解放的过程。

改革再深入，坚决破除一切顽瘴痼疾，凝聚人民力量。改革开放 40 年来，改革越是前行，越是触及深层次矛盾，越是进入深水区，就越是遇到重大阻力。只有以党和国家命运、人民根本利益为最高原则，只有一个真正的马克思主义政党，才有这样的决心和毅力破除利益固化的藩篱，打破既得利益的羁绊。如果不思进取、不谋变革，就不可能有全面深化改革的动力，就会造成党的肌体僵化。全面深化改革，是坚持以人民为中心的必然要求。改革是人民的利益所系、希望所在，是团结带领人民共同奋斗的旗帜。全面深化改革，要瞄准人民的强烈呼声、迫切愿望，让人民共享改革发展成果，就能在最大程度上凝聚起人民力量。

工作再抓实，真正落实改革举措，凝聚实践力量。全面深化改革能否取得成功，关键是要在破除各方面体制机制弊端、调整深层次利益格局上再拿下一些硬任务，重点推进国企国资、垄断行业、产权保护、财税金融、乡村振兴、社会保障、对外开放、生态文明等关键领域改革。中央推出的 1 500 多项改革举措，覆盖空前、力度空前、缜密空前，必须尽全力将其全面落实、真正落实、渐次落实。如果只是停留在文件上、会议上、口头上，甚至搞形式主义、做表面文章，那就是与全面深化改革的初衷相悖了。理论和实践相统一，政策和效果相统一，纲领和行动相统一，是全面深化改革的实践方法论，也是伟大社会革命和党的自我革命的实践要求。实践的力量来自党的领导，来自人民的创造，来自制度的驱动，而这些又有赖于全面深化改革所塑造的全新动力。

（六）中国特色社会主义发展规律的新认识

实现什么样的发展、怎样发展，是中国特色社会主义的基本问题，科学回答这一问题就形成了对中国特色社会主义发展规律的正确认识。理念是认识的结晶、规律的精髓，发展理念的形成和提出，表明对发展规律的认识达到抓住核心、把握本质的程度。党的十八届五中全会明确提出牢固树立创新、协调、绿色、开放、共享的新发展理念，构成了“十三五”规划建议的主线，是引领“十三五”乃至更长时期的主导发展理念，是我们党对我国发展规律的重大认识结晶。深入学习领会十八届五中全会精神，一个重要方面，就是要理解把握五大发展理念作为发展规律新认识的根据、内涵和意义，从而在实现“两个一百年”奋斗目标进程中更加自觉地贯彻发展理念、遵循发展规律，坚持科学发展、推进全面发展。

1. 准确把握经济社会发展的最新要求

发展是人类有史以来从未停止过的社会活动，是各个民族和国家的共同追求。发展有其内在规律，也就是影响和决定发展的要素如何相互作用、推动发展。人类社会发展规律，贯通人类历史整个过程和各个民族，决定社会发展的主要面貌和基本走向。马克思、恩格斯创立的唯物史观，揭示了社会基本矛盾运动规律，正确回答了人类社会发展的根本问题，提供了认识人类社会发展规律的科学指导。人类社会发展规律在不同社会形态中发挥着基础性、支配性作用，同时又是通过每一社会形态的发展规律而起作用的，是普遍规律与具体规律的统一。社会主义社会是人类历史上新型的、先进的社会形态，社会主义从空想到科学、理论到实践、挫折到复兴的进程，始终伴随着对社会主义建设和发展规律的不懈探索。中国共产党 90 多年来坚持只有社会主义才能救中国、只有中国特色社会主义才能发展中国，深入回答了建设什么样的社会主义、怎样建设社会主义这一首要问题，创造性地把共产党执政规律、社会主义建设规律、人类社会发展规律有机统一起来，聚焦于科学揭示当代中国发展规律，不断得出新认识、丰富新内涵、进入新境界。五大发展理念就是这一探索过程的最新成果，反映了时代发展的新特征新要求。

着力破解发展难题，反映发展的实践要求。发展理念反映发展实践的内在要求，特别是应对破解发展难题的迫切需要，从而在关于发展规律的新认识中彰显鲜明的实践内涵。“十二五”时期我国发展取得重大成就，进入“十三五”时期仍然面对诸多矛盾、风险和隐患。比如如何转换发展动力、如何化解发展矛盾、如何保护发展环境、如何拓展发展格局、如何分配发展成果。概而言之，就是如何推动发展进入新的阶段、达到新的境界。五大发展理念依靠创新转变发展机制，引领中国发展；依靠协调处理发展矛盾，促进健康持续发展；依靠绿色发展保护发展环境，保持永续发展；依靠开放优化发展格局，推动国家繁荣发展；依靠共享分配发展成果，维护发展的人民性。可以说，科学社会主义应资本主义社会发展难题而生，也就是怎样将资本主义创造的社会生产力置于生产者的“共同控制之下”，“不让它作为一种盲目的力量来统治自己”①。中国特色社会主义应中国建设社会主义的难题而出，改革开放 40 年的历程同时也是不断破解发展难题的历程，我们党先后回答和解决社会主义的中心任务、动力机制、经济体制、发展方式、社会关系、治理方式等重大发展难题，推进中国特色社会主义不断提升。进入全面建成小康社会决胜阶段，我们仍然要继续破解新的发展难题。中国解决发展问题、避免发展陷阱、走出发展困境、防范发展风险的种种探索和努力，同样具有深入认识人类社会发展规律的普遍意义，是回应当代社会发展问题的中国解答。

系统推进发展跃升，反映发展的总体要求。发展是一个发展要素的内

① 马克思，恩格斯．马克思恩格斯文集：第 7 卷．北京：人民出版社，2009：928.

在联系愈益紧密、发展系统的复杂程度愈益加深、发展方略的整体性质愈益增强的过程。发展的这一基本特征决定了发展理念的系统性、耦合性、协同性。就拿发展动力来说，确立发展的第一动力，还要形成系统动力相配套，构建与之相适应的发展关系、资源、空间和主体条件。五大发展理念的提出，是在影响当代发展的各种因素中抓住最为紧要和关键之点，这就是创新、协调、绿色、开放、共享，作为引领发展的枢纽；是在已有的多种发展理念基础上，经过精心比较筛选、科学排列组合，将五大要点提升出来组成新的发展理念体系，形成系统发展理念，作为推动发展的总纲；是在系统发展、整体发展，防止片面发展、畸形发展的要求下，构建相互贯通、相互促进，“一个都不能少”的发展理念集合体，作为统领发展的大逻辑。当今世界各国发展阶段、发展问题不尽相同，但发展规律具有相通性，都要在整体统筹、总体发展的层面上推进发展，五大发展理念提供了总体发展的路线图。

努力实现发展价值，反映发展的共同要求。发展是全人类的共同价值，发展才能满足社会日益增长的各种需要，发展才能为社会进步提供长期有力的支持。当代中国和世界在追求发展、推进发展的进程中，努力拓展和提升发展价值，对发展理念的思考也在逐步加深、形成共识。党的十八届五中全会聚焦发展，提炼发展理念，引领经济社会持续健康发展，让发展支持全面小康、造福全体人民、贡献世界经济。有估算认为，中国的经济发展使1/5的世界人口、1/4的发展中国家人口和近3/5的下中等收入国家人口从中直接受益①。五大发展理念反映世界各国发展的共同价值取向。2015年9月，习近平主席在联合国发展峰会上提出，共同走出一条公平、开放、全面、创新的发展之路，努力实现各国共同发展②，表明中国的发展之路与世界各国的发展之路并行不悖、相通相连。五大发展理念作为中国特色社会主义的发展价值，属于中国，也属于世界，蕴含着全人类的共同价值，传播着中国的发展哲学。

---

① 任仲平．关系发展全局的深刻变革．人民日报，2015-12-18.

② 习近平．谋共同永续发展 做合作共赢伙伴：在联合国发展峰会上的讲话．人民日报，2015-09-27.

2. 充分发挥中国发展的巨大潜力

中国的发展离不开世界，五中全会是在我国经济深度融入世界经济的趋势下筹划发展的。当前，世界经济在深度调整中曲折复苏，新一轮科技革命和产业变革蓄势待发，全球治理体系深刻变革，寻找发展新机遇、形成发展新动力成为世界大势，国际发展环境深刻影响中国发展。我国于2016年9月在杭州举办二十国集团领导人第十一次峰会，中方把峰会的主题确定为“构建创新、活力、联动、包容的世界经济”，正是更好地把中国发展与世界发展联系起来、统筹国内国际两个大局的战略联通。“十三五”时期是在重要战略机遇期与严峻挑战并存的发展环境中展开的，面对问题的复杂艰难程度前所未有，关键在于激发中国力量。决胜全面建成小康社会，增创中国发展优势，是对党掌握发展规律、领导发展能力的重要检验。五大发展理念产生于我国发展经验，在树立和落实的过程中又将提供新的中国经验、创造新的中国奇迹，从而进一步深化对当代发展规律的认识。我国发展规律同样给世界发展以深刻启迪。

指明转型跨越发展的正确路径。我国经济发展进入新常态，速度变化、结构优化、动力转换，根本的是发展方式转变，从规模速度型转向质量效率型，从要素驱动、投资规模驱动发展为主转向以创新驱动为主。我国经济大而不强、快而不优，特别是结构性产能过剩比较严重，面临着经济保持中高速增长与产业迈向中高端水平的双重压力，传统产业优化升级与新兴产业快速发展的双重任务，发挥先发优势与全力补齐短板的双重指向，只能是在转变中跨越发展、在发展中推进转型。五大发展理念实际上也是“五位一体”的发展路径和转型模式。“十三五”规划建议把“三个自信”建立在对我国发展规律深刻认识的基础上，把“四个全面”战略布局积聚起的发展力量转化为落实五大发展理念的系统动力，把五大发展理念展开为五大发展战略，把转型跨越发展与决胜全面小康统一于同一个过程。这既是世界范围发展方式转变的中国实验，又是发展中国家向现代化国家迈进的中国路径。中央经济工作会议贯彻落实新的发展理念，强调推进供给侧结构性改革，是适应和引领经济发展新常态的重大创新，是适应国际金融危机发生后综合国力竞争新形势的主动选择，是适应我国经济发展新常态的必然要求①。这抓住了我国转型跨越发展的关键问题，是必须闯过的历史关口。

构建持续健康发展的基本框架。人与自然和谐发展、经济与社会协调发展、物质生活与精神生活共同发展、国与国和平发展，是世界文明发展的主要趋向。经济社会持续健康发展，是全面建成小康社会进程中必须保持的发展状态和发展秩序。我国发展不平衡、不协调、不可持续问题仍然突出，五大发展理念是解决这些发展矛盾的关键锁钥，设置了平衡发展、协调发展、可持续发展的推进器和稳定器。“十三五”规划建议指出协调是持续健康发展的内在要求。不平衡属于发展结构的不协调，不可持续属于发展阶段的不协调，都可依据协调发展的规律来解决。协调发展就是追求发展布局、发展关系、发展空间、发展要素、发展进程的协调性，遏制孤立发展、隐患发展。从效果看，五大发展理念都是持续健康发展的必要条件，都具有促进协调发展的功能。创新为持续健康发展提供动力保障，促进发展动力与发展方式的协调；绿色为持续健康发展提供环境基础，促进发展环境与发展目标的协调；开放为持续健康发展提供机制保证，促进发展机制与发展大局的协调；共享为持续健康发展提供主体支持，促进发展主体与发展价值的协调。用新的发展理念引领发展行动，是对我国发展资源的深度开掘、发展潜力的极大释放、发展空间的多维拓展，必将转化为发展实践质的变化和提升。

植根中国迅速发展的特有优势。我国发展规律是基于中国特色社会主义发展实践，是中国道路、理论、制度的集中体现。五大发展理念开拓发展新境界，其可能性和可行性的根基在于中国发展的特有优势。新的发展理念汲取了各国发展理念的有益成分，但归根结底是中国发展道路的认识结晶。“十三五”规划建议要求必须遵循六个基本原则，实质就是中国迅速发展的优势所在，就是五大发展理念何以可能的根据所在，六个原则确保五大理念牢固树立并贯彻落实。坚持人民主体地位，始终以人民为中心

① 中央经济工作会议在北京召开. 人民日报，2015-12-22.

谋发展，充分调动人民积极性主动性创造性，是中国新发展的力量源泉。坚持科学发展，实现更高质量、更有效率、更加公平、更可持续的发展，是我们党对发展经验的历史总结，是中国新发展的总体原则。坚持深化改革，使各方面制度更加成熟更加定型，奏响改革与发展的“二重奏”，是中国新发展的持续动力。坚持依法治国，为国家稳定发展提供坚实基础，为国家有序发展提供规范框架，为国家持续发展提供确定空间，是中国新发展的可靠保障。坚持统筹国内国际两个大局，推动互利共赢、共同发展，在谋求自身发展的同时促进各国共同发展，是中国新发展的大国战略。坚持党的领导，发挥中国特色社会主义制度的最大优势，确保我国发展航船沿着正确航道破浪前进，是中国新发展的根本政治保证。

3. 凝练表述新的历史条件下党领导发展的认识成果

新中国成立特别是改革开放以来，我们党坚持不懈探索中国特色社会主义发展规律，取得丰富认识成果。中国特色社会主义与时俱进，包括党对发展规律认识的与时俱进。党的十八大以来，以习近平同志为核心的党中央全面推进中国特色社会主义新发展，形成一系列治国理政新理念新思想新战略，把中国新发展与发展新理念融为一体。提出五大发展理念，确定发展的总体思路，指明发展的基本方向，强调发展的主要着力点，是关于发展规律的思想凝练与核心内容，是发展 21 世纪中国马克思主义的重要成果。

发展理念新突破。习近平指出，《中共中央关于制定国民经济和社会发展第十三个五年规划的建议》提出创新、协调、绿色、开放、共享的发展理念，在理论和实践上有新的突破①。理论上新的突破主要有：确立新的发展理念，本身就是重大理论创新；第一次把创新、协调、绿色、开放、共享作为具有内在联系的发展理念集合体提出，展现发展理念新逻辑；对五大发展理念的功能做出新定位，如创新是引领发展的第一动力，必须把创新摆在国家发展全局的核心位置，共享是中国特色社会主义的本

① 习近平. 关于《中共中央关于制定国民经济和社会发展第十三个五年规划的建议》的说明. 人民日报，2015-11-04.

质要求等；突出开放对国家繁荣发展的重大作用，把开放作为发展理念单列；等等。实践上新的突破主要有：坚持五大发展理念，是关系我国发展全局的一场深刻变革；发展理念直指突出矛盾和问题，在解决发展动力、发展不平衡、人与自然和谐、发展内外联动、社会公平正义等方面，出实招、破难题、建机制；按照新的发展理念要求，加快形成引领经济发展新常态的体制机制和发展方式；五大发展战略包含着各个领域、各个层次的重要新举措新突破；等等。

发展规律新认识。五大发展理念的总体以及每个发展理念，思想深刻、内涵丰富、逻辑严密，反映出我们党对我国发展规律的新认识。起草建议稿的四条原则，为深化对我国发展规律的科学认识奠定了方法论基础。坚持目标导向和问题导向相统一，决定了新发展理念是遵循规律、顺应趋势的，又是脚踏实地、有的放矢的。坚持立足国内和全球视野相统筹，决定了新发展理念指导中国发展、符合时代要求，融合全球治理新理念。坚持全面规划和突出重点相协调，决定了新发展理念不是囿于一隅，也不是大而无当的。坚持战略性和操作性相结合，决定了新发展理念宏微一体、虚实互补、知行合一。五大发展理念集中体现“十三五”乃至更长时期我国发展思路、发展方向、发展着力点。发展思路是发展规律的具体化，“十三五”规划建议就是活生生的、细致入微的发展规律。发展方向是发展规律的目标化，五大发展目标构成总的发展方向，目标的实现就是符合规律的证明。发展着力点是发展规律的实践化，践行五大发展理念就是发展规律的自觉实践，用发展规律主导经济社会运行、支配改革发展大势。

4. 努力推动发展全局深刻变革

发展理念是发展行动的先导，发展实践是发展理念的贯彻。坚持创新发展、协调发展、绿色发展、开放发展、共享发展，是关系我国发展全局的一场深刻变革，同时也是五大发展理念作为发展规律的实践运用和真理证明。

目标指向变革。理念指引方向，发展理念表明朝着什么方向发展，决定着发展的目标指向。五大发展理念是我们党探索实现什么样的发展、怎样发展的最新认识成果，昭示着在新的历史条件下我国发展的目标指向。“十三五”规划建议第一次明确地将创新、协调、绿色、开放、共享综合一体，作为发展理念整体提出，勾画了中国新发展的五个维度，规定了新发展的大方向。创新指明了发展动力的转变方向，协调指明了发展矛盾的解决方向，绿色指明了发展环境的保护方向，开放指明了发展空间的拓展方向，共享指明了发展成果的分配方向。同时，五大发展理念有机统一、相辅相成，“一个都不能少”，共同构成了“十三五”乃至更长时期的目标体系。目标转向、全局变动，新的目标指向发展全局的变革。

价值观念变革。理念既是关于世界本来面目的认知结果，也是世界应当如何的价值目标。发展理念表明什么样的发展是合乎发展规律的，也表明什么样的发展是合乎主体需要的。发展理念同时也是价值观念。“十三五”时期是全面建成小康社会的决胜阶段，全面小康本身就是包含价值追求的更加美好的社会发展阶段，并且根据当今世界和中国的大局与大势，根据社会主义核心价值观与发展理念的统一性，根据13亿多中国人民的新的利益要求，具有新的更高的价值目标。五大发展理念内在地包含着为“十三五”乃至更长时期确定价值观念的使命。五大发展理念确立了新的价值观念，也就是倡导新发展的五个价值准则。以新的发展理念为价值标准，是开拓和提升发展境界的起点和基础。

动力机制变革。理念既源于实践，又作用于实践、促进实践。理念作为软实力，具有内在的潜在的力量，又能转化为现实的实践的力量，理念具有发展动力机制的功能。发展理念对于人类社会发展具有重要的、而且是越来越重要的历史作用。发展理念作为发展原则，构成发展的指导方针。发展无理念则盲，随着人类社会发展的自觉性和主体性日益增强，发展理念的指导性越来越重要，对发展理念的科学性要求越来越高。发展理念作为发展规范，指示发展的道路方法。在发展的过程中，有多条可能路径，有多种方法可能，但选择什么道路、采用哪种方法，要受到发展理念的制约。发展理念指出应该走什么发展道路、使用什么发展方法，并给出该种选择的根据。发展理念作为发展导向，塑造发展的未来结果。发展理念引导着发展方向，配置着发展资源，改变着发展模式，调整着发展机制，控制着发展速度，因而也将影响和改变发展的历史，未来的发展结果不能不和过去的、现在的发展理念以及发展行动相联系。理念转化动力，五大发展理念强化了新发展的多重动力。创新提升为引领发展的第一动力，协调在有序融洽发展中增添了发展动力，开放是从外部世界吸收资源、技术、信息、文化来充实发展动力，共享则是集聚激发了人民中蕴藏的无穷动力。五大发展理念蕴含着巨大的思想力、导向力、驱动力。以新理念为牵引，就要加快推进有利于引领经济发展新常态的体制机制创新，加快推进有利于创新发展、协调发展、绿色发展、开放发展、共享发展的体制机制创新，加快推进有利于提高资源配置效率、提高发展质量和效益的体制机制创新，加快推进有利于充分调动各方面积极性的体制机制创新。

结构布局变革。理念是以思维的方式对现实世界的建构。理念表现为按照客观规律和主体需要相统一的要求，对实践目标、途径、方法、效果等方面的自觉设计，理念就是一种实践设想。发展理念是发展实践的总则，将其展开落实，就要体现到发展的阶段过程中，体现到发展的结构布局中。发展是在一定的经济社会结构布局中实现的，不同的发展形态具有不同的结构布局，或者说不同的结构布局表征着不同的发展阶段。因此，发展全局变革必然要通过结构布局变革来实现。五大发展理念筹划了新发展的结构布局，新格局呈现新风貌。五大发展理念构成"十三五"规划的总纲，"十三五"规划按照五大发展理念整体设计，五大发展理念本身就是新发展的总体结构布局。落实到结构布局变革上，就是要使发展空间格局得到优化。

总体方式变革。发展理念表明发展的总体方式，即发展方式。发展既表现为发展的成果，即以不同形式积累的物质财富，也表现为发展的方式，即以不同形式推动的过程。发展方式是发展的途径、手段、机制的总和，发展方式通过对不同生产要素的不同使用方式，对不同经济结构的不同依赖程度，对不同消费方式的不同激励机制，而产生了不同的经济发展结果、效益和代价。发展方式是由多种因素综合作用而形成的，主要有生产要素的稀缺程度、科学技术的发展阶段、经济关系的社会属性、政治体制的引导能力、发展理念的价值导向等。我国经济发展进入新常态，发展方式要从规模速度型转向质量效益型，表明了新的发展理念的导向。发展方式转变，是指发展的主要模式发生了根本性变革。发展方式从资源依赖型、投资驱动型向创新驱动型为主转变，区分了历史上几种主要发展方式，是根据发展的主导要素和主要动力的变化，抓住了发展方式转变的根本。发展方式转变是在发展的某种要素成长为主导要素时，因生产力的变革力量所导致的发展方式转型；是在发展的主要矛盾发展到一定阶段时，为解决矛盾回应挑战而推动的革故鼎新；是在经济发展出现特定形势态势时，抓住契机、因势利导、顺势而为，创新发展方式的战略筹划；是在发展的内在趋势和主体理念达到一致时，执政主体自觉主动、有力有效地引领变革，将发展纳入新的轨道。理念拓展思路，五大发展理念展现了新发展的总体方式，引领发展方式变革。以新的发展理念为引领，“十三五”时期我国发展，既要看速度，也要看增量，更要看质量，要着力实现有质量、有效益、没水分、可持续的增长，着力在转变经济发展方式、优化经济结构、改善生态环境、提高发展质量和效益中实现经济增长。

评价体系变革。发展理念既包含发展目标，也包含发展评价，是关于发展成败得失、优劣好坏的评价准则。我们所说的实践标准，是指对认识和事物的是与非做出检验。判断包含价值的事物是与非，就要有一套评价标准，依据一定的理念基础。评价标准是一个逐步丰富全面的形成过程，从单一标准到复合标准，从经济标准到人文标准，从物质标准到心理标准，从数量标准到质量标准，从速度标准到效益标准。发展标准评价着发展效果，同时又牵引着发展进程，新的评价标准建立新的发展指向。五大发展理念建立了新发展的评价准则，是经济社会、行业地区、领导政绩新的评价体系、各项工作的有力导向。新的评价体系牵引发展全局变革。

社会环境变革。党的十八大以来，我们党勇于实践、善于创新，引领经济发展新常态、政治生态新变化、国内国际新变化，确立中国新发展战略布局，构建中国新发展的基本框架，保持中国新发展的基本框架，提出中国新发展基本理念。理念影响深远，五大发展理念塑造当代中国，促进全方位的社会变革。五大发展理念丰富深化科学发展的内涵，决定中国发展道路的方向，把握发展方式转变的实质，构成我国发展规律的核心，推动发展全局的深刻变革。全面建成小康社会决胜阶段，是贯彻新理念、落实新理念、实践新理念的过程，是“五大坚持”转化为“五大现实”的过程。创新发展的中国、协调发展的中国、绿色发展的中国、开放发展的中国、共享发展的中国，就是全面建成小康社会的中国，就是奠定社会主义现代化国家坚实基础的中国。

四、新时代中国特色社会主义的历史使命

（一）始终发扬创造、奋斗、团结、梦想的伟大民族精神

伟大人民必定造就伟大民族精神，开创未来的时代必然呼唤伟大民族精神。新时代中国特色社会主义，是一个需要高扬伟大民族精神并且强化升华伟大民族精神的时代。习近平总书记在十三届全国人大一次会议上的重要讲话，热情讴歌和深刻阐述了中国人民在书写波澜壮阔的中华民族发展史、创造博大精深的中华文明进程中培育出来的历久弥新的中华民族精神，这就是伟大的创造精神、奋斗精神、团结精神、梦想精神。讲话要求始终高扬伟大民族精神，成为我们坚定“四个自信”的底气，成为我们风雨无阻、高歌行进的根本力量。党的十九大以来，党和国家事业展现出更加锐意进取、更加朝气蓬勃的崭新气象，全体人民更加同心同向中华民族伟大复兴的中国梦。大力弘扬伟大民族精神，是为实现“两个一百年”奋斗目标提供强大精神动力。

1. 中国人民在长期奋斗中培育、继承、发展起来的伟大民族精神

每个民族都有包含特定内涵、特质和品格的精神世界，构成各自的民

族精神。民族精神说到底是人的精神，是该民族一代代人的精神聚合与融合，是人的精神的民族化国家化。中华民族有着悠久的文明历史，有着美丽辽阔的大好河山，有着丰富多样的民族文化，有着勤劳勇敢的中国人民。与5 000多年的中华文明相伴随，与可歌可泣的中国历史相印证，与屹立东方的中华儿女相映照的，是中华民族的灵魂——伟大民族精神。

伟大的中国人民产生伟大的民族精神。“人民是历史的创造者，人民是真正的英雄。”人民是物质文明、政治文明、社会文明、生态文明的创造者，也是精神文明的创造者。在精神文明的创造中，蕴含于伟大思想著作、物化于伟大科技成果、体现于伟大文艺作品、凝固在伟大文化遗产之中的，是伟大民族精神。中国人民在广阔的国土上辛勤劳动、进行生产，自然界气候、地形、物种多种多样，唯有创新劳动工具，唯有不畏艰难困苦，才能生存发展。中华民族是统一的多民族国家，中国人民在多民族组成的大家庭中，在千百年来持续的交流交往交融中，不同宗教传统、文化习俗、语言特征的各族人民消弭冲突、化解隔阂，相互学习、相互帮助，各族人民的禀赋气质熔铸为中华民族精神，特别是渴望国家统一、需要和谐相处的共同愿望形成了团结精神。中国人民创造了辉煌的中华文明，包括创造了灿烂的中华民族精神。中国古代思想广博深邃，充满着想象力和探索性，究天地之理，析人间之道。中国古代的“四大发明”，究其实质也是中华民族创造精神和梦想精神的产物和结晶。可以说，中国人民是人化的民族精神，民族精神是精神化的中国人民。

悠久民族历史孕育伟大民族精神。民族精神是民族历史的一个结晶，民族历史的进程、波澜、积淀，都会反映为精神形式，凝结为民族精神；民族精神是民族历史的一面镜子，民族历史的内涵、品格、特色，都会在民族精神中留下印记、窥见一斑。中华民族漫长悠久、从未中断的文明历史，如同一座老窖，日积月累、年复一年，将中华民族精神酝酿为醇厚纯净、韵味无穷的佳品。数千年来历朝历代的民族创造，不仅成为后代继承的文明遗产，而且成为民族精神的肥沃土壤。中华民族的历史本身就是一部伟大的史诗，因此才生长出史诗般的精神作品，如《诗经》《史记》《木兰辞》等作品。中国古代文明是建立在农业文明基础上的，2 000多年的中国封建社会成熟早、时期长、成果丰，创造了封建社会的繁荣盛世，达到了中华文明的历史高峰，也孕育出高度自信、自强不息、意境高远、富于智慧的中华民族精神。春秋战国时代，是中国历史上社会大转折大变革的时代。这是一个需要思想、需要人才、需要实力、需要创新的时代，并且是产生了百家争鸣、造就了群星灿烂的时代。诸子百家的思想文化，诱发了诸侯列国的变法自强，塑造了丰富多彩的历史景观，并且奠定了中华民族精神的根基和传统。老子、孔子、庄子、孟子、墨子、孙子、韩非子等，不仅是这个时期产生的闻名于世的伟大思想巨匠，而且是中华民族精神的重要代表和塑造者。

艰辛奋进历程砥砺伟大民族精神。中国人民是在奋斗的艰难历程中形成的伟大民族精神。特别是近代以来，中国人民经历了战乱频仍、山河破碎、民不聊生的深重苦难，无数志士仁人不屈不挠、前仆后继，进行了可歌可泣的斗争。中国共产党成立后，团结带领人民进行新民主主义革命，艰苦卓绝，浴血奋战，推翻了帝国主义、封建主义、官僚资本主义“三座大山”。中华人民共和国成立后完成社会主义革命，完成了中华民族有史以来最为广泛而深刻的变革。改革开放后进行新的伟大革命，破除了阻碍国家和民族发展的一切思想和体制障碍。新时代中国特色社会主义继续进行的伟大社会革命，绝不是轻轻松松、敲锣打鼓就能实现的，必须准备付出更为艰巨、更为艰苦的努力。毫无疑问，近百年来的伟大民族精神，是中国共产党团结带领人民在伟大社会革命中丰富强化、砥砺升华的。

2. 实现“两个一百年”奋斗目标的强大精神力量

中华民族精神生长于中国大地，与中国社会发展的命运一同脉动。伟大民族精神为中华儿女构建了永久的精神家园，始终发扬团结奋斗创造梦想的伟大民族精神，是新时代坚持和发展中国特色社会主义的必然要求。

中华巨轮扬帆远航的不竭动力。“乘着新时代的浩荡东风，加满油，把稳舵，鼓足劲，让承载着13亿多中国人民伟大梦想的中华巨轮继续劈波斩浪、扬帆远航，胜利驶向充满希望的明天!”这是习近平总书记在十三届全国人大一次会议上发出的动员令。决胜全面建成小康社会、开启全面建设社会主义现代化国家新征程、实现中华民族伟大复兴的宏伟蓝图，是一场新的长征。伟大民族精神就是新时代的浩荡东风，就是航船的油、把舵的力、鼓劲的能。80多年前，伟大长征精神是创造那场人类史奇迹的红军将士心中熊熊燃烧的火炬；今天，伟大民族精神是夺取新时代中国特色社会主义伟大胜利的党和人民心中光芒四射的灯塔。始终发扬伟大创造精神，辛勤劳作、发明创造，就一定能够创造出一个又一个奇迹；始终发扬伟大奋斗精神，革故鼎新、自强不息，就一定能够达到创造人民更加美好生活的宏伟目标；始终发扬伟大团结精神，团结一心、同舟共济，就一定能够形成勇往直前、无坚不摧的强大力量；始终发扬伟大梦想精神，心怀梦想、不懈追求，就一定能够实现中华民族伟大复兴。

夺取伟大革命胜利的坚强支撑。新时代中国特色社会主义是我们党领导人民进行伟大社会革命的成果和继续，必须一以贯之进行下去。一场社会革命要取得最终胜利，往往需要一个漫长的历史过程。要防止前功尽弃，避免功亏一篑，就需要坚强精神力量支撑。伟大民族精神是新时代伟大社会革命取得最终胜利的强大精神动力。伟大斗争是新的伟大社会革命的推进器，斗争就要奋斗。发扬伟大奋斗精神，才能全面深化改革，将十九届三中全会和十三届全国人大一次会议正式启动的深化党和国家机构改革推向前进、取得成功。伟大工程是新的伟大革命的压舱石，党的自我革命推动伟大社会革命，是党的自我更新、自我完善。党的建设新的伟大工程，是伟大创造精神的集中体现。发扬伟大创造精神，才能将党的自我革命进行到底。伟大事业是进行新的伟大社会革命的主旋律，团结就是力量，团结才能前进。发扬伟大团结精神，才能统筹推进“五位一体”总体布局，协调推进“四个全面”战略布局，凝聚起夺取新时代中国特色社会主义伟大胜利的磅礴力量。伟大梦想是新的伟大社会革命的导航仪，有了梦想，山再高，往上攀，总能登顶；路再长，走下去，定能到达。中国梦本身就是伟大梦想，同时又是中华民族伟大梦想精神的时代体现。发扬伟大梦想精神，实现中华民族伟大复兴就有了目标引领、理想支持和精神激励。

战胜各种风险挑战的意志保障。全面建设社会主义现代化国家的进程，机遇和挑战并存、动力和风险共生，必须做好应对任何形式矛盾风险挑战的准备。民族复兴的前景既不是铺满鲜花的坦途，也不是布满陷阱的绝境，而是重大机遇期与高风险期相互交织，要求有效应对重大挑战、抵御重大风险、克服重大阻力、解决重大矛盾。风险是现代化进程之常态。面对风险，不是畏惧退缩、消极应对，而是弘扬伟大民族精神，敢于斗争、战胜风险、开创未来，打好防范化解重大风险的攻坚战。在新时代，各种风险都要防控，但重点要防控那些可能迟滞或中断中华民族伟大复兴进程的全局性风险。既要高度警惕“黑天鹅”事件，即小概率、影响巨大的事件，又要防范“灰犀牛”事件，即大概率、影响巨大的事件；既要有防范风险的先手，又要有应对和化解风险挑战的高招；既要打好防范和抵御风险的有准备之战，又要打好化险为夷、转危为机的战略主动战。

凝聚党心军心民心的精神纽带。中国共产党成立之后，党的精神融入伟大民族精神之中，党的“两个先锋队”性质、党的初心和使命拓展提升了伟大民族精神。始终发扬伟大民族精神，对于全党来说，就是要承担起新时代党的历史使命，为中国人民谋幸福，为中华民族谋复兴；就是要坚持全面从严治党，确保党始终同人民想在一起、干在一起，改进党群关系、干群关系，加强党同人民群众的血肉联系。人民军队成立之后，在党的绝对领导下，人民军队精神融入伟大民族精神之中。对党绝对忠诚的军魂，崇高的理想和坚定的信念，一不怕苦、二不怕死的战斗精神，一切行动听指挥的革命纪律，全心全意为人民服务的根本宗旨等，人民军队精神为伟大民族精神增添了新的血液。发扬伟大民族精神，人民军队在实现党在新时代的强军目标、把人民军队全面建成世界一流军队的新征程中，必将更加意气风发、斗志昂扬。伟大民族精神是人民创造的精神，人民也是伟大民族精神塑造的人民。中国人民是在源远流长、根深叶茂、蔚为大观的中华文明历史中生长、熏陶、培塑起来的。发扬伟大民族精神，一个重要方面，就是要让全体中国人民和中华儿女在实现中华民族伟大复兴的历史进程中共享幸福和荣光。人民获得的是国家富强民主文明和谐美丽的自豪感和幸福感，是实现中国梦的成就感和荣誉感，也是伟大民族精神的认同感和自信感。

3. 充分发挥伟大民族精神在新时代的激励引领作用

伟大民族精神是中国人民历经几千年培育出来并不断丰富的宝贵精神财富。在新的历史起点上，必须格外珍惜、大力弘扬伟大民族精神，使其成为新时代中国特色社会主义的鲜明精神导向。

在全社会传承培塑伟大民族精神。民族精神是在一代代民众的传承中薪火相传的，是在从社会先进分子到广大人民群众的普及扩散中深入人心的。新时代，弘扬伟大民族精神成为社会主义精神文明建设的主流，提升精神生活质量水准、满足美好精神生活需要成为全体人民的共同愿望，新媒体的影响力传播力空前提高，这些都为在全社会传承培塑伟大民族精神提供了有利条件。要在发展中国特色社会主义文化中培塑伟大民族精神。民族精神是国家文化的底蕴，贯通于国家文化之中。中国特色社会主义文化建设的各种形式、发展的各个阶段，都要将创造、奋斗、团结、梦想精神融入其中，成为文化的精神内涵。要把培育践行社会主义核心价值观与传承培塑伟大民族精神统一起来。社会主义核心价值观的基本内涵与伟大民族精神的基本内涵表述不同，但又是相容相通相融的。核心价值观的价值准则得以实现，依赖民族精神的价值追求作为支撑，民族精神也构成了国家层面恒久的价值理念。发展中国特色社会主义文化、培育社会主义核心价值观与发扬伟大民族精神，是同一个过程。

将伟大民族精神融入新时代新实践。伟大民族精神同时也是伟大的时代精神、实践精神。今天，强调充分发扬伟大民族精神，是新时代新实践的精神需求。只有将伟大民族精神融入新时代中国特色社会主义事业之中，才能充分彰显伟大民族精神的时代价值；只有将伟大民族精神体现为全面建设社会主义现代化国家的精神力量，才能有效发挥伟大民族精神的实践力量。要让新时代中国特色社会主义成为勇于创造、不懈奋斗、高度团结、梦想成真的崭新实践，这就是伟大民族精神向伟大民族复兴的转化过程。面对前进道路上的各种风险挑战，不仅要有防范化解重大风险的能力和实力，还要有相应的强大精神力量，不畏障碍和阻力、不怕困难和艰难，迎难而上、夺取胜利。

让优秀的党员干部成为弘扬伟大民族精神的模范形象。人民创造伟大民族精神，社会先进分子引领伟大民族精神。广大党员干部是我国社会的先进分子，他们的思想面貌、精神境界、行为准则、实际行动如何，对伟大民族精神的传承培塑，作用十分关键。新时代党的自我革命包括党的精神革命，要求党员干部不忘初心、牢记使命、奋发有为，成为伟大民族精神的忠实承载者、坚定实践者。要让全体人民从党员干部的精神风貌中看到并且信服，伟大民族精神既是历史的精神，又是当代的精神；既是精神的存在，又是实践的存在；既是人民的精神，又是全党的精神。广大党员干部要担当好实现中华民族伟大复兴的带头人，首先就要担当好弘扬伟大民族精神的带头人。

（二）中国梦，人民的梦

中国梦引领新航程，中国梦饱含民族魂。从习近平总书记在参观《复兴之路》展览时深情阐发的中国梦，到他在十二届全国人大一次会议上系统论述实现中国梦的中国道路、中国精神、中国力量，中国梦的激励作用更加强劲，中国梦的丰富内涵更加彰显。中国梦是实现中华民族伟大复兴的梦想，就是要实现国家富强、民族振兴、人民幸福。习近平同志突出强调，中国梦归根到底是人民的梦。这一重要思想，鲜明地表明了中国梦蕴含的人民主体本质属性，深刻揭示了实现中国梦的根本目的和价值归宿，是中国梦的深厚底蕴。

1. 中国梦凝聚着中国人民共同坚守的理想信念

中华民族具有 5 000 多年连绵不断的文明历史，创造了灿烂辉煌的中华文明，培育了勤劳勇敢、善良正直、自强不息的中国人民，孕育出全体中华儿女厚重坚实的爱国主义情感。中国大地是中国人民生于斯、长于斯、终于斯的永久家园，统一国家是各族人民国家认同、民族自尊、勠力同心的强大根基，民族文化是中华儿女精神相通、心心相印、价值趋同的牢固纽带。历史告诉我们，每个人的前途命运都与国家和民族的前途命运紧密相连。国家好，民族好，大家才会好。正因如此，盼望国家好、民族好，成为普遍的爱国主义情怀，成为共同的理想信念；同仇敌忾、抗击侵略、宁死不屈，成为民族精神的生动写照，成为千古传唱的民族楷模。即使是海外华人，无论走到哪里，都忘不了自己的中国心。中国梦的源泉就是以爱国主义为核心的民族精神，世世代代中华儿女坚守传承的爱国基因生成了中国梦。

近代 170 多年的中华民族发展历程，是为实现民族复兴这一最伟大梦想而奋斗的发展历程，是中国梦愈益强烈、愈益清晰、愈益接近的发展历程。中国人民的共同理想信念，集中凝聚在实现中国梦上。人民不能忍受“三座大山”的压迫，推动革命；不能忍受贫穷的社会主义，推动改革。从半殖民地半封建社会到国家独立、人民解放的历史性跨越，从温饱不足到总体小康、全面小康，到国家富强、人民幸福的历史性跨越，中华民族、中华儿女始终在追梦的路上。

党的十八大提出了在中国共产党成立一百年时全面建成小康社会，在新中国成立一百年时建成社会主义现代化国家的“两个一百年”奋斗目标。这是中华民族不断发展壮大、走向伟大复兴新的历史进军，是创造中国人民和中华民族更加幸福美好未来的宏伟目标，是可望而又可即的中国梦。建设社会主义市场经济、社会主义民主政治、社会主义先进文化、社会主义和谐社会、社会主义生态文明，建设巩固国防和强大军队，建设学习型、服务型、创新型马克思主义执政党，实现祖国统一，推动建设和谐世界，构成了中国梦的总体轮廓。实现中国梦，人民充分享有经济、政治、文化、社会、生态等方面的权利，更加富足、平等、自尊、愉快、自由、发展、安全。人民向往中国梦，中国梦是 13 亿多中国人的共同理想信念，是他们梦寐以求的幸福梦。人民绝不允许中国梦受到破坏，绝不允许中国路受到阻碍。中国梦是凝聚全民族全社会、凝聚全体中华儿女至高无上的旗帜。

2. 中国梦包含着每个中国人的梦

“民惟邦本，本固邦宁。”我们党是马克思主义执政党，肩负着实现国家富强、民族复兴的历史使命，十分懂得国家和人民、党和人民的关系，懂得人民富裕是国家富强的根基，人民幸福是民族复兴的目标。“人民对美好生活的向往，就是我们的奋斗目标。”为人民创造幸福生活提供良好条件、制度保障、环境空间，做的就是让国家好、民族好的好事情，就是马克思主义执政党的根本职责。人民是由无数个体构成的整体，每个个人的发展和命运既是社会发展和历史命运的映照，同时也汇成了社会发展的主流，构成了历史命运的基调。马克思、恩格斯对未来新社会的构想，就是“每个人的自由发展是一切人的自由发展的条件”。所以，习近平总书记强调，中国梦是民族的梦，也是每个中国人的梦。民族梦必须同个人梦融合起来、统一起来，梦想才有生命，梦想才有根基，梦想才有力量。每个中国人都期盼有更好的教育、更稳定的工作、更满意的收入、更可靠的社会保障、更高水平的医疗卫生服务、更舒适的居住条件、更优美的环境，都期盼着孩子们能成长得更好、工作得更好、生活得更好，这些都是中国梦的重要内容，都是值得珍重、值得鼓励、值得保护的普通而又美好的梦想。

每个人都在为实现自己的梦想而努力。让他们拥有成梦、追梦、圆梦的广阔空间，最根本的，就是坚持维护社会公平正义，逐步实现权利公平、机会公平、规则公平，保证人民平等参与、平等发展权利。要像习近平同志指出的那样，所有人“共同享有人生出彩的机会，共同享有梦想成真的机会，共同享有同祖国和时代一起成长与进步的机会”。有梦想，有机会，有奋斗，一切美好的东西都能够创造出来。这“三个共享”的实质是人民共享公共财富的效益，共享公共权力的服务，共享公共资源的使用，共享公共职位的开放，社会赏罚奖惩机制公平地运用于每一个人。就像李克强总理在会见中外记者并回答提问时所说的那样，要努力使人人享有平等的机会，不论是来自城市还是农村，不论是来自怎样的家庭背景，只要通过自身的努力，就可以取得应有的回报。不论是怎样的财富创造者，是国企、民企还是个体经营者，只要靠诚信公平竞争，都可以获得应有的收获。公平正义是中国特色社会主义的内在要求，体现在社会生活的方方面面，保障公平正义是广大人民群众越来越迫切的愿望要求。对于广大人民来说，个人梦想的实现，依赖走共同富裕道路的中国特色社会主义，依赖维护公平的社会环境。在这个意义上，个人梦也是中国梦。例如，十二届人大代表的产生，第一次城乡按人口比例分配代表名额，推进了民主参与的平等权利。随着重要领域改革的深化，我国将进一步形成各种所有制经济依法平等使用生产要素、公平参与市场竞争、同等受到法律保护的体制环境；有效解决收入分配领域存在的问题，缩小收入分配差距，使发展成果更多更公平地惠及全体人民；着力推进义务教育均衡发展，进一步促进教育公平；努力让人民群众在每一个司法案件中都能感受到公平正义；等等。

3. 中国梦的实现依靠人民的力量

实现中国梦必须凝聚中国力量，中国力量就是人民的力量。国家的兴旺发达离不开国民的生产创造，民族的发展进步离不开人民的勤劳智慧。中国特色社会主义的成就和胜利，究其根本，是由于它是亿万人民自己的事业。中国人民摆脱贫困的强烈愿望，推动我们党毅然决然地领导人民展开了改革开放新的伟大革命；群众破除羁绊的种种试验，引发了一连串的改革创新。中国梦是亿万人民的梦，没有全社会的共同参与、各阶层的同心同德，任何梦想也是不能实现的。实现中国梦，创造全体人民更加美好的生活，任重而道远，需要每一个人继续付出辛勤劳动和艰苦努力。

中国力量来自中国特色社会主义事业各个领域、各条战线、各行各业的共同力量。我国广大工人、农民、知识分子，是经济社会发展的主力军和生力军，要在各自的生产岗位和工作岗位，发挥聪明才智，勤奋工作，积极发挥作用，更多地创造物质和精神财富，为中国梦夯实基石。党和政府的各级领导干部，是党和国家的骨干力量，是实现中国梦的领头人，要克己奉公，廉政勤政，关心人民疾苦，为人民办实事，为中国梦扬起风帆。人民军队是国家安全的坚强柱石，要按照听党指挥、能打胜仗、作风优良的强军目标，提高履行使命能力，坚决捍卫国家主权、安全、发展利益，坚决保卫人民生命财产安全，为中国梦筑牢屏障。一切非公有制经济人士和其他新的社会阶层人士，是中国特色社会主义事业的建设者，要发扬劳动创造精神和创业精神，回馈社会，造福人民，为中国梦贡献力量。广大青少年是祖国的未来、民族的希望，要志存高远，增长知识，锤炼意志，让青春在时代进步中焕发出绚丽的光彩，为中国梦续写辉煌。13 亿多中国人紧密团结，万众一心，为实现共同梦想而奋斗，实现梦想的力量就无比强大。全国各族人民心中有梦、脚下有路，脚踏实地、埋头苦干，心往一处想、劲往一处使，就能够用 13 亿多人的智慧和力量汇集起不可战胜的磅礴力量。

凝聚中国力量是在深化改革、调整利益格局中实现的。当前，我国改革已经进入攻坚期和深水区，既存在思想观念的障碍，还存在利益固化的藩篱。攻坚期表明改革的艰巨性增加，深水区表明改革的风险性加大。怎样攻坚克难、平稳过渡，单一突破难以奏效，仅仅依靠少数人的积极性极易夭折，只有用中国梦凝聚人心，形成推进改革的强大合力，才能整体推进、合力前行，共克难关、共渡激流。必须看到，一方面是形成强大合力的迫切要求，一方面是形成强大合力的现实障碍。当前我国发展中不平衡、不协调、不可持续问题依然突出，社会矛盾明显增多。不平衡、不协调很多属于利益不平衡、不协调问题，如城乡发展差距和居民收入分配差距依然较大。社会矛盾很多属于社会利益分化、利益格局固化带来的矛盾，如铺张浪费反映出的资源分配的矛盾。越是存在着阻碍深化改革、形成合力的因素，越是要增强推进改革勇气，激发筹划改革智慧，越是要凝聚社会共识，集聚推进改革的强大力量。着眼于凝聚改革共识、集聚改革合力，改革目标的选择、改革方案的设计、改革时机的选择、改革节奏的把握，都要统筹兼顾各个地区、民族、阶层、部门的利益，取得利益的最大公约数，让更多的人受益，让更多的群众受益。让全体人民共同拥有一个中国梦，形成改革合力、追梦合力，首先要形成利益合力。

4. 党必须不断为人民造福

中国共产党是实现中国梦的核心力量，中国梦能否实现，人民梦能否圆满，关键在党，在党能不能肩负起历史重任、经受住时代考验。党必须坚持立党为公、执政为民，始终把人民放在心中最高的位置，不断为人民造福，中国梦、人民梦才能梦想成真。习近平同志担任国家主席，深感使命光荣，责任重大，庄严宣示要忠于祖国，忠于人民，恪尽职守，夙夜在公，为民服务，为国尽力，自觉接受人民监督，决不辜负人民的信任和重托。全体共产党员特别是党的领导干部，都要坚定理想信念，弘扬党的光荣传统和优良作风，随时随刻倾听人民呼声、回应人民期待，充分调动人民积极性，永葆共产党人政治本色，矢志不移为党和人民事业而奋斗。

我们党员干部队伍的主流始终是好的。同时，也要清醒地看到，当前一些领域消极腐败现象仍然易发多发，一些重大违纪违法案件影响恶劣，形式主义、官僚主义屡禁不止，享乐主义、奢靡之风依然盛行，人民群众还有许多不满意的地方，在一定程度上伤害了人民群众的切身利益和积极性，削弱了党的影响力和权威性。人民为中国梦、幸福梦而不懈奋斗，建立在对国家命运、民族未来充满信心，对党和政府充分信赖的基础上。这就要让广大人民确立起良好的预期，坚信梦想一定成真，“奔月”必定成功，从而不畏艰难、不惜付出，同舟共济、共创未来。增强信心、信任、信赖最有效的办法在实践、在行动。我们看到，新一届中央领导集体继往开来、建树新风，以改进作风、推进改革、惩治腐败、增加透明的种种开局举措，给人民以新的期望，给群众以更大信心。这就构成了一种良性循环，新风使人振奋，人民奋发有为，国家发展更好，大家过得更好，民族自信倍增。

为人民造福，激发人民实现中国梦的动力，最根本的是坚持人民主体地位，发挥人民主人翁精神，更好保障人民权益。这样才能让广大人民把中国梦当成是自己的幸福之梦、命运之梦、未来之梦，从而倾其全部热情、力量和智慧为之奋斗。党要始终与人民心连心、同呼吸、共命运，坚持问政于民、问需于民、问计于民，坚持实干富民、实干兴邦，多干让人民满意的好事实事。特别是要加强对权力运行的制约和监督，把权力关进制度的笼子里，任何人行使权力都必须为人民服务、对人民负责并自觉接受人民监督。要让人民过上好日子，确保民生支出增加，政府就要过紧日子，相应削减政府开支，并约法三章。党和政府的一系列新风新政，深得人心。人民的主体地位牢固确立，人民的主人翁精神就能极大焕发，就能向着中国梦全力进军。

（三）崇尚劳动的中国梦

一个民族的繁荣昌盛、兴旺发达，离不开朝气蓬勃、昂扬向上的价值观引领、支撑。实现中华民族伟大复兴的中国梦，必须大力倡导和践行社会主义核心价值观，将其作为正确的价值导向、坚实的价值基础。2013年五一国际劳动节前夕，习近平总书记在同全国劳动模范代表座谈时强调指出，必须坚持崇尚劳动、造福劳动者。人世间的美好梦想，只有通过诚实劳动才能实现。这既指明了中国梦的实现途径，也表明了中国梦的价值支撑。实现中国梦，必须在全民族全社会崇尚劳动。

1. 劳动托起中国梦

中国梦是解放和发展社会生产力的创造之梦，是中华民族物质、精神、社会财富的增长之梦，是富强民主文明和谐的社会主义现代化国家的建设之梦，归根到底是依靠劳动才能实现的梦想。崇尚劳动的价值观念，正是基于劳动对于社会进步、民族昌盛、人民幸福的基础性作用。

人类文明发展的历史，就是一部劳动创造文明的历史。劳动创造了人本身，使得"人猿相揖别"，成为整个人类生活的第一个基本条件。劳动是创造价值的活动和生产财富的源泉，民族的生存发展、兴旺发达，终究要依赖各种形式的劳动生产、劳动创造。劳动的分工与协作、生产与交换促使社会组织、社会结构、社会机制逐步形成完善，塑造了丰富多彩的人类社会。劳动催生语言、孕育艺术、产生伦理、激发科技，一部劳动史就是理解人类史的一把钥匙。正因如此，习近平同志深刻指出："人民创造历史，劳动开创未来。劳动是推动人类社会进步的根本力量。"可以说，劳动也是实现中国梦的根本力量。只有依靠从不停止的劳动、脚踏实地的劳动、精益求精的劳动、科学求实的劳动，中国梦才能走进生活、成为现实。无论当今时代科学技术如何飞跃，知识经济如何凸显，生产要素如何组合，都只是劳动形式、劳动对象、劳动内涵的现代演变，都不能改变马克思主义关于人类依靠生产劳动、劳动标志人的本质、劳动创造社会价值的基本观点。任何淡化、轻视、贬低劳动的观念，都是有害于社会发展的。

中华民族以吃苦耐劳、勤劳勇敢、富于智慧著称于世，5 000 多年的灿烂文明、辉煌历史，是由世世代代中华儿女的艰苦劳动积累起来的，是劳动的产物和结晶。自然环境、经济资源等原因都强化了劳动的地位作用，热爱劳动成为劳动人民的传统美德。综观历史，中国人民的劳动精神与中华民族的文明成果密切相关。劳动是造就中华民族辉煌历史的根本力量，同样也是创造中华民族光明未来的根本途径。我国是世界上人口最多的国家，人均资源少。充分发挥我国雄厚劳动力资源的巨大优势，充分发挥全体劳动者的生产积极性和劳动创造性，是关系到增强综合国力和竞争实力、扩展社会财富总量、满足人民幸福生活追求的重大问题。深化分配体制改革，确立劳动、资本、技术和管理等生产要素按贡献参与分配的原则，保护一切合法的劳动收入和非劳动收入，都是把劳动要素作为第一生产要素和分配要素，都没有改变劳动的价值和作用。只有尊重劳动付出、保护劳动权益、鼓励劳动致富，遏制不劳而获、坐享其成、非法收入，中国梦才能成为劳动创造的梦、成为劳动者幸福的梦。

每个人都有自己的美好梦想，都向往幸福生活。幸福不会从天而降，梦想不会自动成真。劳动是财富的源泉，也是幸福的源泉。生命里的一切辉煌，只有通过诚实劳动才能铸就。袁隆平，首届国家最高科学技术奖获得者，被誉为“杂交水稻之父”，为了他的杂交水稻覆盖全球梦，刻苦钻研、不懈奋斗，辛勤劳动了半个多世纪，年逾八十仍然工作在田间地头、实验室里。他的一生就是通过诚实劳动实现美好梦想、破解发展难题、铸就生命辉煌的典范和证明，就是人生圆梦的根本之道。没有捷径、没有秘诀，靠劳动自立、劳动自强。当今社会，由于体制机制不够完善，存在某些弊端，确有一些人通过非法手段牟取大量私利，在社会上产生了不良影响。面对价值观的冲突、人生路的选择，更要坚定人间正道，强基固本，不为诱惑所动，不为歧路所惑。同时要通过法治社会建设，奖善惩恶，堵住非法致富渠道，树立以劳动为生存之基、立身之本、梦想之根的正确导向。

2. 崇尚劳动是中国梦的基本价值取向

中国梦有其深厚的价值基础、鲜明的价值取向，构成了实现中国梦的价值支撑，是一个价值体系。正是由于劳动对于中国梦的决定性作用，中国梦的基本价值取向包含着崇尚劳动。

崇尚劳动是社会主义生产方式的价值观体现，是社会主义核心价值观的应有之义。马克思认为，在共产主义社会高级阶段，“劳动已经不仅仅是谋生的手段，而且本身成了生活的第一需要”，表明了随着社会生产方式的进步，不仅劳动的价值能够充分实现，而且劳动的评价也在不断提升。崇尚劳动就是要牢固树立劳动最光荣、劳动最崇高、劳动最伟大、劳动最美丽的观念。劳动的“四最”明确了劳动的经济价值、政治价值、文化价值、社会价值。崇尚劳动就是要尊重劳动。不论是体力劳动还是脑力劳动，不论是简单劳动还是复杂劳动，一切有益于社会的劳动，都应该得到承认和尊重。劳动价值有大小，劳动分工无贵贱。崇尚劳动就是要热爱劳动。劳动体现了人的本质，是人的积极的创造的活动。热爱劳动是身心健康的标志，热爱劳动的社会是兴旺发达的社会，义务劳动彰显的就是热爱劳动的价值观。要树立以辛勤劳动为荣、以好逸恶劳为耻的劳动荣辱观。崇尚劳动就是要欣赏劳动。劳动创造美，劳动本身包含美，劳动塑造审美观。人在自觉劳动、创造性劳动中收获的不仅仅是物质、经济上的满足，更重要的是一种劳动创造带来的精神、美感上的愉悦。

同样的劳动，态度不同、投入不同、标准不同，劳动的效果、质量、品位就大不相同。崇尚劳动不仅是一种价值观念，更是一种价值行为，它要在一个民族的总体劳动中，在一个人的长期劳动中，在各种形式的劳动中体现出来。这就要在全社会大力倡导辛勤劳动、诚实劳动、创造性劳动，这是劳动者成为劳动的主人应有的劳动态度和行为。辛勤劳动就是要使劳动成为生命的价值实现，成为生存的基本手段，成为生活的必要内容，长年累月、持之以恒，不放弃、不懈怠，一分耕耘一分收获。诚实劳动就是要保持高度的敬业精神，践行各自的职业操守，竭尽其力、竭尽所能，认真地从事每一个劳动过程，负责地完成每一件劳动产品，把劳动的内涵发挥至近乎完美，把劳动的潜能开发至近乎极致。创造性劳动就是要充分展现人的创造本质，充分发挥人的主体精神，不仅创造劳动产品，而且创造新的劳动产品；不仅重复性地从事劳动，而且不断改进工艺、技术、设计；不仅创造新的劳动产品，而且创造新的劳动方式。一个崇尚劳动的民族，必然是一个辛勤劳动、诚实劳动、创造性劳动蔚然成风、成为公民素质的民族。

工人阶级是我国先进生产力和生产关系的代表，是劳动者的主力军。倡导崇尚劳动的社会主义核心价值观，根本在于全心全意依靠工人阶级、巩固工人阶级的领导阶级地位。只有充分发挥工人阶级的主力军作用，崇尚劳动的价值观才能真正牢固确立。习近平总书记强调指出，全心全意依靠工人阶级不能只当口号喊、标签贴，而要贯彻到党和国家政策制定、工作推进全过程，落实到企业生产经营各方面。当前，社会上不少青少年的理想志愿不是当工人，许多家长不希望子女到企业，反映了工人阶级的领导地位必须大力加强。工人阶级的主力军作用得到更大发挥，本身就是崇尚劳动价值观念的最好证明。改革开放以来，我国工人阶级队伍不断壮大，素质全面提高，结构更加优化，面貌焕然一新，先进性不断增强。同时，新的社会阶层产生，社会结构更加多样。越是在社会变革的条件下，越是要紧紧依靠工人阶级发展中国特色社会主义，充分发挥工人阶级的伟大创造力量，打牢崇尚劳动价值观的制度基础和社会基础。

3. 让中国梦成为造福劳动者的梦

劳动者是劳动的主体。崇尚劳动的价值观念，必然要落实到造福劳动者上；造福劳动者的价值实践，首先要树立崇尚劳动的价值观念。中国梦是每个人的梦，更是劳动者的梦。让每个人共同享有人生出彩的机会，首先要让劳动者共同享有劳动造福的机会。

劳动者的利益和权利是依靠劳动追求幸福生活的基本保障，中国特色社会主义制度为广大人民的幸福梦提供了制度保证。造福劳动者就要不断维护和发展劳动者的利益，保障劳动者的权利。要深化收入分配制度改革，努力实现居民收入增长和经济发展同步、劳动报酬增长和劳动生产率提高同步，提高居民收入在国民收入分配中的比重，提高劳动报酬在初次分配中的比重。要认真倾听职工群众呼声，维护好广大职工群众包括农民工合法权益，扎扎实实为职工群众做好事、办实事、解难事，不断促进社会主义和谐劳动关系。要高度重视广大职工的多样化需求，不断拓展职工成长成才空间，着力培养造就一大批知识型、技术型、创新型的高素质职工。

现实生活中，由于改革发展的不完善性，仍然存在着制约实现劳动者利益、保障劳动者权利的体制机制障碍。居民收入分配差距依然较大，社会矛盾明显增多，教育、就业、社会保障等关系群众切身利益的问题较多。中国梦就是保护劳动的梦、维护劳动者的梦，这就要求努力排除阻碍劳动者参与发展、分享发展成果的障碍，努力让劳动者实现体面劳动、全面发展。要尊重和保护一切有益于人民和社会的劳动，让这些劳动都能获得平等的权利和公正的对待，让这些领域的劳动者都能得到同样的社会尊重和人格尊严，让各行各业都纳入多样化职业爱好和选择的视野之内。所有劳动，不管是什么行业，所有劳动者，不管是什么工种，都能够享受同等的社会权利，得到相应的社会利益，实现每种劳动的内在价值。

劳动模范是社会主义建设和改革开放时期民族的精英、人民的楷模。广大劳模以平凡的劳动创造了不平凡的业绩，铸就了“爱岗敬业、争创一流，艰苦奋斗、勇于创新，淡泊名利、甘于奉献”的劳模精神，是实现中国梦的价值楷模。大力弘扬劳模精神，就是大力倡导崇尚劳动的价值准则。弘扬劳模精神就是要在多样化的价值取向中确立社会的主导价值取向，让劳模精神成为受推崇的精神品格；就是要在多层次的价值准则中标明社会的高尚价值准则，让劳模精神成为受尊重的精神高地。无数劳模把自己的劳动岗位作为创造人生价值的最佳平台，把自己的劳动成果作为奉献给祖国和人民的最美画卷，用生命的倾情投入去书写劳动的辉煌、享受劳动的乐趣。劳模精神彰显了劳动的丰富价值、展现了劳动者的崇高境界。大力弘扬劳模精神，就是中国梦的价值观传播与建设。

（四）开启全面建设社会主义现代化国家新征程

党的十九大开启全面建设社会主义现代化国家新征程，这是马克思主义指引中国共产党近百年历程新的伟大革命，是科学社会主义在中国新的伟大创举，是马克思主义基本原理同新时代具体实际相结合新的伟大实践。面对新的使命任务，必须进行从历史到未来、从理论到实践、从全局到局部、从战略到方法的系统深入的研究。

1. 伟大的历史创举

党的十九大在我们党关于社会主义现代化建设目标和阶段的认识成果基础上，做出了从全面建成小康社会到基本实现现代化，再到全面建成社会主义现代化强国的战略安排。这一战略安排，进一步丰富和发展了我国现代化建设的战略思想，符合实现中华民族伟大复兴的现实需要。全面建设社会主义现代化国家，是在新的历史方位中的创新实践。

从科学社会主义进入 21 世纪伟大历史创举的视野看。实现社会主义现代化，是十月革命以来社会主义国家的共同追求。建设社会主义现代化国家，是新中国成立后我们党的不懈追求。在中华民族从“东亚病夫”到站起来的伟大飞跃中，我们党把科学社会主义理论同中国现代化实际相结合，多次提出社会主义现代化的建设目标、主要内容和实现步骤，开始了建设社会主义现代化的艰辛探索。在中华民族从站起来到富起来的伟大飞跃中，我们党把科学社会主义理论同建设社会主义现代化实际相结合，开创了中国特色社会主义现代化道路。在中华民族从富起来到强起来的伟大飞跃中，以习近平同志为核心的党中央把科学社会主义理论同开启第二个百年新征程实际相结合，全面建设社会主义现代化国家。中国特色社会主义现代化道路，从世界历史的坐标看，是在世界现代化几百年的历程中，在主要资本主义国家现代化进程已经完成的基础上，开辟的一条新型现代化道路。从当代世界的坐标看，是在广大发展中国家追求现代化的艰难起飞中，从中国国情出发开辟的一条新路，从而给世界上那些既希望加快发展又希望保持自身独立性的国家和民族提供了全新选择，贡献了中国智慧和中国方案。中国的现代化道路不仅是自己的道路，而且具有世界意义；不仅具有中国特色，而且反映世界趋势。更为重要的是，我们要建成的是社会主义现代化国家，是有着独特本质、内涵、优势、特色的社会主义现代化国家。再经过 30 多年的奋斗，我国全面建成富强民主文明和谐美丽的社会主义现代化强国，其世界历史意义将不亚于十月革命，是中国共产党对科学社会主义的最重要贡献。

从新时代中国特色社会主义根本历史任务的视野看。新时代是决胜全面建成小康社会、进而全面建成社会主义现代化强国的时代。全面建成小康社会，我们积累了丰富的经验，已经成功在望、胜利在握；全面建设社会主义现代化国家，没有先例可以仿照，是一次前所未有的新的长征。对于全党和各级干部来说，要像毛泽东同志在党的七届二中全会上所要求的那样，“我们能够学会我们原来不懂的东西。我们不但善于破坏一个旧世界，我们还将善于建设一个新世界”①。全面建设社会主义现代化国家，必须解决人民日益增长的美好生活需要和不平衡不充分的发展之间的矛盾，这两项任务是统一的。只有解决新的社会主要矛盾，才能全面建设社会主义现代化国家。我国社会主要矛盾的转化，提出了许多新的重大课题，回答和解决这些课题，就是现代化的全面建设过程，就是中国特色社会主义现代化道路的深化过程。

从 21 世纪马克思主义大发展重大历史机遇的视野看。现代化是资本主义产生以后，在科技革命、产业革命、社会革命、思想革命的推动下，一些国家出现的从社会生产到社会生活、从社会结构到社会机制、从社会精神到社会文化的整体性转型。马克思、恩格斯深刻揭示了资本驱动的现代化内在的尖锐矛盾，批判了现代化进程中对生产力的破坏和对工人的奴役，同时也肯定了资本主义生产第一次创造出为达到社会全面进步、人的全面发展所必需的财富和生产力。在马克思、恩格斯看来，社会主义是在

① 毛泽东．毛泽东选集：第 4 卷．2 版．北京：人民出版社，1991：1439.

继承资本主义文明成果基础上对资本主义的否定和改造，是在各个领域创造出高于和优于资本主义现代化的新型现代化。马克思在《哥达纲领批判》中阐述的共产主义社会高级阶段，包含着消灭旧式分工，消灭脑力劳动和体力劳动对立，劳动成为生活的第一需要，个人的全面发展，集体财富的源泉充分涌流等，都是社会主义现代化的本质内涵。今天，到21世纪中叶全面建成富强民主文明和谐美丽的社会主义现代化强国，是一场新的伟大革命，呼唤21世纪马克思主义的重大创新，逐步加深对全面建设社会主义现代化国家规律的认识。全面建设社会主义现代化国家，开辟21世纪马克思主义发展新境界。

2. 重大的时代课题

习近平新时代中国特色社会主义思想，从理论和实践的结合上系统回答了新时代坚持和发展什么样的中国特色社会主义、怎样坚持和发展中国特色社会主义这一重大时代课题。全面建设什么样的社会主义现代化国家、怎样全面建设社会主义现代化国家，则是这一重大时代课题的深入和展开。深入研究这一课题，需要从三个方面整体推进。

一是社会主义现代化的历史研究。社会主义现代化是世界现代化进程的客观要求，特别是社会主义历史进程的必然趋势。历史研究是社会主义现代化研究的基础，包括实践史和思想史。可以说，从十月革命后第一个社会主义国家苏联的建立就开始了艰辛漫长的建设实践。社会主义现代化思想，从空想社会主义对社会主义未来的憧憬中就包含着萌芽。马克思、恩格斯在批判资本主义发展进程造成的深刻矛盾和严重弊病中，提出了未来社会的经济规律与人的规律的高度统一，凸显了社会主义现代化的主体。十月革命后，苏联等社会主义国家都在各自的社会主义建设过程中探索了社会主义的高级阶段或发达阶段，即现代化阶段的目标、标准和途径，开始了社会主义现代化实践和思想的双重进程。新中国成立后，我们党开始了建设社会主义现代化国家的努力探索，形成了许多具有创新性的思想，推进了许多领域的现代化，取得了社会主义现代化的初步成就。党在过渡时期的总路线中就提出了农业和交通运输业的现代化，建立巩固的现代化国防。1954 年召开的一届全国人大一次会议明确提出建设现代化的工业、农业、交通运输业和国防目标。三届全国人大一次会议进一步提出，在不太长的历史时期内，把我国建设成为一个具有现代农业、现代工业、现代国防和现代科学技术的社会主义现代化强国。改革开放后，邓小平在 20 世纪 80 年代伊始开宗明义："我们从八十年代的第一年开始，就必须一天也不耽误，专心致志地、聚精会神地搞四个现代化建设。"① 改革开放以来党的历次全国代表大会，都强调社会主义现代化建设，一以贯之地推进建设社会主义现代化国家的历史进程。党的十九大开启全面建设社会主义现代化国家新征程，必将把社会主义现代化的实践和思想推进到一个前所未有的历史高度。随着习近平新时代中国特色社会主义思想不断发展，社会主义现代化思想在其理论体系中必然会具有更加突出的地位。

二是社会主义现代化的领域研究。现代化是全面的现代化、体系的现代化。全面建设社会主义现代化国家，本身就要求现代化的总体性，不能单打独斗。同时，社会主义现代化是由各个领域的现代化构成的，需要总体研究与局部研究相结合，从各个领域的现代化研究入手，深化全面建设社会主义现代化的规律探讨。我们党在追求现代化的进程中，曾提出"四个现代化"的构想。随着党对建设中国特色社会主义总体布局认识的拓展，"四个现代化"显然已不足以囊括现代化的基本领域。因此，要深入研究社会主义经济、科技、政治、文化、社会、生态、国防、党建、国家治理、人的全面发展等领域的现代化建设。党的十九大明确提出建设现代化经济体系，加快生态文明体制改革，全面推进国防和军队现代化等，特别是提出了国防和军队现代化的军事理论现代化、军队组织形态现代化、军事人员现代化、武器装备现代化，为社会主义现代化的领域研究指明了方向，提供了指导。

三是社会主义现代化的问题研究。社会主义现代化研究需要进行大量的实证研究，运用数据分析构建科学模型，提供决策支持。同时，理

---

① 邓小平．邓小平文选：第 2 卷．2 版．北京：人民出版社，1994：241.

论是研究的纲和魂，实证研究不能没有理论支撑。要以社会主义现代化为对象，对其中的重大问题做出理论说明和论证，从而逐步加深对社会主义现代化建设规律的认识。理论研究越是严谨扎实、深刻彻底，对社会主义现代化建设规律的认识就越是全面准确，全面建设社会主义现代化国家的进程就越是顺利，目标就越是有把握实现。比如什么是社会主义现代化，与资本主义现代化的联系和区别是什么，本质特征和主要标志是什么；为什么要实现社会主义现代化，从人类社会历史、社会主义历史、中华民族复兴历史的视野看，社会主义现代化的意义和价值是什么；从现代化的历史看，现代化的进程也付出了很大的代价，产生了严重的弊端，甚至出现了反现代化的思潮，社会主义现代化怎样才能有效防止这种现象，使其更加适合于有利于人的目标、价值与准则；社会主义现代化的结构体系是怎样的，相互关系是怎样的，怎样才能使全面建设社会主义现代化的过程相互协同、相互促进；在全面建设社会主义现代化的进程中，需要应对哪些重大挑战，抵御哪些重大风险，克服哪些重大阻力，解决哪些重大矛盾；怎样确保推进新时代中国特色社会主义发展的战略安排，到2035年基本实现社会主义现代化，到21世纪中叶把我国建成社会主义现代化强国；等等。全面建设社会主义现代化国家的新征程，是中华民族伟大复兴的壮丽篇章，是马克思、恩格斯设想的人类社会美好前景在中国大地的生动展现，是马克思主义在新的伟大实践中大发展的极好契机。

3. 全面的建设领域

党的十九大提出全面建设社会主义现代化国家的新目标，拓展了社会主义现代化的领域，深化了社会主义现代化的内涵，提升了社会主义现代化的层次。新时代社会主义现代化建设，是全面系统总体的社会主义现代化建设。

建设现代化经济体系。主要包括建设创新引领、绿色低碳的产业体系，统一开放、竞争有序的市场体系，体现效率、实现公平的收入分配体系，彰显优势、协调联动的城乡区域发展体系，资源节约、环境友好的绿色发展体系，多元平衡、安全高效的全面开放体系，充分发挥市场作用、更好发挥政府作用的经济体制。这几个方面是个统一整体，必须一体建设、一体推进。

发展社会主义民主政治，建设社会主义法治国家。发展社会主义民主政治，坚持发挥党总揽全局、协调各方的领导核心作用，坚持国家一切权力属于人民，坚持和完善中国共产党领导的多党合作和政治协商制度，坚持和完善民族区域自治制度，坚持和完善基层群众自治制度，坚持和完善民主集中制的制度和原则。建设社会主义法治国家，形成完备的法律规范体系、高效的法治实施体系、严密的法治监督体系、有力的法治保障体系，形成完善的党内法规体系。坚持依法治国、依法执政、依法行政共同推进，坚持法治国家、法治政府、法治社会一体建设。

建设社会主义先进文化。坚持倡导富强、民主、文明、和谐、自由、平等、公正、法治、爱国、敬业、诚信、友善的社会主义核心价值观，加快构建哲学社会科学体系，繁荣发展社会主义文艺，推动中华优秀传统文化创造性转化、创新性发展，提高国家文化软实力，建设具有强大凝聚力和引领力的社会主义意识形态。

建设共建共治共享的社会。在幼有所育、学有所教、劳有所得、病有所医、老有所养、住有所居、弱有所扶上不断取得新进展，保证全体人民在共建共享发展中有更多获得感，不断促进人的全面发展、全体人民共同富裕。优先发展教育事业，实现更高质量和更充分就业，促进收入分配更合理、更有序，加强社会保障体系建设，实施健康中国战略。逐步实现社会治理结构的合理化、治理方式的科学化、治理过程的民主化，建设社会文明，促进社会和谐。

建设人与自然和谐共生的现代化。建设生态文明，以资源环境承载能力为基础，以自然规律为准则，以可持续发展、人与自然和谐为目标，坚定走生产发展、生活富裕、生态良好的文明发展道路，建设美丽中国，提供更多优质生态产品以满足人民日益增长的优美生态环境需要，形成节约资源和保护环境的空间格局、产业结构、生产方式、生活方式，形成绿色发展方式和生活方式。

全面推进国防和军队现代化。推进军事理论现代化。推进军事理论创新，坚持和发展党的军事指导理论，不断开拓马克思主义军事理论发展新境界，努力建立起一整套适应信息化战争和履行我军使命要求的军事理论。推进军队组织形态现代化。随着战争形态和作战方式的变化，推进军队组织架构和力量体系革命性重塑，实现精干化、一体化、小型化、模块化、多能化，建设强大的现代化陆军、海军、空军、火箭军和战略支援部队，打造坚强高效的战区联合作战指挥机构，构建中国特色现代作战体系。推进军事人员现代化。培养有灵魂、有本事、有血性、有品德的新时代革命军人，加强军事人才培养体系建设，塑造高素质新型军事人才。推进武器装备现代化。构建适应信息化战争和履行使命要求的武器装备体系，完善和优化武器装备体系结构，加快军事智能化发展。

建设始终走在时代前列的马克思主义执政党。坚持马克思主义指导地位，保证马克思主义政党站在时代前列、引领历史潮流，代表人类历史现代化发展方向。坚持中国共产党领导，增强全面建设社会主义现代化国家的最大优势，以党的先进性纯洁性建设引领社会主义现代化。党作为国家治理体系的领导力量，成为擅长现代治理的执政党。把党建设成为始终走在时代前列、人民衷心拥护、勇于自我革命、经得起各种风浪检验、朝气蓬勃的马克思主义执政党，反映了全面建设社会主义现代化国家对新时代党的建设新要求。

推进国家治理体系和治理能力现代化。推动中国特色社会主义制度更加成熟更加定型，为党和国家事业发展、为人民幸福安康、为社会和谐稳定、为国家长治久安提供一整套更完备、更稳定、更管用的制度体系。适应时代变化，不断改革不适应实践发展要求的体制机制，在创新中使各方面体制机制更加科学、更加完善。

促进人的全面发展。马克思主义社会理想的重要内容是人类解放，即人从自然与社会关系的奴役中解放出来。当人的社会关系成为人自己的共同的关系时，人成为自己的社会关系的主人，人的社会性得到了最充分的发展，人才真正成为“社会化的人，联合起来的生产者”。马克思、恩格斯坚信，未来社会“将是这样一个联合体，在那里，每个人的自由发展是一切人的自由发展的条件”①。正如习近平总书记在纪念马克思诞辰200周年大会上所指出的：“马克思主义博大精深，归根到底就是一句话，为人类求解放。在马克思之前，社会上占统治地位的理论都是为统治阶级服务的。马克思主义第一次站在人民的立场探求人类自由解放的道路，以科学的理论为最终建立一个没有压迫、没有剥削、人人平等、人人自由的理想社会指明了方向。”② 人类解放就是社会主义现代化的真谛。

① 马克思，恩格斯．马克思恩格斯选集：第1卷．3版．北京：人民出版社，2012：422．
② 习近平．在纪念马克思诞辰200周年大会上的讲话．人民日报，2018-05-05．

五、新时代中国特色社会主义的总体布局

（一）统筹推进“五位一体”总体布局的重大意义

统筹推进“五位一体”总体布局，作为党中央治国理政新理念新思想新战略的重要内容，在实现“两个一百年”奋斗目标、实现中华民族伟大复兴中国梦的进程中有着重大的战略意义。

1. 中国特色社会主义规律认识的创新成果

中国特色社会主义创立形成、发展、前进的过程，同时就是对中国特色社会主义规律认识不断全面深化的过程，“什么是社会主义、怎样建设社会主义”，包含着社会主义的基本领域、建设社会主义的总体布局的规律认识。“五位一体”总体布局，是新中国成立特别是改革开放以来几代中国共产党人建设社会主义认识成果的继承发展，是党的十八大以来新一届中央领导集体与时俱进、深化中国特色社会主义规律认识的创新成果。

顺应时代趋势，深化共产党执政规律、社会主义建设规律、人类社会

发展规律认识。规律是历史的、具体的，“三大规律”随着社会实践的发展变化而不断丰富，随着认识能力的提高而不断深化。新形势下，经济全球化、社会一体化、发展全面化、交往网络化、变化加速化，经济社会的关联度、耦合性、系统化大大增强，这就要求我们党敏锐把握这一发展趋势，不断加深历史规律认识，正确引导中国特色社会主义建设发展。“五位一体”总体布局，紧紧围绕伟大复兴，牢牢依据基本国情，始终坚持中国道路，积极推进全面建设，以全新的视野深化了对“三大规律”的认识。这就是从总体布局的视野思考执政兴国，从社会系统的层面谋划建设发展，从跨越“陷阱”的创新提供中国方案。

推进全面进步，深化协调发展规律认识。社会全面进步、人的全面发展，是马克思主义关于社会主义社会、共产主义社会的目标要求。经济、政治、文化、社会、生态等领域，是社会形态的基本结构，相互依存、相互支撑。实现总体平衡发展、系统协调发展、未来持续发展，是中国特色社会主义的优势体现，是对科学社会主义的重大理论和实践贡献。“五位一体”总体布局，关键是协调一体、总体协调，要求中国特色社会主义各个领域、各个层面、各个方面的协调发展，包括物质文明、精神文明、政治文明、社会文明、生态文明的协调发展，生产力与生产关系、经济基础与上层建筑的协调发展，富强、民主、文明、和谐、美丽价值目标的协调发展，人与自然、人与社会、人与人、人与自身关系的协调发展，人民富裕、国家强盛、中国美丽的协同推进等等，这就使我们党对社会主义协调发展规律的认识达到新的时代高度和思想深度。

加强战略筹划，深化总体布局规律认识。制定出科学的社会发展总体布局，是深刻认识社会发展规律的结果，是依据规律而发展的战略，反映了党治国理政的水平。党的十八大以来，以习近平同志为核心的党中央形成并积极推进经济建设、政治建设、文化建设、社会建设、生态文明建设“五位一体”的总体布局，形成并积极推进全面建成小康社会、全面深化改革、全面依法治国、全面从严治党的战略布局。“五位一体”和“四个全面”相互促进、统筹联动，建设社会主义市场经济、民主政治、先进文化、生态文明、和谐社会，表明了我们党对社会发展总体布局规律的自觉运用，体现了马克思主义执政党坚定的人民立场、宽广的战略视野、全面的治理能力、高超的统筹艺术。

2. 全面建成小康社会的基本纲领

全面建成小康社会，是十八大以来党带领人民要实现的第一个百年奋斗目标。习近平总书记明确指出，“全面小康，覆盖的领域要全面，是五位一体全面进步的小康。全面小康要求经济持续健康发展，人民民主不断扩大，文化软实力显著增强，人民生活水平全面提高”。可以说，“五位一体”总体布局构成了全面建成小康社会的基本纲领。

五大领域构建全面小康基本格局。全面建成小康社会，就是要全面推进经济建设、政治建设、文化建设、社会建设、生态文明建设。按照全面建成小康社会新的目标要求，经济建设实现国内生产总值和城乡居民人均收入比 2010 年翻一番，奠定了全面小康的雄厚经济基础；政治建设推进各方面制度更加成熟更加定型，夯实了全面小康的牢固政治基础；文化建设保证国民素质和社会文明程度显著提高，形成了全面小康的坚实文化基础；社会建设促进人民生活水平和质量普遍提高，构建了全面小康的和谐社会基础；生态文明建设实现生态环境质量总体改善，巩固了全面小康的环境基础。五大领域相辅相成、缺一不可，是全面小康的基本要义。

五大价值标定全面小康历史高度。中国特色社会主义的经济、政治、文化、社会、生态文明建设内含着鲜明的价值取向，不仅是五大领域的总体布局，而且是五大价值的总体聚合。富强、民主、文明、和谐、美丽的中国，就是经济、政治、文化、社会、生态文明建设的价值目标。全面建成小康社会，中华民族朝着富强、民主、文明、和谐、美丽的价值目标迈进了一大步，达到一个前所未有的历史高度。迈进创新型国家行列，人民民主更加健全，国民思想道德素质、科学文化素质、健康素质明显提高，就业、教育、文化体育、社保、医疗、住房等公共服务体系更加健全，建设资源节约型、环境友好型社会等等，将极大提升 13 亿多中国人民的获得感、幸福感，真正体现以人民为中心的发展思想。

五大建设指明全面小康前进方向。“五位一体”总体布局是建设中国特色社会主义的总体布局，全面小康的经济、政治、文化、社会、生态文明建设，都有相应的中国特色社会主义目标模式，富强、民主、文明、和谐、美丽的价值追求，只有坚持走中国特色社会主义道路才能实现。建设社会主义市场经济、社会主义民主政治、社会主义先进文化、社会主义和谐社会、社会主义生态文明，确立了全面小康的前进方向和道路模式。社会主义市场经济切实发挥市场在资源配置中的决定性作用，更好发挥政府作用；社会主义民主政治坚持党的领导、人民当家作主、依法治国有机统一；社会主义先进文化用社会主义核心价值观凝心聚力；社会主义和谐社会把人民对美好生活的向往作为奋斗目标；社会主义生态文明像对待生命一样对待生态环境。坚持“五位一体”总体布局，就是坚持中国特色社会主义道路、理论体系和制度。

3. 紧密联系、有机统一、相互促进的实践逻辑

“五位一体”总体布局基于中国特色社会主义的系统性、整体性、全面性，反映实现“两个一百年”奋斗目标、实现中华民族伟大复兴中国梦的内在要求，是一个科学的实践的逻辑体系。

统筹一体的辩证逻辑。从“两手抓，两手都要硬”，到“三位一体”“四位一体”，再到“五位一体”，表明了无论中国特色社会主义实践领域如何拓展，规律认识如何深化，但统筹推进、协调发展、全面进步的中国特色社会主义实践方法论始终贯通、愈益深化。“五位一体”总体布局表明经济、政治、文化、社会、生态文明建设各有其独特的重要地位作用，不可取消、替代或削弱，表明这些领域相互联系、互为条件，每个领域的发展都是其他领域发展的促进因素，每个领域的滞后都是其他领域发展的制约因素，不能畸重畸轻，必须学会“弹钢琴”，实施系统工程。

动态均衡的发展逻辑。“五位一体”要求协调发展、补齐短板、均衡前行，这是在实践中相互协调、相互适应实现的，是一个动态均衡的过程。经济、政治、文化、社会、生态领域，各有其内在的动力机制和运行规律，同时又在社会大系统中相互促进、相互补充。“五位一体”不是要求各个领域机械同一、消极平衡，而是在建设中实现协调，在发展中积极

平衡。正如习近平总书记在十八届五中全会上所指出的："在经济发展水平落后的情况下，一段时间的主要任务是要跑得快，但跑过一定路程后，就要注意调整关系，注重发展的整体效能，否则'木桶'效应就会愈加显现，一系列社会矛盾会不断加深。为此，我们必须牢牢把握中国特色社会主义事业总体布局，正确处理发展中的重大关系，不断增强发展整体性。"

以人民为中心的政治逻辑。党的十八届五中全会首次提出以人民为中心的发展思想，要求坚持共享发展的新发展理念。"五位一体"总体布局同样是以人民为中心的总体布局，是由全体人民共享的总体布局。习近平总书记在"七一"重要讲话中强调，人民立场是中国共产党的根本政治立场，全党同志要把人民放在心中最高位置。这一根本政治立场同样也是"五位一体"总体布局的政治立场。中国特色社会主义的经济、政治、文化、社会、生态文明建设，都要把人民拥护不拥护、赞成不赞成、高兴不高兴、答应不答应作为衡量一切工作得失的根本标准。"五位一体"总体布局的紧密联系、有机统一，既是由社会基本矛盾运动规律所决定，也是由人民中心政治逻辑所决定。

化危为机的风险逻辑。实现奋斗目标，光明前景与风险挑战并存。这就要求把决胜全面小康这一奋斗目标与着力防控风险这一底线布局紧密结合起来，通过维护总体国家安全来保证如期实现全面小康，同时用全面建成小康社会来从根本上遏制各种风险隐患。

4. 治国理政新理念新思想新战略的坚实基础

统筹推进"五位一体"总体布局，在党的十八大以来党中央一系列治国理政新理念新思想新战略中，具有枢纽性的作用。

推进实现奋斗目标。在党中央治国理政新理念新思想新战略中，实现中华民族伟大复兴是居于引领地位的奋斗目标。党的十八大以来，我们党的所有理论和实践，都紧紧围绕着实现这个崇高奋斗目标精进展开。统筹推进"五位一体"建设，为实现中华民族伟大复兴奠定坚实基础、凝聚强大力量。可以说，"五位一体"建设是实现民族复兴的基本途径和主要内容。

筑牢中国道路基石。坚持和发展中国特色社会主义，是实现中华民族伟大复兴的必由之路。中国特色社会主义道路，坚持以经济建设为中心，全面推进经济建设、政治建设、文化建设、社会建设、生态文明建设以及其他各方面建设。因此，“五位一体”建设内在于中国道路之中，统筹推进“五位一体”总体布局，是对中国道路的巩固、强化和支撑。

牵引形成战略布局。“四个全面”战略布局，反映了时代和实践发展对党和国家工作的新要求，确立了新的历史条件下党和国家各项工作的战略目标和战略举措，是我们党在新形势下治国理政的总方略，是事关党和国家长远发展的总战略。从新理念新思想新战略的形成过程看，“四个全面”战略布局是在“五位一体”总体布局的前提下，深入探索统筹推进“五位一体”总体布局的主攻方向和重要保障。从新理念新思想新战略的逻辑关系看，总体布局统领战略布局，战略布局服务总体布局。

孕育创新发展理念。新发展理念是针对当前我国发展面临的突出问题和挑战提出来的战略指引，深刻揭示了实现更高质量、更有效率、更加公平、更可持续发展的必由之路，是关系我国发展全局的一场深刻变革。新发展理念的提出，很重要的是对统筹推进“五位一体”总体布局的实践经验总结和遇到矛盾问题的有效破解。“五位一体”建设越是全面展开、纵深推进，创新、协调、绿色、开放、共享的发展要求就越是凸显。

同步推进富国强军。富国才能强兵，强兵才能卫国。经济建设是国防建设的基本依托，只有国家经济实力增强了，国防建设才能有更大发展。国防建设是我国现代化建设的战略任务，只有把国防建设搞上去了，经济建设才能有更加坚强的安全保障，同时加强国防建设对经济社会发展也具有重要拉动作用。全面推进国防和军队建设，同全面建成小康社会进程相一致，同“五位一体”总体布局相融合。

促进提升执政能力。统筹推进“五位一体”总体布局，对党的执政能力提出新的更高要求，治国理政新实践同时也是治国理政新能力的提高过程。要求高瞻远瞩、统揽全局，站在时代前沿和战略全局的高度，把握“五位一体”总体布局在发展中国特色社会主义全局中的位置，统筹其各个部分的关系。做到既抓住重点又统筹兼顾，既立足当前又放眼长远，既熟悉国情又把握世情，在解决突出问题中实现战略目标，在把握战略全局中推进各项建设。

5. 引领人类文明发展进步的中国方案

中国特色社会主义是当代世界现代化进程的伟大创新，是科学社会主义焕发出新的蓬勃生机的伟大实践，是中华民族对人类文明发展进步的伟大贡献。“五位一体”总体布局从一个重要方面展现了中国特色社会主义的鲜明特质。

“五位一体”确立发展自强的中国途径。二战结束以后，和平与发展成为时代主题。20 世纪 70 年代以来，许多发展中国家开始向现代化进军。怎样实现现代化，各国国情不同，路径也不同。由于历史的原因，中国在现代化的道路上起点低、起步晚，经历过曲折和失误。改革开放以来，是我国社会主义现代化建设的突飞猛进时期，也是中国社会主义现代化道路的成形完善时期。“五位一体”总体布局就是一个重要成果。它表明，发展是实现现代化的第一要务，发展必须是各个领域协调互进、相互配合的发展，发展是一个领域在拓展、内涵在深化、水准在提升的过程，等等。

“五位一体”表明人类文明的中国道路。中国是世界上人口最多的国家，是最大的发展中国家，又是最大的社会主义国家。中国的发展道路对人类社会具有重要的引领示范作用。在社会主义和资本主义两大制度体系较量的格局中，中国特色社会主义独立自主走自己的路，使具有 500 多年历史的社会主义主张在世界上人口最多的国家成功开辟出具有高度现实性和可行性的正确道路，是具有世界历史意义的重大成果。“五位一体”总体布局是中国道路的一个重要结晶，是人类文明的重大创举。社会主义的市场经济、民主政治、先进文化、和谐社会、生态文明等，都是对人类文明的重大贡献。

“五位一体”提供跨越“中等收入陷阱”的中国密码。南美和南亚的一些国家，跌入“中等收入陷阱”，经济长期停滞，社会冲突加剧，必须引以为鉴。统筹推进“五位一体”总体布局能够保持经济社会持续发展、健康发展、和谐发展，是我国跨越“中等收入陷阱”的基本保证。

（二）“五位一体”总体布局是一个相互联系、相辅相成的有机整体

统筹推进“五位一体”总体布局，是习近平新时代中国特色社会主义思想的核心要义。中国特色社会主义，是在党领导下开创中国道路、进行国家建设、推进民族复兴，没有现成的模板，没有先定的套路。逐步形成符合中国国情和时代潮流，把握发展全局和系统联系的总体布局，对于中国特色社会主义的行稳致远、全面跃升，具有基础性战略性意义。中国特色社会主义，是在解决社会主要矛盾的过程中前进的，社会主要矛盾实质上是社会整体发展状况的集中体现。无论是解决落后的社会生产问题，还是解决不平衡不充分的发展问题，都不是仅靠单项独进、在严重失衡的状态下能够完成任务的，必须在科学的总体布局下统筹协调、均衡发展，形成合力效果、协同效应。中国特色社会主义总体布局，是改革开放 40 年来，一代代中国共产党人在探索“三大规律”进程中取得的重大成果。

中国特色社会主义总体布局，是统筹推进经济建设、政治建设、文化建设、社会建设、生态文明建设的“五位一体”总体布局，五大建设领域相互联系、相辅相成，构成全面建设中国特色社会主义的有机整体。从“一个中心、两个基本点”的基本路线，到“三位一体”“四位一体”，再到“五位一体”总体布局，反映了我们党对中国特色社会主义总体布局认识的拓展和深化。在“五位一体”总体布局中，经济、政治、文化、社会、生态文明建设都有着缺一不可的重要作用，成为中国特色社会主义建设和发展的五块基石。经济建设发展物质文明，促进社会生产力高质量发展，夯实人民追求美好生活的物质基础；政治建设发展政治文明，建设社会主义民主政治，构建坚持党的领导、人民当家作主、依法治国有机统一的政治上层建筑；文化建设发展精神文明，推动社会主义文化繁荣兴盛，

强化以中国特色社会主义文化为基本内容的精神上层建筑；社会建设发展社会文明，加强和创新社会治理，营造人民拥有获得感、幸福感、安全感的社会环境；生态文明建设推进绿色发展，实现人与自然和谐共生，为人民创造良好生产生活环境。“五位一体”是中国特色社会主义全面发展、共同进步的总体布局。

“五位一体”总体布局的各个领域，相互依存、相互促进，协调运行、整体提高，充分体现了中国特色社会主义的总体机制、总体优势、总体效能。经济建设是总体布局的基础。生产力发展要求经济基础、上层建筑变革，物质文明建设促进精神文明建设协调发展，社会财富增长有利于促进社会公平正义，发展内涵从求温饱到求环保、从求生存到求生态。政治建设是总体布局的核心。中国特色社会主义政治制度保障中国特色社会主义经济制度，中国特色社会主义政治发展道路决定中国特色社会主义文化发展方向，中国特色社会主义法治体系确定社会建设和社会治理的基本遵循，党的全面领导统揽“五位一体”总体布局。文化建设是总体布局的灵魂。社会主义核心价值观确立总体布局的价值准则，中华优秀传统文化、革命文化和社会主义先进文化滋养经济、政治、社会、生态文明建设，马克思主义指导中国特色社会主义总体布局。社会建设是总体布局的支撑。有效的社会治理、良好的社会秩序提供了各个领域建设发展的前提条件，建设教育强国是中华民族伟大复兴的基础工程，保障和改善民生创造稳定和谐的社会生态，国家安全是安邦定国的重要基石。生态文明建设是总体布局的保证。建设生态文明是中华民族永续发展的千年大计，只有坚定走生产发展、生活富裕、生态良好的文明发展道路，才能防范重大生态风险，保证各项建设持续推进、奋斗目标顺利实现。

中国特色社会主义进入新时代，以习近平同志为核心的党中央从实现“两个一百年”奋斗目标、实现中华民族伟大复兴中国梦的战略高度，统筹推进“五位一体”总体布局，取得全方位、开创性成就，达到新的历史高度，形成宝贵经验，是系统回答新时代坚持和发展什么样的中国特色社会主义、怎样坚持和发展中国特色社会主义的一个重要结论。一是坚持党对一切工作的领导，从领导体制和工作机制上统筹推进“五位一体”总体布局。党始终总揽全局、协调各方，把“五位一体”放在重中之重位置。全党增强“四个意识”，坚决维护党中央权威和集中统一领导，保证了总体布局的统筹推进。二是协调推进“四个全面”战略布局，从战略目标和战略举措上统筹推进“五位一体”总体布局。全面建成小康社会，主体内容就是“五位一体”总体布局。全面深化改革构建系统完备、科学规范、运行有效的制度体系，全面依法治国坚持法治国家、法治政府、法治社会一体建设，全面从严治党坚决改变管党治党宽松软状况，这些都是统筹推进“五位一体”总体布局的基本保证。三是坚持新发展理念，从发展方向和价值准则上统筹推进“五位一体”总体布局。创新、协调、绿色、开放、共享的新发展理念，贯通于中国特色社会主义各个领域、各项建设。四是全面贯彻落实总体国家安全观，从国家安全能力和国家安全保障上统筹推进“五位一体”总体布局。构建国家安全体系主体框架，建立国家安全工作协调机制，着力防范各类风险挑战内外联动、累积叠加，形成统筹推进“五位一体”总体布局的安全环境。

党的十九大开启了全面建设社会主义现代化国家的新征程，也开启了统筹推进“五位一体”总体布局的新征程。富强、民主、文明、和谐、美丽，构成了经济、政治、文化、社会、生态文明建设的发展目标，也构成了全面建成社会主义现代化强国的价值追求，“五位一体”总体布局与社会主义现代化国家目标一致、价值统一。发展社会主义市场经济，发展社会主义民主政治，发展社会主义先进文化，构建社会主义和谐社会，建设社会主义生态文明，构成了经济、政治、文化、社会、生态文明建设的制度框架，也构成了社会主义现代化国家的体制基础，“五位一体”总体布局与社会主义现代化国家制度一体、体制合一。全面建成社会主义现代化强国，要经历全面建成小康社会决胜期的抓重点、补短板、强弱项，要经历基本实现社会主义现代化，再到物质文明、精神文明、社会文明、生态文明全面提升的演进过程，对“五位一体”总体布局的内涵特征提出了新的更高要求，对“五位一体”总体布局的统一性、协调性设定了更高标准。中国特色社会主义的经济、政治、文化、社会、生态文明建设，要按照全面建设社会主义现代化国家的时代内涵和创新进展，与时俱进，赋予新的内容。与之相适应，统筹推进“五位一体”总体布局，要在全面建设社会主义现代化国家的新征程中增强系统性全局性，在国家治理体系和治理能力现代化的新平台上进入新境界、实现新飞跃。

（三）适应经济发展新常态是加快转变经济发展方式的深化

经济发展方式是在一定历史时期存在的经济发展态势，转变经济发展方式不可能一蹴而就，需要很长时间才能完成。改革只有进行时，没有完成时；转变经济发展方式就目前进展来看，也是只有进行时，没有完成时。党的十八大以来，以习近平同志为核心的党中央在领导中国特色社会主义经济建设的过程中，准确判断我国经济所处的发展阶段，加快推进发展方式转变和经济结构调整，促进经济持续健康发展，实现实实在在没有水分的增长。经济发展新常态，是近年来我国经济发展的基本态势和显著特征。主动适应和引领经济发展新常态，是党和国家指导经济工作的重大方针。经济发展新常态与经济发展方式，是一种承接、包含的关系。适应经济发展新常态，无论就其内涵还是实质而言，都是加快转变经济发展方式的继续、拓展和深化。经济发展新常态，是新形势下转变经济发展方式的新常态，是中国特色社会主义经济建设的新常态，是经济建设发生质的提升的新常态。研究我们党适应、认识、引领经济发展新常态的理论与实践，是对加快转变经济发展方式研究的深入，也是对中国特色社会主义理论与实践创新研究的深入。

1. 转变经济发展方式造就经济发展新常态

经济发展新常态与转变经济发展方式密切关联

党的十八大以来，我国仍处于可以大有作为的重要战略机遇期，但机遇期的内涵和条件发生了新的变化，其中之一就是我国正在进入经济发展新常态。2013 年，习近平指出我国经济发展正处于增长速度换挡期、结构调整阵痛期和前期刺激政策消化期的“三期叠加”的阶段。这“三期叠加”实际上就表明了经济发展的某些重要新特征。2014 年 5 月，习近平提出“新常态”重要判断，要求从当前我国经济发展的阶段性特征出发，适应新常态。2014 年 11 月，在亚太经合组织工商领导人峰会开幕式上的演讲中，习近平分析了中国经济呈现新常态的主要特点：从高速增长转为中高速增长，经济结构不断优化升级，从要素驱动、投资驱动转向创新驱动。新常态将给中国带来新的发展机遇：经济增速放缓，但实际增量却依然可观；经济增长更趋平稳，增长动力更加多元；经济结构优化升级，发展前景更加稳定；政府大力简政放权，市场活力进一步释放①。2014 年 12 月召开的中央经济工作会议，指出我国经济运行处于合理区间，经济结构调整变化显著，同时经济运行仍面临着困难和挑战，经济下行的压力较大，结构调整的阵痛显现，企业生产经营的困难增多，部分经济风险开始显现。因此，科学认识当前经济形势，准确研判经济发展走势，必须全面、历史、辩证地认识我国经济发展阶段性特征，准确把握当前经济发展新常态，遵循我国经济发展大逻辑②。

经济发展新常态由多样性特征构成。表现在消费需求上，模仿型排浪式的消费阶段基本结束，个性多样化的消费渐成主流，产品质量安全、创新供给激活需求重要性明显上升，必须保持消费在推动经济发展中继续发挥基础作用。表现在投资需求上，传统产业已相对饱和，但一些新技术和新产品、新业态和新商业模式的投资机会却大量涌现，要求创新投资融资方式，必须保持投资对经济发展继续发挥关键作用。表现在出口和国际收支上，全球的总需求不振，我国低成本优势发生了转化，出口竞争优势仍然存在，必须保持出口对经济发展继续发挥支撑作用。表现在生产能力与产业组织方式上，传统产业的供给能力大大超出需求，企业兼并重组和生产相对集中大势所趋，新兴产业、服务业和小微企业的作用更加凸显，小型化、智能化、专业化生产成为产业组织的新特征。表现在生产要素的相对优势上，人口老龄化趋势加重，农业的富余劳动力逐步减少，生产要素

---

① 习近平．谋求持久发展　共筑亚太梦想．人民日报，2014-11-10.

② 中央经济工作会议在北京举行．人民日报，2014-12-12.

规模驱动力正在减弱，必须促使创新成为驱动发展的新引擎。表现在市场竞争的特点上，正逐步从数量扩张、价格竞争转向以质量型、差异化竞争为主，要求提高资源配置效率，必须加快形成统一透明和有序规范的市场环境。表现在资源环境约束上，环境承载能力已经达到了或接近上限，必须推动形成绿色、低碳、循环发展的新方式。表现在经济风险积累和化解上，各种隐性风险逐步显性化，总体上风险可控，但化解以高杠杆和泡沫化为表象的各种风险还将持续一段时间，必须建立健全化解各种风险的体制机制。表现在资源配置模式与宏观调控方式上，全面刺激政策的边际效果开始明显递减，要全面化解产能过剩问题，发挥市场机制探索产业发展方向，必须进行科学的宏观调控①。

可以看出，经济发展新常态与转变经济发展方式，面临的形势背景总体上说是共同的，都是在世界范围新科技革命的大趋势下，寻找和开发经济发展新的动力、新的增长点；都是在后国际金融危机时代，世界经济尚未走出低迷、普遍增速放缓的环境中，在新的经济节奏、新的经济条件下，形成新的经济发展机制、发展样式、发展路径。经济发展新常态与转变经济发展方式，主题是一致的，都是如何适应变化了的经济条件，更好遵循新形势下的经济发展规律，走出一条合理、健康、有序、持续的经济发展新路。可以说，加快转变经济发展方式，就是在推动形成经济发展新常态；经济发展新常态的内涵，就是新的经济发展方式形成。

经济发展新常态是转变经济发展方式的延伸拓展

经济发展新常态呈现出的明显特征，显示了一些趋势性变化。这些趋势性变化既标明了经济发展“新”在何处、“常”在何处、是何态势，同时也标明了加快转变经济发展方式“转”在何处、“转”向何方、是何效果。经济发展新常态不仅是经济发展方式转变的继续，而且是经济发展方式转变的内涵延伸、空间拓展、质量提升。

一是经济增长速度正在从以往高速增长转向中高速增长，转变经济发展方式转在经济增长速度更加合理上。改革开放以来，我国经济发展保持

---

① 中央经济工作会议在北京举行．人民日报，2014-12-12.

年均10%左右的增速，在较短时间内就实现了从低收入国家转变为中等收入国家。经过新世纪头10年年均增速达10.48%的高速增长后，从2011年起经济增速开始放缓（2011年9.3%，2012年7.7%，2013年7.7%，2014年7.4%）。从“十二五”开始，我国经济进入中高速增长的阶段。中高速增长，既是对国际金融危机、出口市场压缩的自动反馈，对经济失衡、产能过剩、消费乏力的正常反应，也是主动纠正高度增长带来的高代价等不可持续问题的自觉控制。因此，中高速增长是经济规律作用的自然结果，是恢复经济平衡、实现再平衡的努力结果，是加快转变经济发展方式的积极结果。

二是经济结构正在从以往增量扩能为主的模式转向调整存量与做优增量并存的模式的深度调整，转变经济发展方式转在经济结构更加优化上。过去，大量的投资向某些行业集中，结果造成严重产能过剩，出现恶性的价格竞争，造成企业效益下滑。同时，由于技术水平的落后，不少高端产品或高端环节却严重产能不足，依赖进口，如我国芯片90%要依赖进口，每年的进口额已超过石油。经济结构调整优化的实质是资源要素重新组合利用，是资源的重组调整再配置。经济发展新常态下，经济转型升级就意味着经济结构优化。传统产业的企业兼并重组与生产相对集中势在必行，生产的小型化、智能化和专业化已成为产业组织新特征。随着“一带一路”倡议、京津冀协同发展战略、长江经济带战略的推进，区域统筹发展协调性增强，经济发展的空间格局优化，区域间走向协同发展和共同发展。经济结构的深度调整促使经济结构柔性化。

三是经济发展动力正在从以往的传统增长点转向创新驱动的增长点，转变经济发展方式转在经济发展动力更加多元上。长期以来，我国经济增长点和发展动力机制单一。进入经济发展新常态，投资增速放缓，效率有所下降，人口红利消失，只有依靠全要素生产率的提高，即依靠技术进步与创新，使经济增长发掘新的源泉。因此，要建设创新型国家，强化创新驱动，增加研发投入。我国研发投入占GDP的比重，2013年达到2.09%，还在持续提高。我国科技成果的转化率为10%左右，低于发达国家的40%的水平。每次重大技术革新后，是经济增长的“换挡提速”，是动力机制从要素驱动、投资驱动向创新驱动的转变，是经济增长的动力从一元向多元的转变。新常态下我国经济增长的动力结构，既不同于以往快速释放后发优势后的模式，也不同于发达国家主要依靠创新驱动与消费主导模式，而是呈现规模经济与结构变动的释放增长效应正在减弱，同时质量效益提升与全要素生产率的贡献正在增强的特征。我国工业化城镇化还未完成，2.6 亿农民工尚需转变为市民，1 亿城市棚户区的住户尚需要新的住宅，这些都包含着巨大需求空间。我国改革的制度红利继续释放，新的增长动力群正在形成。新旧动力与需求潜力的结合，将会释放新的强大动力，支撑新常态下经济中高速增长。新常态是经济增长动力的转型。

四是经济发展形态正在从规模速度型的粗放增长转向质量效率型的集约增长，转变经济发展方式转在经济发展形态更加先进上。经济发展新常态，实质是经济增长形态的跃升，是经济发展方式的先进形态。以往的高速发展，付出了高污染、高耗能、降低民众福利的代价。目前，钢铁、水泥等行业的产能严重过剩，占用大量的生产资源，积聚了很大的经济风险；同时，教育、医疗、养老等行业社会资源进入不足、机制不活，影响经济发展的效率。经济增长表面看是要素的积累、投入的增长，其实质是资源优化配置、产业结构升级的过程。新常态是增长形态的跨越，从传统增长形态到现代增长形态，从粗放式的增长形态到集约式的增长形态，从初级形态到更高级形态。经济转型难免阵痛，会有企业淘汰，但转型成功就会增强资产质量，就能升级产业结构，创造新的工作岗位、更多的价值。一些传统产业面临转产调整，但一些新技术、新业态和新需求大量涌现，供给创造需求空间巨大。出口需求增长放缓，但可以利用装备能力、产业的配套能力和资金输出的优势向产业链的高端迈进。治理污染、保护环境看上去会增加成本，但能够满足人民更迫切的生态需求，低碳发展、绿色发展等会带来许多新的增长动力。新经济要借鉴世界先进的生产技术、生产模式，把物联网、服务网和信息物理系统等融入制造环境，在世界生产方式变革中抓住机遇。在推进高新技术产业同时，推进传统产业技术改造，促进向产业中高端延伸，推动制造业的转型升级。在新常态中，生产要素从低效率的部门向高效率的部门转移，经济整体的效益和竞争力增强。

适应经济发展新常态是加快转变经济发展方式的新方略

党的十八大特别是2014年以来，面对全球经济复苏的曲折乏力，国内经济下行的压力持续加大。面对我国经济正在向形态更加高级、分工更加复杂、结构更加合理阶段演化的趋势性变化，以习近平同志为核心的党中央适时提出认识、适应和引领新常态的经济发展新战略，作为我国当前和今后一个时期的经济发展大逻辑。这一经济发展的新战略、大逻辑，同时也是加快转变经济发展方式的新方略、大逻辑。

主动适应和引领我国经济发展新常态，继续加快转变经济发展方式，党和政府科学把握大势，做到稳中求进，创新宏观调控的思路和方式，统筹稳增长、促改革、调结构、惠民生、防风险各项任务，全面完成了经济社会发展的主要目标任务，全面深化改革实现了良好开局，全面依法治国开启了新征程，全面实现小康迈出坚实步伐。我国经济社会的发展总体平稳，而且稳中有进，宏观经济运行处在合理区间，总体经济结构发生新的变化，经济发展质量有了新的提升，扩大对外开放有了新的突破，保障人民生活有了新的进展，可以看出发展的协调性与可持续性得到增强。这些发展成效，既是适应经济发展新常态的新成效，也是加快转变经济发展方式的新成效。

认识、适应和引领经济发展新常态，就要坚持把提高经济发展质量与效益作为中心，把转方式、调结构放在各项任务更加重要的位置，改革攻坚，创新驱动，风险防控，保障民生，促进经济平稳和健康发展，保持社会和谐稳定。关键是要稳和进实现相互促进，着眼实现经济发展中高速增长与走向中高端水平，稳政策稳预期，激励大众创业万众创新，增加公共产品和公共服务，保持经济发展调速而不减势、量增而质更优。引领新常态离不开经济杠杆的作用，要稳定完善宏观经济政策，实施积极财政政策与稳健货币政策，注重预调、微调与定向调控。深入推进投融资、财税、金融、价格等体制改革，构建开放型的经济新体制。适应经济发展新常态，不仅没有改变经济发展方式转变的方向、趋势和进度，而且要进一步增强加快经济发展方式转变的自觉性主动性，是加快转变经济发展方式的有利契机。

适应经济发展新常态，保证了我国经济发展是在遵循经济规律基础上的科学发展，是在遵循自然规律基础上的可持续发展，是在遵循社会规律基础上的包容性发展。这样的经济发展，正是加快转变经济发展方式所要达到的目的。

2. 实现经济发展新常态与转变经济发展方式的统一

适应经济发展新常态是在加快转变经济发展方式的过程中实现的，加快转变经济发展方式是在适应经济发展新常态的过程中深化的，二者统一于中国特色社会主义经济建设和发展的实践。把加快转变经济发展方式与适应经济发展新常态有机统一起来，是中国特色社会主义的创新。认识、适应、引领经济发展新常态，就是寻找二者有机统一的途径和方法。

保持稳增长与调结构之间的平衡性

努力保持经济的稳定增长，需要解决好稳增长和调结构的关系，使其相互促进，而不是因稳增长而不去积极调结构，因调结构而造成增长速度的大幅下落。关键是要保持稳增长与调结构之间的平衡性，保持宏观政策的稳定、微观政策的灵活、社会政策的托底这样一个总体思路。

实现稳增长，就要保持宏观政策的连续性稳定性。宏观政策对经济增长影响最为重要，只有宏观政策保持稳定，才能经济增长保持稳定。这就要继续实施积极的财政政策和稳健的货币政策。积极的财政政策要有一定力度，通过有力的财政杠杆遏制经济的下滑，刺激经济的增长。稳健的货币政策要进一步把握好宽松与紧缩的尺度，做到松紧适度，通过有效的货币政策调控增长的速度。拉动经济增长的投资、消费、出口"三驾马车"，不可偏废，只有"三驾马车"协调用力，才能更加均衡地拉动经济增长。

稳增长为调结构创造有利条件。主动适应和引领经济发展新常态，就要切实把经济工作着力点进一步放到转方式、调结构上来。实现发展方式转变、经济结构调整，是保持经济稳步增长的基本条件。新型的工业化、信息化、城镇化和农业现代化，是转方式、调结构的主攻方向。要推进这“新四化”同步发展，以工业化推动信息化、城镇化和农业现代化，以信息化牵引工业化、城镇化和农业现代化，以城镇化和农业现代化支撑工业化和信息化。调结构的重点是逐步增强信息、生物等战略性新兴产业和与其相关的服务业的支撑作用，下大力推动传统产业的水准向中高端水准迈进。

经济运行存在着不确定因素，存在着各种风险可能，稳增长、调结构就要增强风险意识，高度关注经济风险发生发展的趋势，采取有效对策加以防范与化解，始终保持经济发展的有序性。

积极发现和培育新的经济增长点

适应经济发展新常态，加快转变经济发展方式，都要积极发现和培育新的经济增长点。新的经济增长点，是在转变发展方式条件下保证经济稳步增长的支撑点，是把稳增长与调结构统一起来的结合点，是在新的增长点基础上稳增长、调结构。要看到，我国人口、市场、发展的优势很大，存在着大量新的经济增长点，开发潜力巨大。

发现和培育新的经济增长点，一是市场要活。市场在资源配置活动中起着决定性作用，新的经济增长点也必须主要依靠市场发现和培育。我国现实经济生活中，仍然存在着这样那样的束缚市场主体创造活力、阻碍市场经济规律特别是价值规律发挥决定性作用的弊端，这就妨碍了新的经济增长点的生成，也妨碍了发展方式转变、经济结构调整。市场要活，就要像习近平总书记指出的那样，从广度和深度上推进市场化改革，减少政府对资源的直接配置，减少政府对微观经济活动的直接干预，把市场机制能有效调节的经济活动交给市场，把政府不该管的事交给市场，让企业和个人有更多活力和更大空间去发展经济、创造财富①。

二是创新要实。发现和培育新的经济增长点，依靠创新、需要创新，更多地依靠产业化创新来形成和培育新的经济增长点。创新不是用来好看的，必须落实到实实在在的创造新的经济增长点上，从而把科技创新的成

---

① 习近平. 习近平谈治国理政. 北京：外文出版社，2014：117.

果变成创造产品、利润和财富的产业活动。多年来，我们一直存在着科技创新成果向现实的生产力转化不力、转化不顺、转化不畅的痼疾，一个重要症结是在科技创新的链条上还存在着诸多的体制机制关卡，从创新到转化的各个环节衔接还不够紧密。这就要实现从科学研究到实验开发、再到推广应用的跨越，推动科技创新与经济社会发展实现深度融合，开拓从科技强到产业强、从产业强到经济强的快速通道，把创新驱动的这个新引擎高速全速发动起来。

三是政策要宽。培育新的经济增长点需要宽松的政策和制度环境，营造出有利于促进大众创业、促进市场主体创新的政策和制度环境。各级政府要创造出更好的市场竞争环境，培育出市场化的创新机制，保护产权，维护公平，改善金融支持，强化激励机制，集聚优秀人才。党的十八届三中全会通过的《关于全面深化改革若干重大问题的决定》制定出许多鼓励发展创新的政策，释放出有利于新的增长点生长的信号。例如，决定鼓励国有资本、集体资本、非公有资本等交叉持股、相互融合的混合所有制经济发展。北京市国有首创集团和香港地铁公司共同投资建成的北京市地铁4号线，总投资150多亿元，引资46亿元，就是一个例子。

走出现代农业发展道路

进入2015年，中共中央、国务院出台1号文件，加大改革创新力度，加快农业现代化建设。进入经济发展新常态，如何在经济增速已经放缓的背景下，继续强化农业的基础地位、促进农民保持持续增收，是我们必须破解的重大课题；国内农业的生产成本出现快速攀升，我国大宗农产品的价格普遍比国际市场高，如何在这“双重挤压”下能够创新对农业的支持保护政策、进而提高农业竞争力，是我们必须面对的重大考验；我国农业面临资源短缺，存在开发过度、污染加重问题，如何在资源环境的硬约束下有效保障农产品的有效供给与质量安全，从而提升农业的可持续发展能力，是我们必须应对的重大挑战；城乡资源要素的流动加速，城乡互动的联系增强，如何在我国城镇化深入发展的背景下加快建设新农村步伐、实现城乡的共同繁荣，是我们必须解决好的重大问题。破解这些难题，是“三农”工作的重大任务。因此，解决好“三农”问题，始终是全党工作的重中之重。必须继续夯实保持农业稳定发展的基础，继续稳住农村持续向好的局势，继续稳定粮食与主要农产品的产量，继续保证持续增加农民收入，加快推动中国特色农业现代化。

中国的强盛，离不开强大的农业。首先要加快转变农业发展方式，从主要追求产量、依赖资源消耗的粗放经营方式，转到数量与质量效益并重，提高农业竞争力，促进农业科技创新，保持可持续的集约式发展上来，走出一条产出高效和产品安全的现代农业发展道路。人民的富裕，离不开富裕的农民。让农民富裕，就要进一步挖掘农业内部的增收潜力，开发农村第二、第三产业的增收空间，拓宽农村外部的增收渠道，加大政策的助农增收力度，在经济发展新常态下继续保持城乡居民的收入差距不断缩小的势头。美丽中国离不开农村的美。繁荣农村，就要坚持不懈地推进建设社会主义新农村，推进城乡一体化，从根本上改变城乡二元结构。要加快提升农村的基础设施水平，实现城乡基本公共服务的均等化，让农村成为亿万农民安居乐业的幸福家园。全面深化改革，要把农村改革放在更加突出的位置，完善强农惠农的政策，完善农产品价格的形成机制，完善农业补贴的办法，完善农村土地的经营权流转政策，激发农村经济社会的发展活力。全面依法治国，农村属于法治建设还相对薄弱的领域，要加快完善关于农业农村的法律体系，一体化推进城乡法治建设，提高农村的基层法治水平。

优化经济发展的空间格局

经济发展是在一定区域空间内进行的，不同区域空间的气候、地形、矿藏、植被、水源等自然禀赋不同，由此造成了不同区域空间的人口、经济、社会、文化、历史、科技、人文等社会禀赋的不同，形成了在一个民族、国家内部具有多样性的经济发展空间格局。由于自然和历史等因素，我国经济发展空间具有不一致性、不平衡性，并不是所有的区域空间都适宜大规模、高强度的工业化城市建设开发，只能因地制宜、合理开发；我国国土辽阔，但人口众多，人均面积少，不可能走大面积开发、粗放式开发的城市化道路，只能节约土地、集约开发。因此，就要区分不同经济发展空间的功能，分类发展，将某些区域定位为优先开发或重点开发的城市化地区，在这些区域集聚国家主要的经济活动和大部分人口，为农产品和生态产品留出更多发展空间；将某些区域限定为有限制开发或禁止开发的重点生态功能区，把这些区域作为保障生态安全的生态空间；将某些区域作为保障农产品安全的农业空间。

优化经济发展的空间格局，就是要通过优化空间结构，提高空间利用效率。首先要促进我国各地区的协调发展、协同发展和共同发展。东西南北中，都要根据区域特点，发挥区域优势，制定出科学的区域发展战略。总体上说，就是要推进东部率先、东北振兴、西部大开发、中部崛起的总体战略。各个地区都要找准自己主体功能区的定位与自身优势。这就要通过改革创新，打破阻碍区域协调发展的地区封锁与利益藩篱。还要逐步扩大绿色生态空间、城市居住空间、公共设施空间，保持农业生产空间，适当压缩工矿建设空间和农村居住空间。还要陆海统筹，把陆地经济发展空间与海洋经济发展空间的开发协调起来，沿海地区集聚人口和经济的规模要与海洋环境的承载能力相适应，海洋主体功能区要与陆地主体功能区相协调。

更加注重保障和改善民生

适应经济发展新常态和加快转变经济发展方式，根本目的都是为了维护好、实现好、保障好广大人民群众的根本利益。更加注重保障和改善民生，是中国特色社会主义经济建设和社会建设的鲜明特征，是以习近平同志为核心的党中央的工作重点。2012 年 11 月 15 日，习近平总书记在新一届中央政治局常委集体亮相时就明确指出："我们的人民热爱生活，期盼有更好的教育、更稳定的工作、更满意的收入、更可靠的社会保障、更高水平的医疗卫生服务、更舒适的居住条件、更优美的环境，期盼孩子们能成长得更好、工作得更好、生活得更好。人民对美好生活的向往，就是我们的奋斗目标。"① 这同时也应该是适应经济发展新常态和加快转变经济发展方式的奋斗目标。经济发展是改善民生的大前提，没有经济发展去谈改善民生是无源之水；民生改善又能释放群众的消费潜力，拉

① 中共中央文献研究室．十八大以来重要文献选编：上．北京：中央文献出版社，2014：70.

动内需，推动形成新的经济增长点，为经济发展方式转型升级提供强大的内生动力。

注重保障和改善民生，特别是要多一些雪中送炭，更加注重保障好基本民生，更加关注低收入群众的生活。对贫困地区、困难群众更要着力推动脱贫致富，要格外关注、关爱、关心。抓民生就要抓与人民利益联系最直接、人民群众最关心的问题，多去谋求民生之利，多去解决民生之忧。要把贫困地区的义务教育搞好，让贫困家庭的子女都能受到公平的、有质量的教育，不能让他们从小就输在起跑线上。就业乃民生之本，要通过稳增长和调结构，扶持小微企业与服务业更好发展，增加更多就业岗位，鼓励用创业带动就业，缓解因调整经济结构带来的失业问题。收入分配为民生之源，是人民共享改革发展成果最直接最重要的方式，要努力实现劳动报酬的增长与劳动生产率的提高相同步，完善通过税收、转移支付、社会保障等主要手段实现的再分配调节机制。住房问题是民生问题，也是发展问题，要加快推进住房保障与供应体系建设，实现广大人民住有所居的目标，为困难群众提供好基本住房保障，到 2015 年，全国保障性住房的覆盖面达到 20%左右。人民健康是全面小康的重要内涵，要进一步深化医疗保障和医疗服务、公共卫生和药品供应以及监管体制的综合改革，解决好医改这一世界性的难题，着力解决群众看病难、看病贵问题，实现基本医疗卫生资源的均衡配置。

3. 提高转变经济发展方式的水平和效果

在适应经济发展新常态的过程中加快转变经济发展方式，是我们党科学认识和指导经济发展的崭新实践。在这一实践中我们党积累了宝贵经验，加深了对中国特色社会主义经济建设规律的认识，进一步增强了加快转变经济发展方式的自觉性和主动性。

推动经济发展提质、增效、升级

加快转变经济发展方式，是一个内涵不断丰富、层次不断提升、阶段不断前进的过程。在经济发展新常态中，我国经济正在向形态更加高级、分工更加复杂、结构更加合理阶段演化。转变经济发展方式，也要适应这一趋势性变化，与这一趋势性变化相吻合。经济发展的形态更加高级，表明由生产方式、经济体制、经济发展方式等方面构成的经济发展形态，已具有许多新的阶段性特征，迈向了中高端水平，转变经济发展方式也要从初中级水平向中高级水平迈进。经济发展的分工更加复杂，表明经济结构、产业模式、企业组织等发展得更加精细，集约化生产不仅表现为宏观和中观层面，而且表现为微观层面，转变经济发展方式也要从宏观和中观层面向微观层面拓展。经济发展的结构更加合理，表明产业结构、需求结构、消费结构等已发生重要变化，转变经济发展方式成效显著，要按照结构合理的要求继续推进调整结构。

经济形态更加高级、经济分工更加复杂、经济结构更加合理，为我国经济发展提供了极为有利的条件。以此为契机，2014 年 12 月的中央经济工作会议要求坚持不懈地推动经济发展的提质增效升级，这也是转变经济发展方式上新台阶的具体要求。经济发展提质，就是要求在以往纠正片面追求数量、速度、规模偏向的基础上，继续把提高质量放在更加重要的位置。我国传统制造业特别是高耗能、高排放的行业，如粗钢和水泥、电解铝和平板玻璃等行业，产能的利用率普遍较低，浪费十分严重，必须标本兼治、多管齐下，消化、转移、整合、淘汰。没有壮士断腕的决心和勇气，就很难实现提质。经济发展增效，就是要求坚定不移走内涵式发展的路子，增加经济发展的效益、效率、效能，不能一味地在增长率上搞攀比，在 GDP 排名上比高低。我国经济发展具有巨大的韧性、潜力与回旋余地，完全有条件、有能力实现经济发展提质增效，做到调速而不减势、调量而质更优。经济发展升级，就是要求顺应经济形态更高级的趋势，继续推动经济发展的提档优化，改造和提升传统的制造业，培育和发展新兴产业，加速发展服务业，加强新能源与可再生能源建设，发展综合运输体系，加大城乡公共基础设施的建设力度，构建起现代产业发展的新体系。

遵循经济发展的大逻辑

适应经济发展新常态与加快转变经济发展方式相辅相成、相互促进，表明了我们党对经济发展规律的自觉遵循和主动运用，也就是对我国经济发展大逻辑的科学认识与把握。遵循经济发展的大逻辑，不仅表现为认识、适应和引领经济发展新常态，而且表现为在中国特色社会主义经济建设的各领域和全过程，都能够发现和遵循这一大逻辑。遵循生产关系适应生产力发展要求、上层建筑适应经济基础发展要求的大逻辑，我们党毅然决然地做出改革开放的战略决策，我国面貌发生历史性变化；遵循社会化大生产条件下资源配置的大逻辑，我们党创造性地建立社会主义市场经济体制，激发出极大的经济活力和社会活力；遵循经济发展方式演进的大逻辑，我们党及时推进转变经济发展方式，为我国经济有序、健康、可持续发展奠定良好基础；遵循社会主义社会发展动力的大逻辑，我们党推进改革没有完成时，全面深化改革，为全面建成小康社会、实现中华民族伟大复兴的中国梦打下坚实的制度基础；遵循经济发展的大逻辑，我国经济建设就能够又好又快持续发展。

遵循经济发展的大逻辑，既是遵循经济规律，也是遵循自然规律和社会规律。加快转变经济发展方式，不仅是经济规律的体现，而且是自然规律和社会规律的体现，是经济规律、自然规律和社会规律相统一的认识成果。经济发展是在一定自然条件下进行的，首先要解决人与自然的关系。由于人的生产活动违背自然规律，导致生态系统患上“重病”，必须走科学发展道路。科学发展就是要以科学的态度和方式对待自然，要尊重自然规律。经济发展从来离不开社会，经济发展更要遵循社会规律，人怎样对待自然实质上是社会原因、社会问题，经济规律要在符合社会规律的前提下才能发挥作用。转变经济发展方式，内含着社会发展方式的转变。经济的核心是利益，加快转变经济发展方式，重点和难点都在于改变利益格局，因为体制结构的背后是利益格局，这就涉及社会关系的调整和变革。转变经济发展方式，要推动经济政治、文化社会的整体转型，才能深入下去、取得成效。比如，城乡发展的不平衡问题，不只是经济问题，而且是城乡二元结构的社会问题，只有改变这种二元结构，促进公共资源、公共服务在城乡得到均衡配置，促成城乡经济社会发展的一体化新格局，才能从根本上解决。因此，加快转变经济发展方式要求全面深化改革，只有全面深化改革才能加快转变经济发展方式。

实现党推进经济发展的观念、体制、方式方法的与时俱进

中国共产党是中国特色社会主义经济建设和发展的领导核心。适应经济发展新常态、加快转变经济发展方式，都是在党的领导下顺利进行的，都是党依据我国国情的阶段性特征，依据中国特色社会主义经济规律，依据人民利益的迫切要求，做出的重大战略举措。适应经济发展新常态的科学性，加快转变经济发展方式的合理性，实际上反映了党领导经济工作的正确性，反映了党引领经济发展的新水平。

经济规律是共同的，但在不同发展阶段、不同发展态势、不同矛盾问题的情况下，经济规律的表现形式是不同的。新的形势需要观念的与时俱进来把握，新的问题需要体制的与时俱进来适应，新的要求需要新的方式方法来推进。因此，中央及时提出，经济发展进入新常态，党领导经济工作的观念、体制、方式方法也要与时俱进①。只有实现党推进经济发展的观念、体制和方式方法的与时俱进，才能保证经济发展新常态的有序运行，保证加快转变经济发展方式的顺利实现。

党的十八届四中全会通过《中共中央关于全面推进依法治国若干重大问题的决定》。全面推进依法治国，包括推进经济发展和建设在法治化轨道上运行，包括提高党领导经济工作的法治化水平。党引领经济发展的观念、体制和方式方法的与时俱进，一个重要方面，就是要提高领导经济工作的法治观念，强化领导经济工作体制的法制基础，掌握领导经济工作的法治方式。这就要求加快建设职能科学、权责法定、执法严明、公开公正、廉洁高效、守法诚信的法治政府，对财政资金分配使用、国有资产监管、政府投资、政府采购、公共资源转让、公共工程建设等权力集中的部门和岗位，实行分事行权、分岗设权、分级授权，强化内部流程控制，全面推进政务公开，重点推进财政预算、公共资源配置、重大建设项目批准和实施、社会公益事业建设等领域的政府信息公开等等。法治为中国特色社会主义经济发展提供可靠制度保障，把转变经济发展方式纳入法治轨道，必将增强党领导经济工作的法治能力，促使经济发展方式的成功转

① 中央经济工作会议在北京举行．人民日报，2014-12-12.

变，促使我国经济建设和发展进入新阶段、达到新高度。

（四）人民民主是中国共产党始终高举的旗帜

人民民主是社会主义的生命，是中华民族伟大复兴的制度保证和政治目标。习近平总书记在庆祝全国人大成立60周年大会上强调指出，人民民主是中国共产党始终高举的旗帜。这就深刻揭示了人民民主与中国共产党紧密相依的内在联系，鲜明表达了我们党在新的历史起点上发展社会主义民主政治的坚定信念。始终高举人民民主的旗帜，中国特色社会主义民主就能够愈益巩固、生机勃勃。

1. 建设人民民主的国家是我们党的不懈追求

依靠什么样的政治制度、建设什么样的国家来实现中华民族伟大复兴的中国梦，是近代以来中国人民面临的一个历史性课题。只有社会主义才能救中国，其实质就包含着只有人民当家作主，才能保证民族独立、人民解放；只有中国特色社会主义才能发展中国，其内涵就表明了只有建设中国特色社会主义民主政治，才能走向国家富强、人民幸福。作为“两个先锋队”的中国共产党，以实现中国人民当家作主和中华民族伟大复兴为己任，90多年来为之矢志不渝、奋斗不息，是建设人民民主国家的核心力量。

中国共产党成立之前，不触动旧的社会根基的自强运动，各种名目的改良主义，旧式农民战争，资产阶级革命派领导的民主主义革命，照搬西方政治制度的各种方案，都先后碰壁、夭折、失败。根本问题在于这些政治力量的历史、阶级、政治的局限性，他们不可能高举人民民主的旗帜，提出建立人民民主国家的政治纲领，因而也得不到中国人民广泛、持久的真心支持。中国共产党是人民民主的坚定追求者和忠实践行者。在建党之始的纲领中，我们党就明确了建立“真正的民主共和国”的政治目标，把推翻帝国主义、封建主义、官僚资本主义三座大山的统治作为实现人民民主的基本条件和民主革命的现阶段纲领。毛泽东阐述的新民主主义就是人民民主主义，是区别于旧民主主义、代表中国最广大人民群众的民主主义。土地革命战争时期，在中央苏区成立的中华苏维埃共和国，就是工农民主的伟大实践。抗日战争时期，根据地的基层政权直接选举，“掷豆子”的场景成为经典。解放战争时期，“解放区的天是晴朗的天，解放区的人民好喜欢”，唱出了翻身了的农民的欢悦心情。人民民主的旗帜是动员人民支持民主革命、支援革命战争的胜利旗帜。

新中国的成立、社会主义制度的建立，使亿万中国人民从此成为国家和社会的主人。我们党作为马克思主义执政党，把建设人民民主的国家政治制度付诸实践，努力探索社会主义民主在中国的发展道路。1954 年 9 月，一届全国人大通过的《中华人民共和国宪法》明确规定，中华人民共和国的一切权力属于人民。人民行使权力的机关是全国人民代表大会和地方各级人民代表大会。这就以根本大法的形式，确定了人民民主是国体之本、政体之魂，人民民主就是社会主义民主。由此，人民代表大会制度这一保证人民当家作主的根本政治制度，中国共产党领导的多党合作和政治协商制度、民族区域自治制度以及基层群众自治制度等体现人民民主的基本政治制度得以逐步丰富发展，人民民主逐渐深入国家的政治生活、经济生活、文化生活和社会生活。人民民主的旗帜是社会主义赢得人心、党的领导赢得群众的引领旗帜。

改革开放以来，我们党深刻总结我国社会主义民主政治建设正反两方面经验，牢牢依据中国国情和时代潮流，大力发展社会主义民主政治，不断推进政治体制改革、建设中国特色社会主义民主，人民民主进入新的历史时期和发展阶段。经过长期努力，我们不断扩大人民有序政治参与，人民实现了内容广泛、层次丰富的当家作主。我们坚持发展最广泛的爱国统一战线，发展独具特色的社会主义协商民主，有效凝聚了各党派、各团体、各民族、各阶层、各界人士的智慧和力量。我们努力建设了解民情、反映民意、集中民智、珍惜民力的决策机制，增强决策透明度和公众参与度，保证了决策符合人民利益和愿望等等。党的十八大以来，以习近平同志为核心的党中央，把发展社会主义民主政治作为推进国家治理体系和治理能力现代化的题中应有之义，在全面深化改革中积极解决民主法治建设同扩大人民民主和经济社会发展的要求还不相适应等问题，以民主的制度、民主的形式、民主的手段支持和保证人民当家作主。人民民主的旗帜是党走向未来、民族走向复兴的光辉旗帜。

2. 中国共产党的领导就是支持和保证人民实现当家作主

中国共产党是人民民主这面旗帜的举旗人，也是中国特色社会主义政治发展道路的设计者。习近平总书记指出："中国共产党的领导就是支持和保证人民实现当家作主。"这就表明，人民民主是党的领导的目的所在、动力所在、价值所在，党的方针政策和各项工作都要有利于人民当家作主。

我们党代表中国最广大人民的根本利益，坚持全心全意为人民服务，党除了工人阶级和最广大人民群众的利益，没有自己特殊的利益。党的性质和宗旨决定了人民利益就是党的政治立场，人民民主就是党的价值追求，人民民主是党的性质和宗旨的根本体现。应当承认，在长期执政的条件下，党员干部队伍中的一些人经受不住各种诱惑与考验，产生了严重脱离群众的倾向，维护人民各项权利的动力不足了。腐败现象的实质就是削弱人民主体地位，销蚀人民民主的政治制度。正是由于我们党坚持根本宗旨不动摇，党的先进性和纯洁性居于主导地位，才能够人民群众反对什么、痛恨什么，我们就坚决防范和打击什么。人民群众最痛恨腐败现象，我们就坚定不移反对腐败。权用于民、权利于民、权信于民。人民民主必须依靠党的领导，党的领导也必须依靠人民民主。人民民主壮大党的群众基础。广大人民群众的主体地位得到充分保障、各项权益得到有效维护、政治意识得到更大增强，就能够更加积极地支持拥护党的领导，更加主动地贯彻执行党的决定。人民民主强化党的发展动力。人民民主是一项根本的权力监督制度，人民切实运用监督权利，就能够更好保证党和国家领导机关和人员按照法定权限和程序行使权力。只有让人民监督政府，政府才不会懈怠；只有人人起来负责，才不会人亡政息。

民主是社会主义的核心价值，社会主义民主是人类历史上的新型民主制度。资本主义民主是货币的权力、资本的主权、资产阶级的统治。社会主义民主与资本主义民主的根本区别在于，前者政治的本质和核心是人民当家作主，是人民的权力、最大多数人的主权。习近平总书记指出，我们国家的名称，我们各级国家机关的名称，都冠以“人民”的称号，这是我们对中国社会主义政权的基本定位。我们党是用科学理论武装、具有远大理想、走在时代前列的先进政党，建设人民当家作主的社会主义民主政治是党的重大政治责任。我国处于社会主义初级阶段，社会主义民主政治的体制、机制、程序、规范以及具体运行上还存在不完善的地方，形成一整套更加成熟、更加定型的人民民主制度，并且把人民民主的制度优势转化为人民民主的治理效能，需要做出长期的努力。正因任务艰巨，更要求加强党对社会主义民主政治建设的领导，保持正确方向，提供组织力量，增强建设动力，攻克障碍弊端，发展更加广泛、更加充分、更加健全的人民民主。

国家一切权力属于人民，必须通过一定的国家政权组织形式和国家治理体系来贯彻落实。几十年的实践充分证明，人民代表大会制度是符合中国国情和实际、体现社会主义国家性质、保证人民当家作主、保障实现中华民族伟大复兴的好制度。人民代表大会制度作为坚持党的领导、人民当家作主、依法治国有机统一的根本制度安排，既保证了我们党高举人民民主旗帜的制度化，又保证了党的领导对人民民主制度的规范定向。坚持党总揽全局、协调各方的领导核心作用，通过人民代表大会制度保证党的路线方针政策和决策部署在国家工作中得到全面贯彻和有效执行。不断加强和改善党的领导，善于使党的主张通过法定程序成为国家意志，善于使党组织推荐的人选通过法定程序成为国家政权机关的领导人员，善于通过国家政权机关实施党对国家和社会的领导，善于运用民主集中制原则维护党和国家权威、维护全党全国团结统一。

3. 坚定不移坚持和发展中国特色社会主义民主

旗帜标识道路、引领方向、决定未来。当今世界，两大制度体系和价值体系的较量，突出表现在“民主的冲突”上。西方国家一直图谋把西式民主作为“普世价值”向我国倾销，从而取代我们党和人民坚持的中国特色社会主义民主。民主不仅是历史的具体的，而且是有立场有原则的。习近平总书记深刻指出，中国是一个发展中大国，坚持正确的政治发展道路更是关系根本、关系全局的重大问题。我们党始终高举人民民主的旗帜，最紧要的就是坚定不移坚持和发展中国特色社会主义民主，“咬定青山不放松”，牢牢把国家和民族前途命运掌握在人民手中。

世界上不存在完全相同的政治制度，也不存在适用于一切国家的政治制度模式。我们需要借鉴国外政治文明有益成果，包括西式民主的某些做法，但绝不能放弃中国政治制度的根本。一些移植西式民主的发展中国家陷入困境，导致政局动荡、社会混乱、经济凋敝，教训极为深刻。中国特色社会主义民主深深扎根于中国的社会土壤，建立在国家的历史传承、文化传统、经济社会发展的基础上，根深叶茂、生命力强，巩固着我们的制度自信、民主自信。有国外学者认为，改革开放以来，中国共产党作为一个强大并且善于学习、调整与吸纳的执政党，力求包容中国不同社会阶层和社会群体利益。这实际上就是根据社会结构的新变化，扩大人民民主，从各层次各领域扩大公民有序政治参与，显示出中国式民主的自我更新能力。在中国社会主义民主政治建设的思路和谋划上，照抄照搬他国模式行不通，不能听从他人的指手画脚。

坚持独立自主的立场发展社会主义民主政治，是由于我们党确立了评价国家政治制度的实践标准。凡是符合这些实践标准的，我们就坚定不移地照着做；凡是不符合这些实践标准的，我们也心无旁骛地不采纳。习近平总书记在讲话中提出了评价一个国家政治制度是不是民主的、有效的，主要看“八个能否”标准。这八条标准涵盖了领导更替规则、人民管理权利、利益诉求渠道、公民参与程度、国家决策程序、人才选拔体制、依法执政水准、权力监督效能等方面，涉及民主政治的关键问题，表明了我们党对社会主义民主政治认识和实践的发展成熟程度。改革开放 40 年来的事实充分证明，中国社会主义民主政治具有强大生命力，中国特色社会主义政治发展道路是经过实践检验的正确道路。

中国特色社会主义民主是个新事物，也是个好事物。习近平总书记强调，发展社会主义民主政治，关键是要增加和扩大我们的优势和特点，而不是要削弱和缩小我们的优势和特点。我们的社会主义民主政治，坚持党的领导核心作用与提高党的执政水平和治理能力紧密结合，保证人民民主选举权利与保证人民民主参政权利紧密结合，坚持和完善中国共产党领导的多党合作和政治协商制度与加强社会各种力量的合作协调紧密结合，坚持和完善民族区域自治制度与巩固平等团结互助和谐的社会主义民族关系紧密结合，坚持和完善基层群众自治制度与保障人民依法直接行使民主权利紧密结合，国家机关提高能力和效率与增进协调和配合紧密结合，有效防止某些国家和地区出现的“民主乱象”“民主陷阱”“民主失效”。中国特色社会主义民主在路上，不断推进社会主义民主政治制度化、规范化、程序化，就是社会主义民主优势不断增强、特点不断凸显的完善发展、改革创新过程。

（五）全面推进依法治国是国家治理领域一场广泛而深刻的革命

党的十八届四中全会通过的《中共中央关于全面推进依法治国若干重大问题的决定》，与十八届三中全会通过的《中共中央关于全面深化改革若干重大问题的决定》形成姊妹篇。全面深化改革的总目标是完善和发展中国特色社会主义制度、推进国家治理体系和治理能力现代化。推进国家治理现代化，根本途径是推动法治成为治国理政的基本方式。全面推进依法治国，是国家治理现代化的深化与拓展，是国家治理领域一场广泛而深刻的革命。这场革命的关键，是建设中国特色社会主义法治体系。

1. 形成完备的法律规范体系，国家依法治理，实现国家治理基础的重大转变

中国特色社会主义法治体系是一个内容丰富的整体，包括完备的法

律规范体系、高效的法治实施体系、严密的法治监督体系、有力的法治保障体系和完善的党内法规体系。这五大体系托起法治国家的基本框架，涵盖全面推进依法治国的基础建设，构成国家治理体系的骨干工程。建设法治中国，就要牢牢把握法治体系这一总抓手，夯实基础、全面加强。

完备的法律规范体系是法治实施、法治监督、法治保障的前提。改革开放 40 年来，以宪法为核心，以宪法相关法、民法商法、行政法、经济法、社会法、刑法、诉讼与非诉讼程序法等多个法律部门的法律为主干，由法律、行政法规、地方性法规等多个层次的法律规范构成的中国特色社会主义法律体系已经形成，国家和社会生活的各个方面总体上实现了有法可依。同时，我国法律制度还存在许多不适应经济社会发展和民主法治建设的问题。比如，有的法律法规未能全面反映客观规律和人民意愿，针对性、可操作性不强；立法工作中部门化倾向、争权诿责现象较为突出，有的立法实际上成了一种利益博弈；一些地方利用法规实行地方保护主义，对全国形成统一开放、竞争有序的市场秩序造成障碍。形成完备的法律规范体系，就是要在中国特色社会主义法治道路指引下，坚持宪法的核心地位，通过完备的法律推动宪法实施；紧紧围绕建设中国特色社会主义总体布局，推动法律体系完善发展；加强党对立法工作的领导，完善党对立法工作中重大问题决策的程序；深入推进科学立法、民主立法，提高立法质量。

法律是治国理政的重大制度发明。汉代贾谊在《治安策》中写道："立经陈纪，轻重同得，后可以为万世法程，虽有愚幼不肖之嗣，犹得蒙业而安，至明也。"依法治国，首先要有法可依。法为治理之本，法治构成治理的基本秩序；法为治理之矩，法治构成治理的基本依据；法为治理之用，法治构成治理的基本机制；法为治理之衡，法治构成治理的基本仲裁。全面推进依法治国，首要任务就是形成完备的法律规范体系。"立善法于天下，则天下治；立善法于一国，则一国治。"形成完备的法律规范体系，重要目的在于增强法律法规的及时性、系统性、针对性、有效性，为全面推进依法治国提供基本遵循。增强及时性，才能解决因某些法规滞后而无法可依，或实际上的某些“法规失效”问题；增强系统性，才能解决不同位阶的法律之间衔接不够紧密，匹配性和协调性不够的问题；增强针对性，才能解决某些法规存在的问题导向、原则立场不清楚的问题；增强有效性，才能解决某些立法不尊重法治规律、难以操作执行的问题。

形成完备的法律规范体系，标志着国家治理基础的重大转变。法律规范体系是法治国家的制度基础，完备的法律规范体系构成了国家治理的系统法规基础，“有利于在法治轨道上推进国家治理体系和治理能力现代化，有利于在全面深化改革总体框架内全面推进依法治国各项工作，有利于在法治轨道上不断深化改革”①。法规的不完善不协调，就产生了有法可依与无法可依同时存在，依法行事与不依法行事并存不悖的状况，本身就为人治留下了“空档”。宪法是根本法、总章程，是国家治理法治基础的根本。坚持依法治国首先要坚持依宪治国，坚持依法执政首先要坚持依宪执政。任何组织和个人都必须尊重宪法法律权威，都必须在宪法法律范围内活动，都必须依照宪法法律行使权力或权利、履行职责或义务，都不得有超越宪法法律的特权。良法是善治之前提。不是所有的法都能治国，不是所有的法都能治好国，不良之法比起无法可依危害更大。“以不正之法罪之，是法反害于民为暴者也。”法律体系的建设并不仅仅是保证有法可依，更重要的是保证良法治国。法律体系本身必须因时而变，而且要明确立法权力边界，从体制机制和工作程序上有效防止部门利益和地方保护主义法律化。

2. 形成高效的法治实施体系，严格执法司法，实现国家治理机制的整体转型

“天下之事，不难于立法，而难于法之必行。”完备的法律规范体系依靠高效的法治实施体系来贯彻，否则，再完备的法规体系也只是存在于纸面上、停留在口头上，徒有其名、无济于事。法律的生命力在于实施，法

---

① 习近平．关于《中共中央关于全面推进依法治国若干重大问题的决定》的说明．人民日报，2014-10-29.

律的权威也在于实施，全面推进依法治国的重点是保证宪法法律严格实施。形成高效的法治实施体系，根本要求是维护社会主义法制的统一、尊严、权威，形成人们不愿违法、不能违法、不敢违法的法治环境，做到有法必依、执法必严、违法必究。党的十八届四中全会通过的《中共中央关于全面推进依法治国若干重大问题的决定》提出，要创新执法体制，完善执法程序，推进综合执法，严格执法责任，坚持严格规范公正文明执法，完善司法管理体制和司法权力运行机制，规范司法行为，推进严格司法，等等，都是形成高效的法治实施体系的总体部署。

我国传统人治社会的影响深远，从法制到法治，是一个长期的历史过程。一些领导干部违法干预司法，影响了司法公正，有的甚至酿成冤假错案。这些表明，有了法律规范体系作为国家治理基础，还要有法治实施体系作为国家治理机制，真正让法律运转起来，发挥效能。习近平同志尖锐地指出："如果在抓法治建设上喊口号、练虚功、摆花架，只是叶公好龙，并不真抓实干，短时间内可能看不出什么大的危害，一旦问题到了积重难返的地步，后果就是灾难性的。"①

形成高效的法治实施体系，推动着国家治理机制的整体转型。建设法治国家、法治政府、法治社会，都是要牢牢确立法治这一基本机制和基本方式，转变传承已久、根深蒂固的人治方式，确立法治国家通行的办事依法、遇事找法、解决问题用法、化解矛盾靠法的法治思维和法治方式，使法治成为通则、成为铁律、成为习惯。习近平同志指出，"人类社会发展的事实证明，依法治理是最可靠、最稳定的治理。要善于运用法治思维和法治方式进行治理"②。高效的法治实施体系将改变执法司法不公问题，实现法律面前人人平等。任何人违反宪法法律都要受到追究，绝不允许任何人以任何借口任何形式以言代法、以权压法、徇私枉法。高效的法治实施体系将克服法治实施过程中的低效运转状况，解决立案难、诉讼难、执行难问题，防止社会逐渐失去法治信心和法治信任，充分发挥司法的权利救

① 习近平．加快建设社会主义法治国家．求是，2015（1）.

② 习近平．在庆祝澳门回归祖国15周年大会暨澳门特别行政区第四届政府就职典礼上的讲话．人民日报，2014-12-21.

济、定分止争、制约公权、维护社会公平正义等基本功能。高效的法治实施体系将解决滥用自由裁量权、选择性执法、权力寻租等问题，坚持法定职责必须为、法无授权不可为，确保严格执法、公正司法，遏制人情案、关系案、金钱案，坚决维护法治权威。

3. 形成严密的法治监督体系，依法约束权力，实现国家治理监督的有效强化

法治能否实施，需要进行监督。即使是宪法实施，也离不开宪法监督，宪法监督是保证宪法实施、维护宪法权威和尊严的重要制度形式。同时，立法、执法、司法等法治方式，本身就具有国家权力性质，是在行使立法权、执法权、司法权。权力必须受到监督，包括监督权也要受到监督，法治权力也不例外，否则就有滥用法治权力、以法权谋私利的可能。因此，法治监督是法治体系不可缺少的部分，形成严密的法治监督体系是建设中国特色社会主义法治体系的重要任务。法治监督是从良法到善治的保证。《中共中央关于全面推进依法治国若干重大问题的决定》要求强化对行政权力的制约和监督，加强党内监督、人大监督、民主监督、行政监督、司法监督、审计监督、社会监督、舆论监督制度建设，努力形成科学有效的权力运行制约和监督体系，增强监督合力和实效。要求加强对司法活动的监督，完善检察机关行使监督权的法律制度，加强对刑事诉讼、民事诉讼、行政诉讼的法律监督。法治监督体系越是严密和坚实，法治效能就越能发挥和强化。

法律即使是科学公正的，在法治实施过程中由于人的认知误差或私欲驱动，仍有可能偏离或扭曲。一些公职人员滥用职权、失职渎职、执法犯法甚至徇私枉法严重损害国家法治权威，一些司法人员作风不正、办案不廉，“吃了原告吃被告”，群众对执法司法不公和腐败问题反映强烈。这些问题很大程度上都是法治监督不力的结果，没有监督的法治权力同样会导致法治腐败。法治是社会公平正义的守护神，是人民群众寻求公正庇护的最高合法形式，执法司法不公和腐败就会导致“法治失效”，对国家治理的公正性有效性具有致命破坏作用。因此，法治监督是权力监督的重中之重，严密的法治监督体系是全面推进依法治国的制度保证。特别是在社会主义初级阶段，在发展社会主义市场经济的条件下，更要着力防止和遏制把立法权、执法权、司法权变为某些执掌这些权力的个人的设租权、交易权、谋私权。没有法治监督的法治是有缺陷、有隐患的法治，将会使法治与宗旨相悖、与本意相离；没有严密的法治监督体系，就不是成熟的成功的法治体系。随着法治中国的建设发展，必将是法治监督体系愈益严密、有力、有效。

形成严密的法治监督体系，促使着国家治理监督的极大强化。解决好权力监督问题是国家治理现代化的重大课题。早在我们党执政前夕，毛泽东就意识到执政权力要接受人民监督，指出只有让人民来监督政府，政府才不敢松懈。国家治理监督是指要把对权力的监督作为国家治理的重要内容，包括国家治理活动本身也要受到监督。“法网恢恢，疏而不漏。”国家治理之器不能成为治理之弊、治理之患。严密的法治监督体系加强了监督的全面性，压缩了监督的“盲区”“特区”“禁区”，如推行政府权力清单制度、坚决消除权力设租寻租空间等；增强了监督的强硬性，改变了一些领域监督乏力、若有若无、“象征性监督”的积弊，如保障依法独立行使审计监督权，对公共资金、国有资产、国有资源和领导干部履行经济责任情况实行审计全覆盖等；提高了监督的精准性，防止出现重点领域监督失控的问题，如明确对财政资金分配使用、国有资产监管、政府投资、政府采购、公共资源转让、公共工程建设等权力集中的部门和岗位实行分事行权、分岗设权、分级授权，定期轮岗，强化内部流程控制等；增强了监督的威慑性，打消了规避监督的侥幸心理，如规定建立领导干部干预司法活动、插手具体案件处理的记录、通报和责任追究制度等。形成严密的法治监督体系，是国家治理领域的监督革命。

4. 形成有力的法治保障体系，全民崇尚法治，实现国家治理文化的现代更新

法治的运行，需要相应的保障体制。形成有力的法治保障体系，是建设中国特色社会主义法治体系的题中应有之义。中国共产党的领导是社会主义法治最根本的保证。只有在党的领导下依法治国、厉行法治，人民当家作主才能充分实现，国家和社会生活法治化才能有序推进。建设一支德才兼备的高素质法治队伍至关重要，这是加快建设社会主义法治国家的强有力组织和人才保障。人民是依法治国的主体和力量源泉，法律的权威源自人民的内心拥护和真诚信仰。全体人民都成为社会主义法治的忠实崇尚者、自觉遵守者、坚定捍卫者，尊法、信法、守法、用法、护法成为全体人民的共同追求，社会主义法治国家才能建成。法治精神、法治观念、法治意识是法治运行的文化氛围，全面推进依法治国，必须弘扬社会主义法治精神，建设社会主义法治文化。

推进法治社会建设，是一个法律制度与法治文化相互促进、相互协调的过程。法律制度反映了该社会的经济制度、政治制度，凝结为精神文化层面，就形成了法治文化。法治文化一旦形成，又能够塑造和引导该社会的法律制度。没有全民崇尚法治的文化环境，法律制度就很难见效，法治社会就不能建成。法治信仰是法治文化的灵魂，就是从心底培育对法治的尊崇，不断强化自觉坚定的法治意识，不为外部压力所动摇，不被金钱美色所诱惑，不因无人知晓而故犯。法治文化具有丰富具体的内涵，核心的内容是把法治作为信仰、让法治成为信仰。公民不仅要敬畏自然、敬畏道德，而且要敬畏法治。

塑造法治文化、培育全民守法，将促成国家治理文化的现代更新。现代治理文化的重要内涵是法治文化。法治文化确立了治国理政的基本理念，标志着治理文化的本质属性，决定着治理文化的制度取向。治理现代化要实现治理文化的变革，根本要求是在全社会努力塑造法治文化，让法治文化成为居主导地位的治理文化。塑造法治文化，全面推进依法治国就有了思想的推进器、观念的定向仪。形成守法光荣、违法可耻的社会氛围，全民守法成为一种内心自觉，就能大大降低法治的费用成本。全民自觉守法，恪守法治信仰，就能有力遏制法治的“破窗效应”，不因有人违法犯罪暂时没有受到惩处而效法；就能有效防止法治的“囚徒困境”，不因担心他人违法现得利、自己守法却吃亏而放弃守法底线。增强全民法治观念，要教育和引导立法、执法、司法人员牢固树立社会主义法治理念，恪守职业道德，做到忠于党、忠于国家、忠于人民、忠于法律。坚持法治教育从娃娃抓起，把法治教育纳入国民教育体系和精神文明创建内容，由易到难、循序渐进不断增强青少年的规则意识。治理必治心，法治文化就是让法治深入人心、教化人心、转变人心的过程，是国家治理的文化变革。

5. 形成完善的党内法规体系，全党模范守法，实现国家治理能力的大幅提升

依法治国、依法执政，要求党依据宪法法律治国理政，也要求党依据党内法规管党治党。我们党是依法治国的领导者，也是依法治国的贯彻者，党内法规体系是中国特色社会主义法治体系的有机组成，是依法治党的基本依据。遵行党内法规制度，是全党同志履行党员职责的要求，也是履行法律义务的要求。党内法规制度体系包括党章、准则、条例、规则、规定、办法、细则，是管党治党建党的重要法宝。党章是我们党立党、管党、治党的总章程，是最根本的党内法规，在党内具有最高的权威性和最大的约束力。《中共中央关于全面依法治国若干重大问题的决定》强调，党规党纪严于国家法律，党的各级组织和广大党员干部不仅要模范遵守国家法律，而且要按照党规党纪以更高标准严格要求自己。完善的党内法规体系，以党章和宪法为基本遵循，与中国特色社会主义法治体系相衔接相协调，体现党的先锋队性质和作用。全党严格遵行党内法规体系，模范遵守法律法规，就能保证走在法治中国建设前列。

“法先自治以治人，先治近以及远。”全面推进依法治国，关键在党，在全党的带头守法、模范守法，为全民守法做出示范。我们党作为执政党，不仅不能超越于国家法律之外，而且要以严格的标准、规范的行为、严厉的惩处来遵纪守法，以身作则、以上率下。法治国家就是要做到无论执政与参政、官员与群众，都要在同一个法治的大厦下，遵从同样的法律义务。一些党的领导干部自以为享有法外特权，有恃无恐、胆大妄为，视法律为儿戏、党纪为玩物，最终在党纪国法面前碰得头破血流。习近平指出：“各级领导干部都要牢记，任何人都没有法律之外的绝对权力，任何人行使权力都必须为人民服务、对人民负责并自觉接受人民监督。”① 党要模范守法，还要善于用法。党员干部是全面推进依法治国的重要组织者、推动者、实践者，要自觉提高运用法律思维和法治方式深化改革、推动发展、化解矛盾、维护稳定的能力。法治思维和法治方式崇尚法治的权威和规则，无论什么人物都要服从于法，多大权力都要从属于法，何种行为都要受制于法；维护法律的公正，道德谦让、协商妥协、达成交易、权力处置等，都可以作为解决问题、协调利益、化解矛盾的方式，但法治是基础和准绳。

实现依法治国与依规治党的统一、模范守法与善于用法的统一，大幅提升了党领导治国理政的能力。坚持把法治作为治国理政的基本方式，是党领导人民实行法治成功经验的总结运用，是对我国古代法制传统和成败得失的择善而用，是对世界上优秀法治文明成果的学习借鉴，是推进国家治理现代化的主要路径，标志着党的国家治理能力的新跃升。如何在法治轨道上推进国家治理体系和治理能力现代化，如何推动从传统人治社会向现代法治国家的转型，如何在中国特色社会主义法治道路上建设法治国家，如何实现中国特色社会主义法治体系与国家治理体系的有机融合，如何把法治基本方式与其他治理方式综合运用，如何保证法治成为善治、成为人民幸福的卫士，如何把党的领导贯彻到依法治国全过程和各方面、不断提高党领导依法治国的能力和水平，等等，都是新的课题、新的探索、新的实践，都需要在国家治理现代化的进程中不断深化认识、提高能力、实现目标。

（六）社会主义现代化的文化之维

党的十九大开启了全面建设社会主义现代化国家新征程，这是新中国成立后党带领人民不懈奋斗、建设现代化国家历史进程的一次伟大飞跃。

① 中共中央文献研究室．十八大以来重要文献选编：上．北京：中央文献出版社，2014：136.

现代化是全方位、多领域、各层次的变革和跃升，并不仅限于农业、工业、国防和科技的“四个现代化”领域。文化是社会结构的有机组成，全面现代化包括文化在内的各个领域的现代化。现代化不仅是技术方式和生产方式的自然演进过程，也需要思想引领、精神激励、文化支持。文化是一个国家、一个民族的灵魂，也是国家现代化进程中的灵魂，全面建设社会主义现代化国家必须要有文化的基础和保证。坚持和发展中国特色社会主义文化，强化社会主义现代化的文化之维，是建成富强民主文明和谐美丽的社会主义现代化强国的内在要求。

1. 文化是全面建设社会主义现代化国家的重要领域

文化是经济、政治、社会等的反映，同时又是社会上层建筑的重要构成。随着社会形态的演变，文化在社会发展进步中的作用明显增强，国家文化软实力的分量越来越重。随着我们党对社会主义建设规律的认识加深，党的文化自觉达到新的高度，文化建设规模扩展、力度加大。

从“四个现代化”到全面现代化。党的十八届三中全会明确提出推进国家治理体系和治理能力现代化，社会主义现代化增加了治理之维。党的十九大明确提出建设现代化经济体系，将工业、农业、科技现代化统一纳入现代化经济体系之中；提出加快教育现代化，强化现代化的教育基础建设；提出人与自然和谐共生的现代化，增加了社会主义现代化的生态之维；将国防和军队现代化的内涵具体化为军事理论现代化、军队组织形态现代化、军事人员现代化、武器装备现代化；等等。可以看出，党对社会主义现代化领域的认识，是一个不断拓展和深化的过程。

从“五位一体”总体布局看文化建设。改革开放40年来，我们党在开创中国特色社会主义道路的过程中，在对总体布局的认识上逐步形成了经济建设、政治建设、文化建设、社会建设、生态文明建设“五位一体”总体布局。“五位一体”构成了建设中国特色社会主义的主要领域，统筹推进“五位一体”总体布局构成了全面发展、相互支撑的系统格局。从提出建设社会主义精神文明，到提出建设中国特色社会主义文化，再到提出建设社会主义文化强国；从提出社会主义核心价值体系、培育和践行社会主义核心价值观，到提出增强国家文化软实力、增强文化自信等，都反映了在改革开放、社会主义现代化的进程中，文化是与其他领域同等重要的领域，文化建设始终是不可或缺的内容。文化兴则国运兴，文化强则国运强。现代化是社会历史的整体性变革，从世界现代化的进程看，文艺复兴起到了解放思想、转变价值、开阔视野、科学革命的作用，是西方现代化的先声和先导。全面建设社会主义现代化国家，必然将文化建设的现代化纳入其中，使文化成为现代化的文化基因。

从“三个自信”到“四个自信”。党的十八大强调坚持和发展中国特色社会主义道路、理论体系、制度，增强道路自信、理论自信、制度自信。党的十八大以来，习近平总书记进一步提出增强文化自信，指出“文化自信是一个国家、一个民族发展中更基本、更深沉、更持久的力量”①。这就从“三个自信”拓展为“四个自信”，提升了文化在中国特色社会主义自信中的独特地位。道路自信是以道路中蕴含的文化自信为基础的，理论自信是以对科学理论真理力量的文化信念为底蕴的，制度自信是以对建立制度的文化理念的自信为前提的。所以，文化自信是更基础、更广泛、更深厚的自信。与“四个自信”相适应，中国特色社会主义的基本内涵和基本结构，从道路、理论、制度“三位一体”拓展为道路、理论、制度、文化“四位一体”。因此，没有高度的文化自信，没有文化的繁荣兴盛，就没有中华民族伟大复兴。

全面建设社会主义现代化国家的文化建设现代化。文化建设是全面建设社会主义现代化国家的题中应有之义，习近平总书记在十九大报告中，将国家文化软实力显著增强作为基本实现社会主义现代化的阶段性特征之一，将物质文明、政治文明、精神文明、社会文明、生态文明全面提升明确为全面建成富强民主文明和谐美丽的社会主义现代化强国的阶段性特征之一。这就表明了全面建设社会主义现代化国家与文化建设密不可分，没有文化建设的现代化，就没有全面的现代化。怎样理解和把握社会主义现代化的文化之维，可不可以说社会主义文化现代化或者社会主义现代化文

① 习近平．决胜全面建成小康社会 夺取新时代中国特色社会主义伟大胜利：在中国共产党第十九次全国代表大会上的报告（2017 年 10 月 18 日）．北京：人民出版社，2017：23.

化？文化现代化是一个历史的范畴，是指在人类社会现代化的进程中，文化这种社会形式，也经历了一个自我更新、自我完善，适应现代化、跟随现代化、引领现代化，从而实现文化现代化的过程。文化现代化还是一个政治的范畴，不同的社会形态有不同性质的现代化，不同的社会制度有不同内涵的文化现代化。现代化不是资本主义的专利，按照马克思、恩格斯的思想，社会主义现代化是人类社会现代化的高级阶段和高级形态。社会主义现代化包括各个领域的现代化，是社会主义国家的奋斗目标，是中国共产党的不懈追求。可以说，建设社会主义先进文化，坚持倡导社会主义核心价值观，加快构建中国特色哲学社会科学体系，繁荣发展社会主义文艺，推动中华优秀传统文化创造性转化、创新性发展，建设具有强大凝聚力和引领力的社会主义意识形态等，都是社会主义文化现代化的标识，是社会主义现代化文化的内涵。

社会主义现代化进程中的文化发展规律。从新中国成立后党领导社会主义现代化的进程看，现代化的优先目标是与国家发展的迫切需求连在一起的。在国民经济恢复时期，农业满足人民最基本的食物需求，交通运输业是国民经济的动脉，国防建设关系新中国的安危，这些就自然成为过渡时期总路线的优先目标。在社会主义建设时期，农业是基础，工业是主导，科学技术是现代化的关键，国家富强不可一日无国防，由此“四个现代化”顺势而出。改革开放以来，中国特色社会主义制度逐步完善、不断巩固，如何将制度优势转化为治理效能，是发展中国特色社会主义制度的重大课题。党的十八届三中全会提出了国家治理体系和治理能力现代化，治理是国家运行的基本机制，国家治理不够顺畅、不够高效，自然会影响社会主义国家的各项建设，掣肘社会主义现代化的进程。党的十九大将全面建设社会主义现代化国家作为新时代中国特色社会主义发展的战略安排的主要内容，社会主义现代化从“四个现代化”进入“全面现代化”的新时代。全面建设就是指未来 30 多年的现代化建设，包括经济、政治、文化、社会、生态、国防和军队、政党、国家治理、人的全面发展等各个领域的现代化建设。这是由于现代化是全面的现代化、体系的现代化，全面建设社会主义现代化国家，本身就要求现代化的总体性，不能单打独斗，也不能仅仅是几个领域。社会主义现代化是由各个领域的现代化所构成的，需要总体推进与局部跃升相结合，文化建设现代化不可或缺、十分重要。

2. 文化是全面建设社会主义现代化国家的精神支撑

现代化不仅是技术方式、生产方式和生活方式变迁的过程，而且也是思维方式、行为方式、交往方式转变的过程。从近代以来的现代化进程看，一个国家实现现代化，不仅需要经济总量、军事力量等硬实力的提高，而且需要价值观念、思想文化等软实力的提高。文化是社会形态的鲜明特征和显著标识，是全面建设社会主义现代化国家的精神之维和思想之魂。

文化高扬社会主义现代化的思想旗帜。中国共产党90多年来团结带领人民进行伟大社会革命的历史，同时也是建设与党的性质和宗旨相一致，与中国发展进步潮流相一致的先进文化的历史。新民主主义革命时期，党和人民创造了新民主主义的文化，这就是无产阶级领导的人民大众的反帝反封建的文化，是民族的科学的大众的文化，是中华民族的新文化，由此成为新民主主义革命的思想旗帜。新民主主义文化犹如大海中的灯塔，对于动员广大人民群众投身于党领导的革命和战争事业，起到了强大的引领和激励作用。社会主义革命和建设时期，党和人民创立了社会主义文化，这就是以马克思列宁主义、毛泽东思想为指导，以共产主义理想和社会主义信念为灵魂，以社会主义道德为准则，以培养社会主义新人为己任的新文化。社会主义文化对于增强社会主义的凝聚力和向心力，塑造中国人民新的素质，推动社会主义事业发展，发挥了重大作用。新民主主义文化和社会主义文化，是中华民族实现了从“东亚病夫”到站起来伟大飞跃的思想旗帜。改革开放新时期，党和人民创立了中国特色社会主义文化，是改革开放40年来中国特色社会主义取得巨大成就、中华民族实现了从站起来到富起来伟大飞跃的思想旗帜。进入中国特色社会主义新时代，在全面建设社会主义现代化国家的新征程中，在中华民族迎来了从富起来到强起来的伟大飞跃中，中国特色社会主义文化同样是实现社会主义现代化的思想旗帜。

文化增强社会主义现代化的精神动力。全面建设社会主义现代化国家，是一场新的伟大社会革命。要将这场伟大社会革命进行到底，必须要有文化的支持。邓小平在《解放思想，实事求是，团结一致向前看》中指出，“实现四个现代化是一场深刻的伟大的革命”①，同时要求全党团结一致，同心同德，解放思想，开动脑筋，善于学习。这就表明，新时期党和国家的中心工作是社会主义现代化，但如果思想不解放，思想僵化，一切从本本出发，社会主义现代化就不可能实现。可以说，真理标准大讨论和思想解放运动，是新时期建设社会主义现代化的思想发动和精神呼唤。党的十一届三中全会召开 40 年后，我国社会主义现代化站在新的历史起点上，开启全面建设社会主义现代化国家新征程，必须进行具有许多新的历史特点的伟大斗争。有效应对重大挑战、抵御重大风险、克服重大阻力、解决重大矛盾，包括坚决战胜一切在政治、经济、文化、社会等领域和自然界出现的困难和挑战，同时要求以伟大精神赢得伟大斗争。习近平总书记在十三届全国人大一次会议上强调的伟大民族精神，实质上就是开启全面建设社会主义现代化国家新征程的精神动力。伟大民族精神是中华民族 5 000 多年文明历史的强大精神动力，也是全面建成社会主义现代化强国的强大精神动力。伟大创造精神激励开拓创新实现现代化，伟大奋斗精神激励攻坚克难实现现代化，伟大团结精神激励万众一心实现现代化，伟大梦想精神激励坚定不移实现现代化。

文化确立社会主义现代化的价值标准。坚持社会主义核心价值体系，是新时代坚持和发展中国特色社会主义基本方略的重要内容。我国的现代化称为社会主义现代化，它的一个根本特征，就是坚持社会主义核心价值体系，由此构成我国现代化的价值准则。坚持社会主义核心价值体系，包括坚持马克思主义，牢固树立共产主义远大理想和中国特色社会主义共同理想，培育和践行社会主义核心价值观，不断增强意识形态领域主导权和话语权，更好构筑中国精神、中国价值、中国力量等等。社会主义核心价

① 邓小平．邓小平文选：第 2 卷．2 版．北京：人民出版社，1994：152.

值体系，规定了社会主义现代化的基本性质，决定了中国特色社会主义现代化道路的前进方向，指明了全面建设社会主义现代化国家的价值导向。核心价值观是决定文化性质和方向的最深层次要素。习近平总书记在党的十九大报告中指出："社会主义核心价值观是当代中国精神的集中体现，凝结着全体人民共同的价值追求。"① 可以说，社会主义核心价值观就是社会主义现代化的价值追求。富强、民主、文明、和谐以及美丽，就是我们要建设的社会主义现代化国家；自由、平等、公正、法治，就是我们要建设的社会主义现代化社会；爱国、敬业、诚信、友善，就是我们要培育的社会主义现代化公民。社会主义核心价值观从价值观念转变为价值实践，就是社会主义现代化的建成。

文化厚植社会主义现代化的智力基础。文化建设包括发展文化事业和文化产业，建设教育强国，建设学习型社会，提高国民素质等。社会主义现代化是以全民族的精神文明大大提高、全社会的文化素养大大增强为条件的。经济落后建不成现代化，文化落后同样建不成现代化。在综合国力竞争中，科技竞争的基础是人才竞争，人才竞争的基础是教育竞争。没有教育的现代化，就没有国家的现代化。党的十九大提出加快教育现代化，表明了全面现代化，教育要先行，是为全面建设社会主义现代化国家提供人才队伍和智力资源，建好基础工程。新时代文化建设，既要加强思想道德建设，繁荣发展社会主义文艺，满足人民日益增长的美好精神生活需要，也要优先发展教育事业，发展素质教育，推进教育公平，办好继续教育。

3. 中国特色社会主义文化是文化建设现代化的根本标识

改革开放40年来，中国特色社会主义的基本内涵不断丰富拓展，从道路、理论、制度到文化。中国特色社会主义文化，是在建设中国特色社会主义的实践过程中形成的根本文化成就。与全面建设社会主义现代化国家相适应、符合其需要的文化，就是中国特色社会主义文化；我们所说的文

① 习近平. 决胜全面建成小康社会 夺取新时代中国特色社会主义伟大胜利：在中国共产党第十九次全国代表大会上的报告（2017年10月18日）. 北京：人民出版社，2017：42.

化现代化或现代化文化，就是中国特色社会主义文化。

中国特色社会主义文化是社会主义现代化的显著特征。中国特色社会主义文化积淀着中华民族最深层的精神追求，源自中华民族 5 000 多年文明历史所孕育的中华优秀传统文化，熔铸于党领导人民在革命、建设、改革中创造的革命文化和社会主义先进文化，代表着中华民族独特的精神标识。社会主义现代化与资本主义现代化相比，有着共同的内涵标准和文明形式，也有着独特的本质、特色和优势。中国特色社会主义文化有着明显的民族特色，是中华民族 5 000 多年文明历史的文化结晶，也是中国社会主义现代化的文化底蕴。中国特色社会主义文化，有着明显的政治属性，是中国特色社会主义道路、制度的思想形式，社会主义意识形态表明社会主义现代化文化的本质特征。中国特色社会主义文化，有着明显的现代属性，顺应历史潮流，走在时代前列，反映人民心声，吸收人类文化优秀成果，代表着先进文化的前进方向。在经济全球化时代，各个国家和民族可以生产和使用同样同质的科技产品，但不能接受同一种文化或信奉同一种宗教，文化有其独特内涵和价值。

中国特色社会主义文化是文化建设现代化的本质内容。中国特色社会主义文化，绝不是全面建成社会主义现代化国家之前的文化，绝不是社会主义现代化文化的“前现代”文化。从历史脉络看，中国特色社会主义文化融历史文化、当代文化、未来文化于一体，源远流长、根深叶茂，有着强大的生命力。从指导思想看，中国特色社会主义文化以马克思主义为指导，马克思主义是中国特色社会主义文化的灵魂，马克思主义中国化的成果，集中体现了中国特色社会主义文化的时代精神，注入了时代内涵。从发展维度看，中国特色社会主义文化面向现代化、面向世界、面向未来，这一文化内在地与现代化相契合，不仅不排斥而且是向往新世界新社会的；这一文化自觉地与世界相联结，不仅不封闭而且是开放包容的；这一文化前瞻性地与未来相一致，不仅不停滞而且是构想创造美好愿景的。从基本属性看，中国特色社会主义文化是民族的科学的大众的文化，民族的文化保持了现代化的文化之根，科学的文化保证了现代化的文化之魂，大众的文化彰显了现代化的文化之本。从动力机制看，中国特色社会主义文化坚持创造性转化、创新性发展，这一转化和发展，既包括中华优秀传统文化在新时代的创造性转化、创新性发展，也包括革命文化、社会主义先进文化的创造性转化、创新性发展，从不停止在同一个发展阶段和发展水平，而是与实践同行，与时代同步，与现代化同进。

中华优秀传统文化提供社会主义现代化的中国智慧。传统与现代既有矛盾冲突的关系，也有相容相济的关系。中华优秀传统文化是中国特色社会主义文化的牢固根基和有机构成，以其深厚的思想底蕴和长久的历史积淀滋养着中国特色社会主义文化。中华优秀传统文化在走向社会主义现代化的今天，仍然是宝贵的思想富矿和有益的精神源泉。比如，中华优秀传统文化中关于“天人合一”与“天行健，君子以自强不息”的思想，对于在现代化进程中处理好人与自然的关系有重要启示。既要承认人是从属于自然的、不能违背自然规律，同时要认清人在自然规律面前不是消极无为的。中华优秀传统文化中关于“大道之行也，天下为公”的思想，成为中国共产党人为实现社会主义现代化、让现代化为全体人民造福的精神动力。中华优秀传统文化中关于“仁者爱人”“与人为善”的思想，是社会主义现代化国家人与人之间交往中仍然适用的行为规范。中华优秀传统文化中关于“老吾老，以及人之老；幼吾幼，以及人之幼”“扶贫济困”的思想，是完善社会保障、促进社会和谐的思想根据。

革命文化赋予社会主义现代化红色基因。中国共产党在带领人民进行新民主主义革命的艰辛实践中，形成了“革命理想高于天”的革命理想主义，“砍头不要紧，只要主义真”的革命英雄主义，“万水千山只等闲”的革命乐观主义，官兵一致的革命民主主义，“加强纪律性，革命无不胜”的纪律观念，热爱人民、依靠人民的群众路线等内容的革命文化。革命文化上承中华优秀传统文化，基于中国无产阶级和人民大众的革命性，下启社会主义先进文化，是中国特色社会主义文化形成发展的重要环节，是中国特色社会主义文化的重要组成。进入社会主义时期、中国特色社会主义新时期、中国特色社会主义新时代，党仍然在进行新的伟大社会革命，仍然需要保持和弘扬革命精神，仍然需要革命文化的营养。革命文化所蕴含的红色基因，并不仅仅是传统的，而且也是现代的，并不仅仅是革命战争年代的精神旗帜，而且也是实现社会主义现代化的精神财富。从马克思主义革命党的本质属性看，马克思主义是站在时代前列、引领世界潮流的现代思想体系，是反映人类历史现代化发展方向的科学理论形态。马克思主义革命党是世界现代化的产物，中国共产党的红色基因实质上是代表先进与现代，红色基因本身就包含着现代基因。

社会主义先进文化引领社会主义现代化的前进方向。社会主义先进文化，是新中国成立后，中国共产党带领人民在社会主义革命、建设和改革的长期实践中，在传承光大中华优秀传统文化、革命文化的基础上，反映社会主义本质要求、满足人民日益增长的美好精神生活需要、培养全面发展的社会主义新人的新型文化。社会主义先进文化是中国特色社会主义文化的本质内容和时代标识。社会主义先进文化，作为中国特色社会主义文化的主体部分，与社会主义现代化的文化高度契合、高度统一。社会主义先进文化，表明了社会主义现代化的文化是什么样的文化。建设以社会主义先进文化为核心的中国特色社会主义文化，就是社会主义文化现代化的发展方向。

4. 探索中国特色社会主义文化建设现代化的重要规律

全面建成社会主义现代化国家能否取得成功，关键在于能否掌握好运用好全面建设社会主义现代化国家的规律。文化建设现代化的规律是现代化建设规律的重要组成，遵循这一规律才能建设社会主义文化强国，铸就中华文化新辉煌。

统筹推进社会主义现代化总体布局。习近平新时代中国特色社会主义思想，明确中国特色社会主义事业总体布局是“五位一体”、战略布局是“四个全面”，这是新时代坚持和发展中国特色社会主义的一条基本经验。统筹推进“五位一体”总体布局，要求把文化建设放在全面建设社会主义国家的大局中实施，通过各个领域的现代化促进和保证文化建设的现代化。全面建设社会主义现代化国家，是一个同步推进、互相促进的过程，任何一个领域的滞后都会制约其他领域的发展。不能以为文化只是软实力就可以轻视或忽略，实际上软实力同样也是重实力。没有文化领域的现代化，就没有全面建成的现代化。

扎根历史、面向未来。现代化是人类社会的发展方向，它指向未来；现代化不是无源之水、无本之木，它是从历史走来，以全部历史的积累为根基的。文化更是如此，无论走得多远，无论发生多大变化，文化的根和脉都深藏于历史之中。文化现代化不能抛弃文化的根脉，而是要从历史的文化中汲取营养、学习智慧。现代化是大势所趋、人心所向；文化则如同一条江河，奔腾不息、流向大海。面向现代化、进入现代化、反思现代化，是文化发展的必然要求。

坚定文化自信，吸收人类文明。文化首先是民族的，从更大的视野看，文化又是世界的。中国特色社会主义文化的发展，建立在高度的文化自信基础上，坚信这一文化经历了中华文明 5 000 多年的润养、淬炼，愈益醇厚和纯净；经历了新民主主义文化的砥砺、提炼，与世界和时代贯通；保持着先进文化的前进方向，是紧跟时代潮流、昭示现代化趋势的文化。中华文化是中国各个民族文化交流交融的结晶，也是与世界各国文化交往交锋的产物。中国特色社会主义文化的发展，以海纳百川的胸怀，不忘本来、吸收外来，学习借鉴当代世界各国文明和文化的优秀成果。

坚持和发展社会主义核心价值体系。价值体系和价值观是决定文化本质属性的内核。建设社会主义现代化文化，不仅在于文化形式、样式、手段、媒介的创新，而且在于核心价值体系和核心价值观的构建。社会主义核心价值体系和社会主义核心价值观，是社会主义文化现代化的精髓，丢掉了这个，就丢掉了社会主义现代化文化的根本。社会主义现代化是一个长期的实践，在发展的进程中都会有新的内容、新的认识、新的价值产生。因此，社会主义核心价值体系也是一个不断丰富拓展的过程，社会主义核心价值观也是一个逐步精炼完善的过程。现代化文化的一个显著特征，就是它不是静止停滞的而是生长向上的。

用中国特色社会主义文化提高人民素质。文化要求人化，文化只有作用于人，通过人的变化以文化人，才能发挥教化作用。习近平总书记在党的十九大上要求加强思想道德建设，提高人民思想觉悟、道德水准、文明素养，提高全社会文明程度，用中国特色社会主义文化影响和教育人民。社会主义现代化要求促进人的全面发展，文化建设是基础。托起现代化社会的是现代化的人，没有人的现代化就没有社会现代化。全面建设社会主义现代化的过程，特别是建设社会主义现代化文化的过程，就是培养和塑造社会主义现代化新人的过程。

推进文化创新。创新是引领发展的第一动力，建设创新型国家乃至全面建设社会主义现代化国家，都需要倡导创新文化，让创新成为伟大民族精神的核心内涵，成为社会主义现代化的精神动力。文化创新是创新文化之母，一个民族的文化底蕴是内生创新、鼓励创新、褒奖创新的，创新文化的培育才有可能。中国特色社会主义文化，坚持百花齐放、百家争鸣，坚持创造性转化、创新性发展，这就造就了以文化创新催生创新文化、以文化创新促进社会创新的生动局面。文化创新的一个基本要求，就是不断满足人民日益增长的美好精神生活需要，让全体人民在满足基本生活需要的基础上，更有获得感、幸福感、安全感，享受更有尊严、更有品位、更有价值、更有乐趣的精神生活。

（七）社会和谐凝聚中国力量

社会和谐是中国特色社会主义的本质属性，也是社会主义核心价值观的基本内容。从党的十六大提出“社会更加和谐”的发展目标以来，我们党在构建社会主义和谐社会的进程中对促进社会和谐的认识更加丰富和深刻。党的十八大提出“三个倡导”的社会主义核心价值观，中共中央办公厅《关于培育和践行社会主义核心价值观的意见》明确提出和谐是国家层面的价值目标。深入理解和谐作为社会主义核心价值观的意义、根据、内涵，认真研究树立和谐价值观的条件、机制、途径，是在全社会培育和践行和谐价值观的理论前提。

1. 社会和谐是实现中华民族伟大复兴中国梦的价值要求

实现社会和谐，始终是人类追求的一种价值理想。《论语》的“和为贵”、墨子的“兼相爱”、傅立叶的“和谐制度”、欧文的“新和谐”等等，都反映了建立和谐社会的价值追求。从唯物史观的观点看，一种价值观念能否普遍化、现实化，根本在于社会经济关系、政治关系能否提供与之相适应的实践基础，在于该种价值观念是否与社会的进步趋势相一致、与人民的利益诉求相符合。可以说，历史是价值观之根，价值观是历史之镜。社会和谐成为社会主义核心价值观的基本内容，表明了中国特色社会主义制度的价值本质，表明了在中国特色社会主义道路上实现中华民族伟大复兴的价值要求有其深厚的现实根基和长期的发展需求。

社会和谐基于制度和谐。我们所倡导的社会和谐价值观，来自中国特色社会主义的制度基础。这一制度是保证各阶层、各民族和谐融洽的制度，是保证人与人、人与社会、人与自然之间和谐关系的制度。人民代表大会制度的根本政治制度，人民当家作主、共同享有选举权和被选举权，决定了社会关系的和谐。中国共产党领导的多党合作和政治协商制度、民族区域自治制度以及基层群众自治制度等基本政治制度，在政党关系上体现了共产党领导、各民主党派合作，充分协商、广泛参与，在民族关系上体现了民族平等、民族团结、各民族共同繁荣发展，在基层群众关系上体现了自我管理、自我服务、自我教育、自我监督，政治权利的保障促进了社会关系的和谐。以公有制为主体、多种所有制经济共同发展的基本经济制度，确定了能够促进生产力发展、保证最大多数人利益的公有制实现形式，有利于各种所有制经济在市场竞争中发挥各自优势，相互促进，共同发展，经济利益的保障维系了社会关系的和谐。同时我们也承认，中国特色社会主义制度还不是尽善尽美、成熟定型的，现实生活中还存在利益的藩篱，存在大量有违公平正义的现象，影响了社会和谐。党的十八届三中全会确定了完善和发展中国特色社会主义制度、推进国家治理体系和治理能力现代化的全面深化改革总目标，正是通过制度改革、治理创新来促进社会公平正义、加强和谐社会建设，增强广大人民群众对社会和谐的认同、信心和预期。

社会和谐基于目标和谐。共同的理想信念、目标追求是一个民族万众一心、团结奋斗的价值基础。党的十八大以来，以习近平同志为核心的党中央带领全党和全国各族人民，为“两个一百年”的奋斗目标和中华民族伟大复兴的中国梦奋力前行。中国梦凝聚了几代中国人的夙愿，体现了中华民族和中国人民的整体利益，是每一个中华儿女的共同期盼，也是凝聚社会各界、海内外同胞的最大公约数。在中华民族伟大复兴的目标下，各民族共建美好家园，各地区共奔全面小康，各阶层共享发展成果，求同存异、和睦共处。中国梦归根到底是人民的梦，中国人民共同享有人生出彩的机会，共同享有梦想成真的机会，共同享有同祖国和时代一起成长与进步的机会，就能够心往一处想、劲往一处使，在国家好、民族好的前提下各尽所能、各得其所。历史表明，一个民族和国家走向兴旺发达、实现繁荣富强，必须依靠社会的相容和谐、强大合力，否则只能是一盘散沙、一事无成。当前我国社会一方面是促进社会和谐的迫切要求，一方面是建设和谐社会的现实障碍。例如发展中不平衡、不协调、不可持续的问题依然突出，社会矛盾明显增多，腐败现象多发等。越是存在着阻碍社会和谐的因素，越是要坚定社会和谐的价值目标，激发社会和谐的价值力量，强化中国梦的吸引力感召力凝聚力，用中华民族的发展愿景、共同目标来集聚人心、增强共识、化解矛盾。

2. 社会和谐是国家团结和睦、充满活力的价值导向

倡导和谐，是对社会主义的社会关系、社会状态、社会价值的正确认识和深刻揭示。马克思、恩格斯目睹了以往的私有制社会，特别是19世纪资本主义社会造成的阶级关系对立、阶级矛盾尖锐、社会冲突严重的状态，他们认为，只有建立共产主义社会，才能消灭“一切人反对一切人的战争”，实现社会和谐和人的自由全面发展。改革开放以来，我们党努力团结一切可以团结的力量，调动一切可以调动的积极因素，肯定在社会变革中出现的社会阶层都是中国特色社会主义事业的建设者，进而明确提出“社会主义和谐社会”这一范畴。这表明，社会主义的社会关系性质是相容的而不是对抗的，和谐是社会主义社会的发展动力和运行机制，和谐社会是社会主义社会的应有状态和健康状态，社会和谐是社会主义社会的价值规范和价值目标。确立社会和谐的价值目标，是引导我国社会走向稳

定、有序、持续、上升发展的正确价值导向。

倡导和谐，体现在社会生活的各个层面和社会关系的各个方面。和谐作为一种核心价值观，是各类社会主体应当遵循和践行的伦理规范和行为准则。和谐表现在国家目标上，是人民安居乐业、社会安定有序、国家长治久安。和谐表现在人与人的关系上，是遵守爱国守法、明礼诚信、团结友善、勤俭自强、敬业奉献的基本道德规范，遵守以文明礼貌、助人为乐、爱护公物、保护环境、遵纪守法为主要内容的社会公德，遵守以尊老爱幼、男女平等、夫妻和睦、勤俭持家、邻里团结为主要内容的家庭美德，提倡尊重人、理解人、关心人，热爱集体，热心公益，扶贫帮困。这样就能在全社会形成团结互助、平等友爱、融洽相处、共同前进的社会和谐氛围与和谐人际关系。道德的功能是维护社会关系的秩序与和谐，守德即和谐。和谐表现在人与社会的关系上，是确立权利公平、机会公平、规则公平的观念与制度，保证人民平等参与、平等发展权利。公平正义是中国特色社会主义的内在要求，公正即和谐。和谐表现在人与自然的关系上，是尊重自然、顺应自然、保护自然，绿色发展、循环发展、低碳发展，建设美丽中国。人与自然的关系不和谐，往往会影响人与人、人与社会的和谐，永续即和谐。和谐表现在人与自身的关系上，是正确对待自己、他人和社会，正确对待苦乐、荣辱、得失、顺逆，塑造自尊自信、理性平和、积极向上的和谐心理。和谐是外界与内心、客观与主观综合作用的产物，平衡即和谐。

倡导和谐，要对其内涵有一个全面准确的把握。和谐是统一性与多样性相得益彰的和谐。和谐不是否认差异、排斥多样，而是在尊重差异、包容多样的基础上达到和谐，“和而不同”。中国特色社会主义经济成分多种、利益取向多元、思想观念多样，差异与多样是繁荣之源，正是在这多样性的和谐统一中呈现出中国特色社会主义的生机勃勃景象。和谐是稳定与活力相互支持的和谐。和谐不是一潭死水、万马齐喑，而是在稳定的前提下充满社会活力的和谐。党的十八届三中全会明确提出进一步解放和增强社会活力，让一切劳动、知识、技术、管理、资本的活力竞相迸发，让一切创造社会财富的源泉充分涌流，这正是国家的长久和谐之道。和谐是矛盾同一性与斗争性互为条件的和谐。和谐不是回避矛盾、否定斗争，而是在矛盾同一性与斗争性相互联结、相互转化中实现和谐。追求和谐，就是要在各种利益矛盾面前，通过多种方式和手段，妥善协调各种利益关系，正确处理各种利益矛盾，化解潜在的社会冲突。就是要在各种严峻挑战、安全威胁、重大斗争面前，不犹疑、不畏惧、不退缩，敢于亮剑、勇于斗争、善于取胜，在进行具有许多新的历史特点的伟大斗争中创造中华民族的灿烂前景。

3. 社会和谐是建设中国特色社会主义的价值工程

和谐价值观培育与和谐社会建设相辅相成。培育和践行社会主义和谐价值观，是一项社会工程，必须纳入建设中国特色社会主义总体布局，在国家发展进步、全面深化改革、促进社会和谐的进程中，让和谐价值观深深扎根、更加普及、愈益牢固。

以发展促和谐。推动经济持续健康发展，是和谐价值观的物质基础。我国长期处于社会主义初级阶段，发展仍然是解决我国所有问题的关键，也是和谐价值观能够牢固树立的关键。坚持以经济建设为中心，着力解决经济社会发展的不平衡问题，努力缩小地区、城乡、行业、阶层之间的发展差距，稳步提高国内生产总值和城乡居民人均收入，将为实现社会和谐积累雄厚基础。国泰才能民安，有“禾”才能“和”。物质财富丰富了，“蛋糕”做大了，才有条件朝着共同富裕的方向前进，倡导和谐就有了更强的说服力，广大人民群众就能够更加崇德向善、生活祥和。

以公正促和谐。加紧建设对保障社会公平正义具有重大作用的制度，是和谐价值观的制度基础。随着我国经济社会的不断发展，人民群众的公平意识、民主意识、权利意识不断增强，对社会公平正义的要求也不断提高。公平正义是社会阳光，是和谐的伦理之本。社会不公不利于社会和谐，不利于和谐价值观的认同。习近平总书记在十八届三中全会上强调，如果不能创造更加公平的社会环境，甚至导致更多不公平，改革就失去意义，也不可能持续。因此，要着眼创造更加公平正义的社会环境，抓紧解决由于制度安排不健全造成的有违公平正义的问题，使我们的制度安排更好体现社会主义公平正义原则。弘扬社会公正就是促进社会和谐。

以治理促和谐。提高社会治理水平，是和谐价值观的社会基础。社会是否和谐、能否和谐，与社会治理水平密切相关。实现社会和谐稳定、国家长治久安，必然要求在推进国家治理体系和治理能力现代化的过程中创新社会治理体制。改进社会治理方式，实现政府治理和社会自我调节、居民自治良性互动，是增强公民参与意识、责任意识、合作意识的有效途径。激发社会组织活力，加快实施政社分开，是培育社会微观基础、保证社会有序运行的关键环节。创新有效预防和化解社会矛盾体制，建立畅通有序的诉求表达、心理干预、矛盾调处、权益保障机制，是社会疏通、沟通、疏导、引导的重要渠道。社会治理的成效，本身就是一幅生动的当代“清明上河图”。

以廉政促和谐。密切党群干群关系，是和谐价值观的群众基础。社会和谐包含党群干群关系和谐。当前，广大党员、干部在改革发展稳定各项工作中发挥了先锋模范作用，赢得了广大人民群众的肯定和拥护，总体上看，党群干群关系是好的。但也必须看到，形式主义、官僚主义、享乐主义和奢靡之风这“四风”，是当前群众深恶痛绝、反映最强烈的问题，也是损害党群干群关系的重要根源。党的十八大后开展的党的群众路线教育实践活动，下大决心纠治“四风”，把为民务实清廉的价值追求深深植根于全党同志的思想和行动中，激励广大党员干部与人民心连心，同呼吸、共命运，密切了党群干群关系，增强了党的影响力和信服力。

（八）建设生态文明是实现中华民族伟大复兴中国梦的重要内容

中国梦包含绿色梦，绿色发展支撑国家富强。党的十八大以来，以习近平同志为核心的党中央在实现“两个一百年”奋斗目标、实现中华民族伟大复兴中国梦的进程中，持续推进并拓展深化社会主义生态文明建设，绿色发展成为新形势下治国理政的重要理念，美丽中国成为社会主义现代化国家的有机构成，有力提高了我们党领导生态文明建设、统筹推进“五位一体”总体布局的能力水平，大大加快了资源节约型、环境友好型社会的建设步伐。

1. 推进绿色发展解决民族复兴关键阶段的突出矛盾

在全面建成小康社会的决胜阶段，在全面建设社会主义现代化国家的起跑阶段，资源瓶颈、环境风险、生态安全是一道必须跨过的沟坎、一道必须解答的难题。新发展理念强调绿色发展，正是解决民族复兴关键阶段突出矛盾的正确途径。

解决人口持续增长与人均资源减少的客观矛盾。我国有 13 亿多人口，人均资源低于世界平均水平，这是发展必须面对的基本国情。随着人口的继续增长和能源资源的自然消耗，只有坚定走生产发展、生活富裕、生态良好的文明发展道路，才能有效遏制人均资源减少这一趋势，保证实现发展目标的资源基础，做到可持续发展。

解决生活水平提高与资源环境约束的发展困境。提高人民生活水平，明显提高农村贫困人口的生活水平，同时意味着对能源资源的更多需求。当前，我国资源约束趋紧、环境污染严重、生态系统退化的问题十分严峻。只有坚持节约资源和保护环境的基本国策，转变粗放型的发展方式和生活方式，形成创新驱动型发展方式，才能保证提高生活水平与保护生态环境相得益彰。

解决中高速发展与中高端水平双重目标的兼容互洽问题。全面建成小康社会，发展速度要由高速转向中高速，产业水平要由中低端转向中高端。经济发展既要改变资源密集型、劳动密集型的增长方式，同时又要在保持一定增长速度的前提下实现产业转型升级。习近平总书记指出：“绿色循环低碳发展，是当今时代科技革命和产业变革的方向，是最有前途的发展领域，我国在这方面的潜力相当大，可以形成很多新的经济增长点。”这是中高速发展与中高端水平同时并举的枢纽所在。

2. 建设生态文明，增强中国特色社会主义的制度优势

生态文明彰显制度文明。人与自然的关系本质上属于人的社会关系，

属于人与社会的发展方式。马克思、恩格斯深刻揭示了在以往的生产方式中，都仅仅以取得劳动的最近的、最直接的效益为目的，而社会主义则是最有利于建设生态文明的制度安排。我们党明确提出并大力推进建设社会主义生态文明，表明了超越狭隘私利的宽阔胸怀和长远视野，形成了中国特色社会主义的生态自觉。

建设生态文明促进制度完善。生态状况是社会关系的一面镜子，我国生态环境存在的各种问题，既反映了生产力发展水平的不足，也指明了制度改革创新的着力点。《中共中央关于全面深化改革若干重大问题的决定》要求建立系统完整的生态文明制度体系。实际上，生态问题的系统性宏观性全局性，决定了经济体制、政治体制、社会体制等都与生态文明建设密切相关，而加快生态文明制度建设，将对中国特色社会主义制度的成熟定型起到有力的推动作用。

建设生态文明证明构建人类命运共同体的中国行动。生态问题是全球问题，生态环境影响人类命运。中国在生态文明建设上的积极主动、努力作为，不仅功在中华民族，而且功在人类社会，显示了走近世界舞台中央的社会主义大国的责任担当，是打造人类命运共同体的坚定行动。这就增强了我国推进全球治理体系变革的话语权，提高了我国参与国际事务的影响力。

3. 创建美丽中国，满足人民幸福的发展要求

环境美是人民幸福生活的新内涵。追求幸福生活是人民的共同向往。在不同的发展阶段，幸福生活的内涵不同。习近平总书记清醒地看到人民群众对干净的水、清新的空气、安全的食品、优美的环境的要求越来越高，看到老百姓从“盼温饱”到“盼环保”、从“求生存”到“求生态”的新变化新期盼，把人民对环境美的新要求作为党新的奋斗目标。

维护生态公平就是保障人民基本权利。新形势下，人民群众的公平意识、民主意识、权利意识不断增强，突出表现为要求在生态权利方面的获得感、公正感。目前，资源分配的不平衡，也表现为环境资源条件对于不同地区、不同群体的不平衡。例如，全国仍有上亿农村居民喝不上干净的

水，全国数万个乡镇还没有环保基础设施。因此，创建美丽中国不仅具有重大生态意义，而且具有重大政治意义。

创建美丽中国鲜明体现以人民为中心的发展思想。创建美丽中国，是为广大人民群众提供最基本、最普遍、最直接的公益产品，13 亿多中国人民是最大的受益者、受惠者。坚持以人民为中心的发展思想，必须要落实到绿色发展上来，环境就是民生。

4. 人与自然和谐提升全民族的文明水平

塑造人与自然新型关系促进人的素质完善。中华民族伟大复兴的历史进程，同时也是提升全民族文明水准的进程，是全体人民走向人的全面发展的进程，是人的素质不断完善的进程。建设生态文明塑造新型人与自然关系，实质上是在塑造一种新的社会文明、新的人的文明。这一文明塑造是全体人民的共同事业，这一实践过程本身就是塑造人新的价值观念、生活方式，“按照美的规律去建造”就是在滋养美的心灵。

保持人与自然和谐状态养成良好道德行为。建设生态文明要求形成相应的生态伦理，表现在生产方式、生活方式各个环节，消费方式、交往方式、休闲方式各个方面。遏制人的正常生活需求是不合理的，但不健康不文明的生活方式同样也是不合理的。比如，宴请讲求丰盛、礼品讲求厚重、仪式讲求盛大等，造成了很大浪费，都是需要改变的行为方式。生态文明的生活方式抵制奢侈、挥霍、浪费，丰富文化生活，提升精神品位，保持纯净心境，尽量节约资源，是需要倡导和普及的生态伦理。

形成人与自然和谐关系促进社会更加和谐。生态文明建设是社会和谐稳定的重要条件。如果生态环境受到严重破坏、人们的生产生活环境恶化、资源能源供应高度紧张，人与人的和谐、人与社会的和谐是难以实现的，还会引发严重的社会问题和社会冲突。反之，良好的生态环境，有助于促进社会和谐。因此，社会和谐要求生态和谐。生态文明建设必须在长期和平稳定发展的条件下才能有序推进，必须依靠全体社会成员的共识与合力才能取得明显成效。社会和谐与生态建设相互依存、良性互动，能保证生态文明建设循序渐进，并产生良好的社会效益。

六、新时代中国特色社会主义的安全保证

（一）新形势下国家安全治理的总方略

安全是生存与发展之基，保证国家安全是治国理政的基本目标。解答实现什么样的国家安全、怎样保证国家安全的问题，构成了国家安全观。国家安全观作为关于国家安全的核心观念、支撑理论、根本方针，规定国家安全的战略地位，确立国家安全的价值准则，决定国家安全的主要方向，引导一个国家的安全实践。党的十八大后，我国发展进入由大向强的新跨越，国家安全呈现拓展深化的新需求，安全态势呼唤掌控全局的新观念，国家治理构建安全中国的新常态。习近平总书记深入思考新形势下国家安全治理这一重大战略课题，创造性地提出总体国家安全观，是中国特色社会主义安全观的最新成果。总体国家安全观对于在全面建成小康社会、实现中华民族伟大复兴中国梦的征程中，营造更加稳固的国家安全环境，形成更加有力的国家安全保障，具有重大理论和实践意义。

1. 保障实现中国梦的国家安全需求，把握更加丰富宽广复杂的国家安全特征，总体国家安全观提供了赢得新的伟大斗争所要求的时代安全观，是确保民族复兴的国家安全总战略

国家安全观从本质上反映了国家安全的现实需求。“天下虽平，忘战必危”，这样一种忧患意识倡导的是居安思危的安全观。改革开放40年来，我们前所未有地接近实现中华民族伟大复兴的伟大目标，中国梦成为可望又可即、可盼又可行的美好愿景。越是走向经济富强、政治民主、生活富裕，越是追求和平发展、和谐发展、持续发展，越是需要基础稳定、运行有序、安全牢固。习近平总书记清醒认识实现中国梦对国家安全的全面、强劲、迫切需求，充分认清国家安全形势的复杂性和严峻性，要求高度警惕国家被侵略、被颠覆、被分裂的危险，高度警惕改革发展稳定大局被破坏的危险，高度警惕中国特色社会主义进程被打断的危险。这就意味着高度警惕、有效防范总体国家安全受到严重冲击的危险，从而把强国梦、强军梦、安全梦高度统一起来，增强实现中国梦的安全保证。适应新形势下维护国家安全的需要，党的十八届三中全会决定成立国家安全委员会，负责制定和实施国家安全战略，推进国家安全法治建设，制定国家安全工作方针政策，研究解决国家安全工作中的重大问题。这是建立集中统一、高效权威的国家安全体制的重大举措，是从组织领导上确保国家安全的制度设置。2014年4月15日，习近平总书记在中央国家安全委员会第一次全体会议上明确提出坚持总体国家安全观，走出一条中国特色国家安全道路，并强调指出：“增强忧患意识，做到居安思危，是我们治党治国必须始终坚持的一个重大原则。我们党要巩固执政地位，要团结带领人民坚持和发展中国特色社会主义，保证国家安全是头等大事。”这就表明了总体国家安全观的时代价值和现实意义，表明了我们党保障国家富强、民族振兴、人民幸福的安全自觉。

总体国家安全观建立在清醒认识国家安全环境深刻变化，准确把握国家安全面临机遇和挑战的基础上，是集国家安全需求与国家安全形势于一体，谋划夯实国家安全基石的战略决策。习近平总书记科学分析我国国家安全的时代特征，深刻揭示总体国家安全观的实践底蕴，显示出坚持总体国家安全观的深谋远虑。一是国家安全内涵和外延比历史上任何时候都要丰富，国家安全概念总体更新。被称为“西汉第一雄文”的《治安策》，涉及政权安全、政局安全、体制安全、边防安全、粮食安全、礼治安全等，可谓封建社会的“安全宝典”，但却无法与今天的国家安全概念相比。非传统安全如金融安全、能源安全、环境安全等，正在改变着国家安全的概念。二是国家安全时空领域比历史上任何时候都要宽广，国家安全总体增容。战争制胜权从争夺制高权到制海权、制空权，再到制太空权、制信息权的演进，都反映了国家安全空间和安全领域的拓展。守卫安全空间不仅是有形空间的管控，而且是无形空间的治理。习近平总书记强调“没有网络安全就没有国家安全”，指明了虚拟世界安全的新领域。三是国家安全内外因素比历史上任何时候都要复杂，国家安全总体难控。当前，我国面临对外维护国家主权、安全、发展利益，对内维护政治安全和社会稳定的双重压力，世界急剧变化增大了我国安全的不稳定性不确定性。各种威胁和挑战联动效应明显，敌对势力把互联网、手机等新兴媒体作为寻衅滋事和扩散升级社会矛盾的重要渠道，国家安全各种可以预见和难以预见的风险因素明显增多。“明者因时而变，知者随事而制”，总体国家安全观正是与时俱进发展国家安全观的深邃思考结晶。

总体国家安全观提供了新形势下保证国家安全的理论指导。中华民族伟大复兴绝不是轻轻松松、顺顺当当就能实现的，必须准备进行具有许多新的历史特点的伟大斗争，其中就包括为实现中国梦筑牢安全保障的伟大斗争。这就要求国家安全观具有新的历史特点，反映新的时代要求，引领新的安全实践，概而言之就是谋求总体国家安全。一是把握国家安全在世界大势中的总体性，具有谋求国家安全的国际视野。当今世界，国与国相互依存和利益交融日益加深，世界越来越成为你中有我、我中有你的命运共同体。国家安全与国际安全紧密关联，任何国家都不可能独自成为一个安全“孤岛”。总体国家安全观把国家安全放在国际安全形势中思考，既要有效应对外部种种不安全因素的冲击，又要以国家自身安全促进国际安全。二是把握国家安全在民族复兴中的总体性，具有谋求国家安全的大局意识。习近平总书记指出：国防和军队建设，必须放在实现中华民族伟大复兴这个大目标下来认识和推进，服从和服务于这个国家和民族最高利益。国防安全、军事安全如此，整个国家安全也是如此，都要自觉成为赢得新的伟大斗争、实现民族复兴的有机组成、有效因素、有力保障。三是把握国家安全在各个领域中的总体性，具有谋求国家安全的整体观念。当代社会已成为多层一体、多位一体、多类一体的综合体，系统要素相互影响和制约，形成系统支配要素、要素塑造系统的协同效应。国家安全是各领域安全状况的总体结果，国家安全治理不能“一叶障目，不见泰山”。总体国家安全观把国家安全作为一个紧密相关、相互依存的系统，通过各领域的安全治理来达成总体国家安全的效果，又通过总体国家安全状态的保持来推动各领域的安全治理。

2. 依据中国特色社会主义的国家安全准则，确定维护国家根本利益、促进发展大局的国家安全道路，总体国家安全观提供了保证我国兴旺发达、长治久安的科学安全观，是坚持中国道路的国家安全总构建

安全是一个从需求到实现的过程。国家安全的实现，经历目标制定、战略抉择、道路确立到安全实践等环节，贯穿其中的是一定的国家安全准则。国家安全的目标制定，必须遵从国家的基本价值目标；国家安全的战略抉择，必须经过方向选择、重点比较、资源倾斜、利弊轻重的权衡；国家安全的道路确立，必须根据国家的基本制度、基本国情、基本需求。国家安全准则是国家安全目标、战略、道路的基本依据。习近平总书记提出的总体国家安全观，是对国家安全的总体筹划，核心点是要确立中国特色国家安全道路，为保证国家安全指明方向、规划全局、抓住重点。道路是有原则、有立场、有价值观的，中国特色国家安全道路是中国特色社会主义道路的具体体现，所依据的是中国特色社会主义的原则、立场和价值观。体现在国家安全准则上，就是要有利于维护国家根本利益、促进国家发展大局。

中国特色国家安全道路以人民安全为宗旨，彰显国家安全本质。国家安全的本质是国家与人民的关系，也就是人民利益在国家安全中的地位。中国梦归根到底是人民的梦，国家安全归根到底是人民安全。我们的国家安全坚持人民主体，是为了人民、保护人民、支持人民的国家安全。国家安全保障人民安全，人民安全强化国家安全。这是国家安全的灵魂，是中国特色国家安全道路的本质属性。《中共中央关于全面推进依法治国若干重大问题的决定》明确了实现全面推进依法治国总目标的基本原则，强调必须坚持法治建设为了人民、依靠人民、造福人民、保护人民，以保障人民根本权益为出发点和落脚点，保证人民依法享有广泛的权利和自由、承担应尽的义务，维护社会公平正义，促进共同富裕。这就是以法治维护人民的权利安全，为13亿多人民提供法治的安全网。

中国特色国家安全道路以政治安全为根本，守护国家安全命脉。人民安全依靠制度保障，人民当家作主是人民安全的根本保障，保障人民安全就要保证政治安全。政治安全包括制度安全、政权稳固、政局稳定、国家统一、民族团结等。中国特色社会主义制度是政治之本，维护政治安全，最重要的就是坚定不移走中国特色社会主义道路，坚持和完善中国特色社会主义制度。如果这一点把握不好、把握不牢，走偏了方向，就会给党和人民的事业带来损害，影响社会政治稳定，影响党和国家长治久安。冷战结束后，不少发展中国家被迫采纳了西方模式，结果党争纷起、社会动荡、人民流离失所，至今都难以稳定下来，教训十分深刻。因此，中国绝不能照搬西方政治制度模式，不搞多党轮流执政，不搞“三权鼎立”和两院制，这是维护我国政治安全的根本要求。

中国特色国家安全道路以经济安全为基础，夯实国家安全根基。经济发展是国家发展之基，经济安全同样也是国家安全之基。经济安全是在把握经济发展阶段性特征、适应经济发展新常态的过程中，通过主动作为、积极调控来实现的。当前，我国经济运行仍面临不少困难和挑战，经济下行压力较大，结构调整阵痛显现，企业生产经营困难增多，部分经济风险显现。2014年12月召开的中央经济工作会议强调，我国经济正在向形态更高级、分工更复杂、结构更合理的阶段演化，经济发展进入新常态，正从高速增长转向中高速增长，经济发展方式正从规模速度型粗放增长转向质量效率型集约增长，经济结构正从增量扩能为主转向调整存量、做优增量并存的深度调整，经济发展动力正从传统增长点转向新的增长点。认识新常态、适应新常态、引领新常态，是当前和今后一个时期我国经济发展的大逻辑，同样也是保证我国经济安全的大逻辑。

中国特色国家安全道路以军事、文化、社会安全为保障，完善国家安全布局。建设中国特色社会主义需要全面推进、协调发展的总布局，国家安全也是一个整体布局，否则，局部动荡就可能酿成整体危机。军事安全以武装力量为手段，为国家安全提供军事保障。文化安全是中华民族文化在全球思想文化交流交融交锋中，始终保持强大生命力的文化态势；是社会主义价值体系在与资本主义价值体系较量中，始终保持强大感召力的文化格局。维护文化安全，就要弘扬和培育社会主义核心价值观，大力弘扬中华优秀传统文化，提高国家文化软实力，牢牢掌握意识形态工作领导权和话语权，特别是要做好网上舆论工作。社会安全是国家安全的“晴雨表”。当前，我国社会矛盾明显增多，社会稳定进入风险期，全面推进平安中国建设意义重大。习近平总书记指出：“平安是老百姓解决温饱后的第一需求，是极重要的民生，也是最基本的发展环境。”要从维护最广大人民根本利益做起，确保人民安居乐业、社会安定有序。

中国特色国家安全道路以促进国际安全为依托，改善国家安全环境。面对错综复杂的国际安全威胁，合作安全、集体安全、共同安全是解决问题的正确选择。我国积极参与国际安全事务，例如，呼吁坚持理性、协调、并进的核安全观，从根源上解决核恐怖主义和核扩散问题，积极推动核安全国际合作。在亚洲，习近平主席倡导共同、综合、合作、可持续的亚洲安全观，创新安全理念，搭建地区安全和合作新架构，努力走出一条共建、共享、共赢的亚洲安全之路。

中国特色国家安全道路，是总体国家安全观的核心要义，反映了我国国家安全的内在规律，是保证国家安全的正确道路。总体国家安全观，深入总结我国历史上治乱兴亡的经验教训，特别是近代史上屡遭侵略、内乱不已、民不聊生的惨痛教训，植入了“安而不忘危，存而不忘亡，治而不忘乱”强烈安全意识；继承发展新中国成立特别是改革开放以来我们党坚决维护国家安全稳定的宝贵经验，把绝不牺牲国家核心利益作为国家安全的最高准则；认真研究新形势下保证国家安全的特点和规律，妥善处理好维护国家安全的多种关系，增强了国家安全观的科学性、实践性、指导性。总体国家安全观，在中国特色社会主义道路的框架内构建中国特色国家安全道路，丰富和拓展了中国道路，同时又把中国特色国家安全道路作为国家安全治理的总构建，规定了国家安全治理的方向和路径。国家安全的各个领域、各种制度、各项举措，都要在这条道路的基础上推进和展开。

3. 推进国家治理现代化目标下的国家安全治理，统筹多层次多类型多领域国家安全体系，总体国家安全观提供了协调运转、互利互进的系统安全观，是全面治国理政的国家安全总指针

国安才能治国，治国必先治安。保证国家安全，是推进国家治理体系和治理能力现代化、实现长治久安的迫切要求。国家安全，必须在国家治理的大背景下思考和筹划，必须以安全治理为基本路径来维护和保障。坚持总体国家安全观，体现在治理实践上，就是推进国家安全总体治理，走出一条中国特色国家安全道路；就是各领域、各要素、各层面统筹治理，创建当代中国国家安全治理系统格局。国家治理既可以从社会结构上推进，也可以从社会功能上推进。安全治理就是一种功能治理，是以安全为目的的治理活动。我国国家安全治理，是全面系统的安全治理体系，朝向国家安全治理体系和安全治理能力的现代化。

国家安全体系是国家安全治理的系统框架，是总体国家安全观的主要内容。习近平总书记强调贯彻落实总体国家安全观，必须处理好五对关系，实际上也是掌握好国家安全体系的五组支架。五对关系的内部关联以及它们之间的相互联结，构成了国家安全体系的总体框架。重视并巩固国家安全的这些基本方面，就是从总体国家安全观向国家安全总体治理的实践转化。一是实现外部安全与内部安全的良性互动。建设和谐世界以营造外部安全，建设平安中国以筑牢内部安全。外部安全有利于内部安全，和衷共济、合作共赢的世界是我国走和平发展道路的环境条件；内部安全有利于外部安全，我国作为一个新兴大国，国泰民安是世界的福音。二是实现国土安全与国民安全的共同巩固。国土是国民的家园，国民是国土的儿女，二者密不可分。抗日战争时期，我国国土沦陷、国民蒙难。历史告诉我们，捍卫领土主权就是保卫国民安全，保卫国民安全就要誓守国土安全。三是实现传统安全与非传统安全的统筹治理。传统安全与非传统安全只有产生先后、形式不同的区分，并没有孰大孰小、孰重孰轻的区分。既不能因传统安全历史长、影响深而忽视非传统安全，也不能因非传统安全现实性强、威胁大而忘却传统安全。而且，传统安全可以以新的样式转化为非传统安全，非传统安全也可以随着时间的推演、问题的变换而转化为传统安全。四是实现发展问题与安全问题的有机统一。发展是安全的基础，安全是发展的条件；富国才能强兵，强兵才能卫国。我们既不能走历史上有些朝代文盛武衰、国富兵弱的老路，也不能走当今世界有些国家穷兵黩武、搞军备竞赛最终拖垮国家的邪路。五是实现自身安全与共同安全的相辅相成。打造命运共同体，推动各方朝着互利互惠、共同安全的目标相向而行。

总体国家安全观对中国特色国家安全道路的精准表述，对国家安全体系中主要关系的精辟概括，抓住了国家安全治理的关键，拎起了国家安全体系的纲，提出了与时代发展要求相适应、与中国特色社会主义道路相一致、与国家治理现代化相协调的系统安全观。系统安全观是当代世界、当代社会时空联系更加紧密、耦合效应更加明显、复杂程度更加增加的状态在安全治理上的反映和提炼，要求摆脱安全治理上的简单、封闭、线性的思维方式，注重系统功能、信息机制、突变机理等复杂性规律，从而及时预防、主动控制、有效应对各种安全问题。系统安全观是符合现代社会安全治理规律的安全观。习近平总书记的总体国家安全观有以下内容：一是以创新思维看待当代国家安全。指出不能身体已进入 21 世纪，而脑袋还停留在冷战思维、零和博弈的旧时代。因为各国已经利益交融、安危与共，一荣俱荣、一损俱损。二是以统筹思维推进安全治理。要求统筹维护、通盘考量，多管齐下、综合施策，着力重点、绸缪隐患，避免头痛医头、脚痛医脚。三是以法治思维治理国家安全。“法令行则国治，法令弛则国乱。”强调用明确的法律规范来维护社会秩序，形成人们不愿违法、不能违法、不敢违法的法治环境，绝不能让不公正的审判伤害人民群众感情、损害人民群众权益，牢固树立法治的权威。四是以底线思维对待安全隐患。要求宁可把形势想得更复杂一点，把挑战看得更严峻一些，做好应付最坏局面的准备，有备无患、未雨绸缪，努力争取最好的结果。五是以效率思维部署国家安全工作。要求中央国家安全委员会遵循集中统一、科学谋划、统分结合、协调行动、精干高效的原则，聚焦重点，抓纲带目，紧紧围绕国家安全工作的统一部署狠抓落实。当前，全面建成小康社会进入决定性阶段，改革进入攻坚期和深水区，我们党面对的改革发展稳定任务之重前所未有，矛盾风险挑战之多前所未有，国家安全形势的复杂性和严峻性急剧增大。总体国家安全观是洞察国家安全大势、掌控国家安全全局、确保国家安全态势的总指针。

4. 构建捍卫总体国家安全利益的国家安全力量，依靠富国强兵保持维护和平、遏制战争的军事安全态势，总体国家安全观提供了大视野大格局中的国防安全观，是推动强军实践的国家安全总要求

兵者，国之大事，攸关国家安危、人民福祉。军事安全是国家安全至关重要的方面，军事安全失守对国家安全的影响是致命性的。军事安全又以自身的安全捍卫着总体国家安全。国防安全观在总体国家安全观中占有重要地位，一个文恬武嬉、忘战懈怠的民族是处于危险境地的民族。习近平总书记统筹总体国家安全，着眼为实现中国梦提供强大的军队力量支撑和国防安全，强调国防和军队建设是国家安全的坚强后盾，并提出党在新时代的强军目标，深化了总体国家安全观的内涵，拓展了国防和军队建设的视野。

总体国家安全观深刻阐释了强军兴军的时代背景。习近平总书记对我国国家安全内涵外延、时空领域、内外因素的基本判断，既点明了总体国家安全观的实践基础，也深化了实现强军目标的战略考量。甲午战争前夕，国家危在旦夕，满朝文武却在为慈禧祝寿，不能不引为镜鉴。今天，一些西方国家不断加大对我国实施西化、分化战略的力度，加紧策划“颜色革命”，千方百计对我国进行战略遏制和围堵；我国周边领土争端、大国地缘竞争、军事安全较量、民族宗教矛盾等问题更加凸显；各种敌对势力遥相呼应，各种民族分裂势力蠢蠢欲动，各种暴力恐怖势力磨刀霍霍，影响社会稳定的因素大量存在。应对和控制这样的形势，确保国家安全，必须建设一支听党指挥、能打胜仗、作风优良的人民军队。军事安全在国家安全中占有极为重要的地位，军事手段在维护国家安全中发挥着至关重要的作用。现在，虽然维护国家安全的手段和选择增多了，我们可以灵活运用、纵横捭阖，但军事手段始终是保底的手段。

总体国家安全观有力强化了全军官兵的使命意识。军人生死报国家，卫国护民责如山。军队与国家安全关系最为紧密，军人对国家安全的责任最重。我军长期处在相对和平时期，一些官兵不同程度地存在当和平兵、做和平官的想法，危机意识淡薄，思想和精神懈怠，甚至产生了仗打不起来、打仗也轮不上我的心态。习近平总书记提出的总体国家安全观，以深厚的爱国情感、强烈的责任意识、深刻的安全理念，为我军官兵注入了履行强军使命、勇担时代重任的强大精神动力。习近平总书记强调，“现在，强军的责任历史地落在了我们肩上，要挑起这副担子，必须敢于担当，这既是党和人民的期望，也是当代革命军人应有的政治品格”。我军要以对历史负责、对国家和民族负责的精神，自觉担当维护国家主权、安全、发展利益的重大责任。一旦发生战事，如果打不赢，那是要负历史责任的。在国家主权和领土完整遇到重大挑战时，在涉及国家核心利益的原则问题上，必须针锋相对、寸土必争，上得去、打得赢，以坚决有力的军事斗争有效维护我国战略利益。

总体国家安全观促进提升了打赢制胜的能力标准。国家安全形势越是严峻和复杂，国家安全需求越是增长和迫切，对军事安全和军事能力的要求和标准就越高。当代安全问题的广泛性和安全领域的交叉性，使得国防和军队建设不仅要保障军事和国防安全，而且要保障其他安全领域，如社会安全、信息安全、资源安全等。我军素以能征善战著称于世，但能打胜仗的能力标准是随着战争实践发展而不断变化的，是随着国家安全内涵深化而不断拓展的。现代战争制胜机理发生深刻变化，不能嘴上说的是明天的战争，实际准备的是昨天的战争。我军现代化水平与国家安全需求相比差距还很大，与世界先进军事水平相比差距还很大。安全使命激发我军尽快缩小、弥合这种隐含重大风险的差距，尽快形成提供坚强可靠安全保证的军事能力。有了这种强烈的危机感和责任感，就能够把战斗力标准在全军牢固立起来，形成有利于提高战斗力的舆论导向、工作导向、用人导向、政策导向，在纠治顽瘴积弊上下功夫，在解决突出问题上下功夫。要以国家核心安全需求为导向，全面提高我军以打赢信息化局部战争能力为核心的完成多样化军事任务的能力，充分发挥军事力量在营造态势、预防危机、遏制战争、打赢战争方面的战略功能，把备战与止战、威慑与实战、战争行动与和平时期军事力量运用作为一个整体加以运筹，在国家安全需要时确保部队召之即来，来之能战，战之必胜。

（二）坚持党对人民军队的绝对领导

坚持党对人民军队的绝对领导，是新时代坚持和发展中国特色社会主义基本方略的重要内容，是习近平强军思想的核心要义。党的十九大发出在新的历史起点上实现中国梦强军梦的动员令，人民军队重任在肩。必须从时代高度、政治高度、战略高度，坚决贯彻习近平强军思想，坚定不移走中国特色强军之路，担当起党和人民赋予的新时代使命任务。

1. 实现党在新时代的强军目标

强国必须强军，军强才能国安。建设一支强大的人民军队，从大国军队向世界一流军队跨越，是中国特色社会主义进入新时代的重要内涵。党的十八大以来，习近平总书记统筹治党治国治军，推进强国强军事业，将国防和军队建设纳入新时代中国特色社会主义的总体方略之中，形成了坚持党对人民军队绝对领导的基本方略，构成了建设强大人民军队的根本遵循。目标引领方向、主导方略，党领导人民军队走向强大，首先就要制定党在新时代的强军目标，为我军建设目标任务确立新定位、明确新指向，为推进国防和军队建设提供根本引领和强大牵引。

党在新时代的强军目标是建设一支听党指挥、能打胜仗、作风优良的人民军队，把人民军队建设成为世界一流军队。这是习近平新时代中国特色社会主义思想的重大创新观点。习近平总书记准确把握新时代国防和军队建设新的历史方位，依据实现中华民族伟大复兴中国梦的安全需求，在这个大目标下认识和推进国防和军队建设，把强军使命置于服从和服务于国家和民族最高利益之上，提出了为实现“两个一百年”奋斗目标、实现中华民族伟大复兴提供战略支撑的强军使命。当今世界，各主要国家纷纷加快军事变革，抢占军事战略制高点，争夺国际军事竞争新优势。今天，我们比历史上任何时期都更接近中华民族伟大复兴的目标，比历史上任何时期都更需要建设一支强大的人民军队。习近平总书记深刻总结中国近代以来落后挨打、弱军失败的沉痛教训，敏锐把握当今世界军事技术和战争形态出现的革命性变化，清醒认识我军建设存在的差距和不足、矛盾和问题，鲜明地提出党在新时代的强军目标，为新时代国防和军队建设指明了方向。听党指挥是灵魂，决定军队建设的政治方向；能打胜仗是核心，反映军队的根本职能和军队建设的根本方向；作风优良是保证，关系军队的性质、宗旨、本色。加快把人民军队建设成为世界一流军队，是强军目标的有机构成。听党指挥、能打胜仗、作风优良，是把我军建设成世界一流军队的核心内涵；世界一流军队，是强军目标的标准和尺度。

党在新时代的强军目标与国防和军队现代化相统一，强军必然要求实现军事理论现代化、军队组织形态现代化、军事人员现代化、武器装备现代化。习近平总书记在党的十九大报告中第一次明确提出国防和军队“四个现代化”，赋予国防和军队现代化全新的内涵。军事理论现代化就是推进军事理论创新，坚持和发展党的军事指导理论，不断开拓马克思主义军事理论发展新境界，努力建立起一整套适应信息化战争和履行我军使命要求的军事理论。军队组织形态现代化，就是随着战争形态和作战方式的变化，推进军队组织架构和力量体系革命性重塑，实现精干化、一体化、小型化、模块化、多能化，建设强大的现代化陆军、海军、空军、火箭军和战略支援部队，打造坚强高效的战区联合作战指挥机构，构建中国特色现代作战体系。军事人员现代化，就是培养有灵魂、有本事、有血性、有品德的新时代革命军人，加强军事人才培养体系建设，塑造高素质新型军事人才。武器装备现代化，就是构建适应信息化战争和履行使命要求的武器装备体系，完善和优化武器装备体系结构，加快军事智能化发展。

强军是在一个发展过程中实现的历史使命，这就要依据强军规律，做出强军兴军的战略安排。党的十九大提出国防和军队“新三步走”的战略安排，第一步确保到 2020 年基本实现机械化，信息化建设取得重大进展，战略能力有大的提升。第二步力争到 2035 年基本实现国防和军队现代化。第三步力争到 21 世纪中叶把人民军队全面建成世界一流军队。强军时间表愈益精准，强军路线图愈益清晰。国防和军队建设进入新时代，要适应世界新军事革命发展趋势和国家安全需求，提高建设质量和效益，同国家现代化进程相一致。

实现强军目标就是要一切工作坚持战斗力标准，向能打仗、打胜仗聚焦。党的十九大报告对我军的军事能力，提出了塑造态势、管控危机、遏制战争、打赢战争的要求，把战斗力标准具体化了。塑造态势，就是在国家安全局势中，以国家利益为最高准则，采取多种举措，统筹军事力量运用，推动安全态势朝着有利于我国的方向发展，牢牢把握战略主动权和军事主动权。管控危机，就是在威胁国家安全的危机出现时，不能任其发展、蔓延、扩大、恶化，而是要主动出手、有效应对，缩小危机范围，控制危机程度，降低危机危害。遏制战争，就是控制战争，通过武装力量的使用、国家意志的显示、军事实力的威慑，不战而屈人之兵，让对手不敢动武。打赢战争，这是最根本最重要的军事能力。塑造态势、管控危机、遏制战争，都是以打赢战争的能力为前提和条件的。

2. 全面贯彻党领导人民军队的一系列根本原则和制度

坚持党对人民军队的绝对领导，是中国特色社会主义的本质特征，是党和国家的重要政治优势，是人民军队的建军之本、强军之魂。学习宣传贯彻党的十九大精神，必须深入领会坚持党对人民军队的绝对领导这一基本方略，全面贯彻党领导人民军队的一系列根本原则和制度，将全军的意志和力量聚焦到维护核心、听从指挥、奋力实现党在新时代的强军目标上。

党对军队绝对领导的根本原则和制度，发端于南昌起义，奠基于三湾改编，定型于古田会议。历史告诉我们，党指挥枪是保持人民军队本质和宗旨的根本保障，有了中国共产党，有了中国共产党的坚强领导，人民军队前进就有方向、有力量。党对军队绝对领导的一整套制度，是起定海神针作用的根本制度，是党委领导下的首长分工负责制。坚持党对军队绝对领导，关键是要达到“绝对”这两个字的要求，坚持党的领导的唯一性、彻底性和无条件性。习近平总书记在庆祝建军 90 周年大会上强调，前进道路上，人民军队必须牢牢坚持党对军队的绝对领导，把这一条当作人民军队永远不能变的军魂、永远不能丢的命根子，任何时候任何情况下都以党的旗帜为旗帜，以党的方向为方向，以党的意志为意志。

要不要坚持党对人民军队的绝对领导，始终是意识形态领域斗争的一个焦点。敌对势力企图把党的军队、人民的军队、社会主义国家的军队分割开来、对立起来，极力鼓吹“军队非党化、非政治化”和“军队国家化”，根本目的就是拔根去魂，将人民军队从党的旗帜下分化出去。在这个关系到党和国家前途命运、关系到军队性质方向的问题上，绝不能有任何动摇，更不能出任何差错。无论战争形态怎么演变、军队建设内外环境怎么变化、军队组织形态怎么调整，党对军队实施绝对领导的一系列根本原则和制度，都必须始终不渝地坚持。要坚定维护这套制度的严肃性和权威性，把党领导军队一系列制度贯彻到部队建设各领域和完成任务全过程，确保党指挥枪的原则落地生根。

党的十九大深刻总结历史经验，全面制定行动纲领，摆在首位的就是坚持党对一切工作的领导。可以说，坚持党对人民军队的绝对领导，是坚持党对一切工作领导的重中之重。党领导和掌握军队，军队坚决听党指挥，实现“两个一百年”奋斗目标、实现中华民族伟大复兴，就有了坚强的战略支撑和可靠的力量保障。

坚持党对人民军队的绝对领导，根本要求就是军委实行主席负责制。党的十九大党章修正案明确中央军事委员会实行主席负责制，是从制度上确保党对人民军队绝对领导的必然要求。军委主席负责制，是坚持党对人民军队绝对领导的核心制度，是中国特色社会主义政治制度和军事制度的重要组成部分，解决的是我军最高领导权和指挥权问题。全面深入贯彻军委主席负责制，就是要坚持全国武装力量由军委主席统一领导和指挥，国防和军队建设一切重大问题由军委主席决策和决定，中央军委全面工作由军委主席主持和负责，这就保证了中央军委主席对全军实施集中统一领导和高效指挥。军委主席负责制，在党对人民军队绝对领导一整套制度中，处于最高层次，居于核心和统领地位，具有牵一发而动全身的决定性作用。

全面深入贯彻军委主席负责制，关系人民军队建设根本方向，关系新时代强国强军事业发展，关系党和国家长治久安，关系中国特色社会主义前途命运。坚持党对人民军队绝对领导的一系列根本原则和制度，必须把坚决维护和贯彻军委主席负责制突出出来，严明政治纪律和政治规矩，确保全军始终同以习近平同志为核心的党中央保持高度一致，坚决维护以习近平同志为核心的党中央权威和集中统一领导，任何时候任何情况下坚决听从党的指挥。

3. 确立习近平强军思想在国防和军队建设中的指导地位

思想领导是坚持和加强党的全面领导的根本要求，思想领导贯穿于党的政治领导、组织领导等全部领导活动之中。坚持党对人民军队的绝对领导，就是要坚持不懈地用党的指导思想特别是党的军事指导理论贯注于军队建设的各个方面，持续不断地用党的创新理论和党的军事指导理论最新成果武装全军。中国特色社会主义进入了新时代，坚持党对人民军队绝对领导的根本思想保证，就是确立习近平强军思想在国防和军队建设中的指导地位。习近平强军思想，是习近平新时代中国特色社会主义思想的“军事篇”。党的十八大以来，习近平总书记面对国家安全环境的深刻变化，面对强国强军的时代要求，坚持和发展党的军事指导理论，不断开拓马克思主义军事理论和当代中国军事实践发展新境界，形成党的军事指导理论最新成果。这一思想紧紧围绕新时代建设什么样的强大军队、怎样建设强大军队这一国防和军队建设重大时代课题，提出一系列新观点新论断新要求，确立了实现强军目标、建设世界一流军队的行动指南。全面贯彻习近平强军思想，是新时代党从思想上政治上领导和掌握军队的根本途径。

用习近平强军思想指导新时代强军事业，就要坚持政治建军、改革强军、科技兴军、人才强军、依法治军，统筹推进强军布局。习近平总书记紧紧围绕加快把人民军队建设成为世界一流军队这一重大课题，精准定略、科学布局，为全面提高国防和军队现代化水平制定了战略方针，为实现强军目标、建设世界一流军队确立了战略布局。政治建军铸牢强军之魂。政治建军决定世界一流军队的性质，确定世界一流军队的方向，塑造世界一流军队的魂魄，是我军从胜利走向胜利的根本法宝。改革强军锻造强军之骨。适应世界新军事革命的发展要求，设计和塑造军队未来，谋的是民族复兴伟业，布的是富国强军大局，立的是安全与发展之基。科技兴军厚植世界一流军队之翼。必须建设创新型人民军队，从主要依靠数量规模转向创新驱动，全力增强创新对于强军兴军的推动力度，着力提高创新对于战斗力、制胜力增长的贡献程度。依法治军夯实世界一流军队之基。世界一流军队，意味着拥有制胜打赢的强大战斗力，而这种能力素质都是要在法治军队的基础上生成增强。

用习近平强军思想指导新时代强军事业，就要更加注重聚焦实战，更加注重创新驱动，更加注重体系建设，更加注重集约高效，更加注重军民融合，协调推进强军路径。聚焦实战标定资源指向。把全部心思向打仗聚焦，使各项工作向打仗用劲。强化作战需求牵引，把作战需求搞准搞透，以需求牵引规划，以规划主导资源配置。创新驱动提供新型动力。全力增强创新对于强军兴军的推动力度，把创新摆在军队建设发展全局的核心位置，推进军事理论、技术、组织、管理、文化等各方面创新。体系建设注重总体效应。以对作战体系的贡献率为标准推进各项建设，全面提高我军体系作战能力，把各种作战力量、作战单元、作战要素融合为一个有机整体，努力打造以精锐作战力量为主体的军事力量体系。集约高效提高强军效率。加快推进以效能为核心的军事管理革命，健全以精准为导向的管理体系，在构建新型军事管理体制上迈出实质性步伐。军民融合扩展发展土壤。促进国家战略竞争力、社会生产力、军队战斗力的耦合关联，加深国防经济和社会经济、军用技术和民用技术的融合程度，加快形成全要素、多领域、高效益的军民深度融合发展格局，促进经济建设和国防建设协调发展、平衡发展、兼容发展，加快把军队建设融入经济社会发展体系。

（三）牢牢把握党在新时代的强军目标

紧密依据党的中心工作、国家发展大局和安全形势需要，明确提出军队建设的目标任务，正确引领人民军队前进方向，是党领导我军发展壮大的基本经验，是我军全面建设、履行使命的动力机制。党的十八大后，我军在新的历史起点上加快推进国防和军队现代化，习近平总书记继续深入思考和筹划“建设什么样的军队、怎样建设军队”这一根本问题，首先聚焦于确定党在新时代的强军目标。强调指出，建设一支听党指挥、能打胜仗、作风优良的人民军队，是党在新时代的强军目标。这一重要论述，指明了在全面建成小康社会进程中我军建设的正确方向，是新形势下国防和军队建设的科学指导。

1. 党在新时代的强军目标确立中国特色强军之路

一个民族的共同目标决定着这个民族兴旺发达能够达到的历史高度，一个政党的奋斗目标决定着这个政党长盛不衰能够达到的时代高度，一支军队的建设目标决定着这支军队威武雄壮能够达到的力量高度。目标标识高度，目标规划道路，目标激励斗志。明确党在新时代的强军目标，是走中国特色强军之路的理论前提和实践前提。

强军目标支撑中国梦想。在中国特色社会主义道路上实现中华民族伟大复兴，是党的十八大描绘的宏伟蓝图。习近平总书记在参观《复兴之路》展览时深情阐述的中国梦，极大地激发了全体中华儿女的爱国主义热情，动员着全党全社会为奔向中国梦而不懈奋斗。中国梦依赖和平发展，巩固国防营造安全环境。2012 年 12 月，习近平总书记在广州战区考察时强调，强国梦，对军队来说，也是强军梦。我们要实现中华民族伟大复兴，必须坚持富国和强军相统一，努力建设巩固国防和强大军队。这生动表明了新一届中央领导集体的强烈使命意识和高远战略视野。没有一个强大的军队，就没有一个强大的国家；强军梦不圆，强国梦难圆。改革开放 40 年来，我国能够快速发展、稳定发展、持续发展，离不开国防和军队建设提供的安全保障。面对全面建成小康社会征程上的各种风险挑战，更加迫切需要国防和军队的坚强保障，更加需要强大军队的力量支持。可以说，强国梦、强军梦交响协奏，奏响新的进军号。

强军目标保证国家利益。建设与我国国际地位相称、与国家安全和发展利益相适应的巩固国防和强大军队，是我国现代化建设的战略任务。当前，我国面临的生存安全问题和发展安全问题、传统安全威胁和非传统安全威胁相互交织，要求国防和军队现代化建设有一个大的发展。一是世界急剧变化增大了我国安全的不稳定性、不确定性，我国安全和发展的国际环境更加复杂，围绕世界市场、综合国力、地缘政治、战略空间等的全方位争夺更加激烈，贫困、粮食安全、能源资源安全、网络安全等全球性矛盾和问题更加突出，要求我军坚决维护国家主权、安全、领土完整，保障国家和平发展。二是世界新军事革命加速发展，世界主要国家都在加紧推进军事转型。战争是军事实力的较量和检验。要能经得起这种较量和检验，就要敢于竞争、精心准备，既能出手，又能打赢。三是维护国家政治安全和社会稳定的任务更加艰巨，改革发展与利益调整的矛盾，社会变革与网络信息的冲击，可预见困难和难预料风险的发生等，都使我国安全环境变得严峻，要求把筑牢全面建成小康社会的安全基础放在更加重要的位置，高度警惕和有效防范国家被侵略被颠覆被分裂的危险、改革发展稳定大局被破坏的危险、中国特色社会主义发展进程被打断的危险。

强军目标引领军队建设。党在新时代的强军目标，既是军队建设一以贯之的目标，又是军队建设亟待完成的迫切任务。新形势下，党面临着

“四大考验”“四大危险”，军队建设同样面临着种种考验和危险。比如，要不要坚持党对军队的绝对领导，始终是我们同敌对势力斗争的一个焦点。一些同志对于党指挥枪的极端重要性往往认识不足、认识不透，在“军队非党化、非政治化”和“军队国家化”的错误观点面前，头脑还不够清醒，立场还不够坚定。我军许多年没有打过仗，特别是缺乏信息化条件下作战的经验。一些官兵危机意识淡薄，甚至产生了仗打不起来、打仗也轮不上我的心态，一些部队存在着训为看、演为看等训风不正的问题，一些领导还没有把主要精力放在带兵打仗、练兵打仗上。鲜明提出建设一支听党指挥、能打胜仗、作风优良的人民军队的强军目标，就是要认真解决部队建设中某些与之不相适应的问题，真正促进部队建设新的提升和进步。

强军目标创新理论指导。党的军事指导理论，为人民军队建设提供了基本遵循。党的十八大以来，习近平总书记在指导国防和军队现代化建设的实践中，对国防和军队建设一系列根本性、方向性、全局性的问题做了深刻阐述，集中起来就是，在全面建成小康社会、夺取中国特色社会主义新胜利的进程中，面对各种复杂形势和严峻挑战，牢牢把握党在新时代的强军目标，努力建设一支听党指挥、能打胜仗、作风优良的人民军队，为实现中国梦提供坚强安全保障。习近平总书记关于强军目标的重要论述，是对党的军事指导理论关于军队建设思想的继承和发展，进一步深刻揭示了军队建设的客观规律，是党的军事指导理论创新发展的宝贵结晶，可以看作党的十八大后党的军事指导理论创新发展的历史起点和逻辑起点。

2. 党在新时代的强军目标体现“三化”建设根本要求

建设一支听党指挥、能打胜仗、作风优良的人民军队，内含着我军建设优良传统与当代目标、强军目标与强军之路、价值标准与建设规律、全面建设与根本要求的统一。听党指挥、能打胜仗、作风优良，三者相互联系、密不可分。牢牢把握党在新时代的强军目标，就是要大力弘扬我军优良传统，坚定不移走中国特色强军之路，自觉遵循人民军队建设规律，紧紧抓住革命化现代化正规化建设的根本要求。按照强军目标建设部队，就抓住了我军全面建设的纲，构成了我军的核心能力，塑造出我军的特有优势。

铸牢听党指挥这个强军之魂。听党指挥是灵魂，决定军队建设的政治方向。坚持党对军队的绝对领导，确保部队绝对忠诚、绝对纯洁、绝对可靠，是一个根本政治原则，决不能有任何动摇、任何迟疑、任何含糊。抓好革命化建设，最根本的就是坚决听党指挥。我军过去听党指挥，现在听党指挥，将来还要听党指挥，这是保证党长期执政、国家长治久安的根本法宝。无论战争形态怎么演变、军队建设内外环境怎么变化、军队组织形态怎么调整，都必须始终不渝坚持党对军队绝对领导的根本原则和制度。坚持党对军队的绝对领导，最紧要的是始终在思想上政治上行动上同党中央保持高度一致，坚决维护党中央、中央军委的权威，一切行动听从党中央、中央军委、习近平总书记指挥。这要作为最高的政治要求来遵守，作为最高的政治纪律来维护。党的十八大以来，全军和武警部队认真贯彻落实党的十八大精神，统一部署开展“坚定信念、铸牢军魂”主题教育活动，开展“学习贯彻党章，弘扬优良作风”教育活动，不断打牢官兵高举旗帜、听党指挥、履行使命的思想政治基础，强军之魂更加强化。

扭住能打仗、打胜仗这个强军之要。能打胜仗是核心，反映军队的根本职能和军队建设的根本指向。抓紧现代化建设，最根本的就是保证能打胜仗。军队首先是一个战斗队，是为打仗而存在的。虽然我军在不同时期担负的具体任务不同，但作为战斗队的根本职能始终没有改变。在任何情况下，我军都必须强化随时准备打仗的思想，强化官兵当兵打仗、带兵打仗、练兵打仗的思想，保持箭在弦上、引而待发的高度戒备态势，确保部队召之即来、来之能战、战之必胜。因此，军队建设必须牢固树立战斗力这个唯一的根本的标准，坚持用是否有利于提高战斗力来衡量和检验各项工作，按照打仗的要求搞建设、抓准备，向能打仗、打胜仗要求聚焦。标准就是规则，标准就是导向，标准就是共识。战斗力是军队的价值所在，把提高战斗力作为出发点和落脚点，就是要使各种标准统一于服务于战斗力标准。凡是符合战斗力标准的事情，就要大做特做；凡是不符合战斗力标准的事情，就是要有效遏制。习近平总书记提出能打仗、打胜仗是强军之要，全军官兵迅速响应，更加重视提高军事训练实战化水平，转变训练作风，努力清除“和平积习”，训练课目越来越难，训练标准越来越严，强军之要逐步深化。

夯实依法治军、从严治军这个强军之基。作风优良是保证，关系军队的性质、宗旨、本色。依法治军、从严治军是作风优良的途径，作风优良是依法治军、从严治军的结果。抓实正规化建设，最根本的就是做到作风优良。作风一旦形成，就会牵引、主导、规范主体的行为。如果部队作风松散，就打不了仗，更不可能打胜仗。作风优良是我军的鲜明特色和政治优势，要把改进作风工作引向深入，贯彻到军队建设和管理每个环节，真正在求实、务实、落实上下功夫，保持人民军队长期形成的良好形象。艰苦奋斗是一支具有强大战斗力的军队的基本素质，要发扬艰苦奋斗精神，厉行勤俭节约，反对铺张浪费，把军费管好用好，使国防投入发挥最大效益。党的十八大以后，新一届中央、中央军委改进作风、率先垂范，做出了好样子。依据《十八届中央政治局关于改进工作作风、密切联系群众的八项规定》，中央军委印发《加强自身作风建设十项规定》，从军委、总部严起，以高中级干部为重点，以解决突出问题为突破口，从官兵反映强烈的问题改起，以上率下，持续用力，一抓到底。解放军四总部印发《厉行节约严格经费管理的规定》，从花钱办事源头严起，从问题易发的重点领域严起，从管住“钱袋子”严起，从检查监督严起，强军之基不断牢固。

3. 党在新时代的强军目标指引军队建设创新发展

目标是实践的向导。党在新时代的强军目标，依据国家安全形势和国家核心安全需求而确立，同时又成为强军实践的指引。牢牢把握党在新时代的强军目标，就是要充分发挥这一目标的实践功能，推动强军目标转化为实践，转化为战斗力。

坚持把强军目标作为统一思想、指导行动的基本导向。党的十八大制定了加快推进国防和军队现代化的行动纲领，习近平总书记进一步提出党在新时代的强军目标，是对党的十八大精神的深入贯彻落实，对国防和军队建设的有力促进和深化，具有重大指导意义。国防和军队现代化建设，要以毛泽东军事思想、邓小平新时期军队建设思想、江泽民国防和军队建设思想、胡锦涛国防和军队建设思想为指导，认真学习贯彻习近平总书记关于国防和军队建设一系列重要指示，特别是建设一支听党指挥、能打胜仗、作风优良的人民军队的重要论述，按照强军目标的基本要求建设军队。要深入领会党在新形势下强军目标的政治性、战略性、针对性和指导性，提高认识、增强自觉，切实把全军官兵的思想和行动统一到为实现这一强军目标而努力奋斗上来。

坚持把强军目标作为统领军队建设、改革和军事斗争准备的正确方针。党的十八大以来国防和军队建设稳中求进、扎实开局，军队建设、改革和军事斗争准备同步展开、协调推进，各个领域的工作发展势头好，成效明显。一个重要原因，就是用党在新时代的强军目标统领各项工作，纲举目张、主次有序。全军大力贯彻落实习近平总书记“三个牢记”的重要要求，围绕强军之魂、强军之要、强军之基聚心聚智聚力。听党指挥，保证了步调一致、令行禁止；能打仗、打胜仗，抓住了主要矛盾，强化了核心任务；依法治军、从严治军，改进了作风，净化了风气，鼓舞了士气。继续把强军梦这篇大文章做下去，还会遇到多种多样的矛盾和问题，会产生这样那样的阻碍和困难，更加需要咬定强军不放松，始终不渝强军梦，不偏离强军目标，不分散强军力量，不浪费强军资源，不迟滞强军进程。

坚持把强军目标作为加快推进国防和军队现代化的强大动力。目标的实现不是一个自然而然的过程，越是宏伟远大的目标，越是需要坚定的意志和顽强的毅力促使实现。加快推进国防和军队现代化，缩小我军同世界强国在军事实力上的差距，既任重道远，又刻不容缓，必须依靠全军官兵的接续奋斗。强军梦是当代中国军人的理想、信念和追求，像火炬激励着一代代官兵献身国防、建功立业。目标一经确立，同时也就成为评价准则和检验尺度。党在新时代的强军目标，也是国防和军队建设效果的检验标准。围绕听党指挥、能打胜仗、作风优良的目标建设和考核部队，就是国防和军队建设的强劲动力。强军梦既是军队建设的动力，也是官兵奋斗的动力，广大官兵的梦想成真、价值实现、事业有成，无不需要通过把个人的成长进步融入强军梦的实现之中，把军队的价值需求与个人的价值需求有机统一起来，让青春和生命在为建设一支听党指挥、能打胜仗、作风优良的人民军队而奋斗的过程中，放射出更加绚丽的光彩！

（四）坚定不移走中国特色强军之路

在中华民族伟大复兴进入关键期之际，迎来了中国人民解放军建军 90 周年。人民军队的创立，始自中国共产党领导武装力量反抗国民党的反革命暴力，从此中华民族就有了一支革命的新型人民军队。90 年来我军浴血奋斗、成长壮大的历程，就是一部与强大敌人英勇斗争、越战越强的英雄史诗，一部适应战争形态转变、建设强大人民军队的变革长卷。当年，红军长征胜利向世界展现了这支军队的坚强灵魂、钢铁意志、战斗精神；今天，在以习近平同志为核心的党中央领导下，全军官兵满怀激情、斗志昂扬，坚定不移走中国特色强军之路，开始了强军兴军新的长征。

中国革命战争时期的敌我力量对比，社会主义建设和改革开放时期的国防安全需求，都使得建设强大的人民军队成为我们党的不懈追求。毛泽东等老一辈无产阶级革命家创建的人民军队，从井冈山斗争到铁流两万五千里，从抗日战争到“百万雄师过大江”，从弱到强、百炼成钢，为民族独立、人民解放立下了不朽功勋。新中国成立后，我们党在各个历史时期，都根据世界军事革命的进程、国家安全形势的变化、备战打仗任务的指向、建设改革大局的需要，回应和解决“建设什么样的强大人民军队、怎样建设强大人民军队”的时代课题，明确提出人民军队建设发展的目标要求和道路引领。毛泽东领导制定建设优良的现代化军队的总方针，走建立强大的国防军之路；邓小平提出建设一支强大的现代化正规化革命军队的总目标，走中国特色精兵之路；江泽民提出政治合格、军事过硬、作风优良、纪律严明、保障有力的总要求，走中国特色军事变革之路；胡锦涛提出按照革命化现代化正规化相统一的原则加强军队全面建设的重要思想，走国防和军队建设科学发展之路。这些都深刻揭示了建设强大人民军队的规律，指引着我军持续推进强军大业。几十年来，国防和军队建设不断向前发展，我军有效履行党和国家赋予的重大使命，坚决维护国家安全、领土主权、发展利益，再创新业、再立新功。

党的十八大以来，习近平总书记站在新的历史起点上，深刻洞察世界新军事革命趋势、我国安全形势变化、军事力量需求和军队建设状况，以宽阔的战略视野、强烈的使命意识、深邃的军事思维、坚定的改革意志，全面筹划、领导和推动国防和军队建设，开启了实现强军目标、建设世界一流军队新的伟大征程，人民军队雄姿勃发，阔步行进在中国特色强军之路上。党对军队的绝对领导更加坚强，军队政治工作重整行装，实战化训练和军事斗争准备成效显著，部队作风士气焕然一新，反腐败斗争形成压倒性态势，深化国防和军队改革拉开大幕，遂行多样化军事任务贡献突出，国防和军队建设呈现崭新气象。作为党中央核心、全党核心、军队最高统帅，习近平总书记领导强军兴军的新成就新进展，令全军振奋、全党认可、全民点赞、世界瞩目。

当今世界，各主要国家纷纷加快军事变革，抢占军事战略制高点，争夺国际军事竞争新优势。我军现代化水平与国家安全需求相比差距还很大，与世界先进军事水平相比差距还很大。我军许多年没有打仗，缺乏在信息化条件下作战的经验，各项建设成果缺乏实战检验，以前能打胜仗不等于现在能打胜仗。我国周边领土主权和海洋权益争端、大国地缘竞争、军事安全较量、恐怖主义威胁等问题更加凸显，周边少数国家不断挑起争端。如果有人要把战争强加到我们头上，我们必须能决战决胜。形势决定军队使命任务，对手决定军事力量标准。2014 年是甲午战争发生 120 周年，习近平总书记十分关注对甲午战争失败教训的研究，要求勿忘国耻，总结血的教训。2015 年是抗日战争胜利 70 周年，习近平总书记检阅部队，并发出“三个必胜”的时代强音。强军梦，胜利梦。如何让甲午战争的国耻军耻不再重演，如何让抗日战争的伟大胜利续写辉煌，是进入信息化战争形态我军面对的最大历史课题。

强军实践呼唤强军理论，强军理论指导强军实践。习近平强军思想，是党的军事指导理论最新成果。这一理论成果，围绕走中国特色强军之路，提出一系列国防和军队建设新理念新思想新战略，深刻回答了在世界发生前所未有之大变局、我国处于由大向强发展关键阶段的时代条件下，如何实现强军目标、建设世界一流军队的重大问题，为新形势下强军兴军提供了强大思想武器和科学指南。

强军使命：为实现中国梦提供坚强力量保证。使命牵引道路，道路保障使命。国防和军队建设，与党和国家工作大局密切相连，与中华民族发展进程紧密相关。习近平总书记明确提出实现中华民族伟大复兴中国梦的奋斗目标，准确把握新形势下国防和军队建设的历史方位，依据实现中华民族伟大复兴中国梦的安全需求，从实现中国梦战略高度统领国防和军队建设，在实现中华民族伟大复兴这个大目标下来认识和推进国防和军队建设，从国家和民族最高利益的需要出发确定国防发展战略和军队建设目标，把强军使命置于服从和服务于国家和民族最高利益之上。在参观《复兴之路》展览并提出“中国梦”后，习近平总书记在部队考察时接着提出强军梦及其强军之魂、强军之要、强军之基，表明中国梦强军梦互联一体、富国强军互为条件、治党治国治军统筹推进。习近平总书记提出总体国家安全观，提供了大视野大格局中的国防安全观，要求构建捍卫总体国家安全利益的国家安全力量，依靠富国强兵保持维护和平、遏制战争的军事安全态势。强军使命确立了中国特色强军之路的历史方位和强大动力。

强军目标：建设一支听党指挥、能打胜仗、作风优良的人民军队。目标确定方向，道路围绕目标。习近平总书记准确把握新形势下建设一支强大人民军队的新情况新变化新特征，敏锐分析当今世界军事技术和战争形态出现的革命性变化，清醒认识我军建设存在的差距和不足、矛盾和问题，深入回答如何适应国际战略格局和国家安全形势的深刻变化，如何紧跟当代军事发展潮流，如何为党和国家事业发展提供坚强力量保证，如何构建中国特色现代军事力量体系，如何实现军队建设发展动力转变，如何建设世界一流军队等重大问题，鲜明地提出党在新时代的强军目标，为新形势下国防和军队建设指明了方向。强军目标对我军建设目标做出新概括新定位，明确了加强军队建设的聚焦点和着力点。听党指挥是灵魂，决定军队建设的政治方向；能打胜仗是核心，反映军队的根本职能和军队建设的根本方向；作风优良是保证，关系军队的性质、宗旨、本色。强军目标确立了中国特色强军之路的前进方向和顶层设计。

强军基点：打赢信息化局部战争。基点明确定位，道路聚焦基点。强军的坐标具有时代性、参照性、博弈性。习近平总书记着眼国家发展战略和安全战略新要求，与时俱进创新军事战略指导，领导制定新形势下军事战略方针，将军事斗争准备基点放在打赢信息化局部战争上，确定了强军基点和强军标准。军事战略指导重心前移，明确了新的历史条件下打什么样的仗、怎样打仗的问题，确立了深远经略、统揽军事力量建设和运用的纲领，指明了强军兴军的根本指向。军事战略指导重心前移，就是要使军事斗争准备基点与未来战争相契合，与打赢战争相适应，与遏制战争相配合。新形势下军事战略方针的军事斗争准备基点，注重及时控制重大危机，妥善应对连锁反应，扭住关系全局的战略枢纽。强军基点确立了中国特色强军之路的根本标准和核心功能。

强军方略：政治建军、改革强军、依法治军、科技强军。方略呈现道路，道路依托方略。习近平总书记在领导强军兴军实践中，逐步形成了强军基本方略。紧紧扭住政治建军不放松，坚持党对军队的绝对领导，坚定维护权威，维护核心，维护和贯彻军委主席负责制，永葆人民军队性质、宗旨、本色。紧紧扭住改革强军不放松，着力解决制约国防和军队建设的体制性障碍、结构性矛盾、政策性问题，推进军队领导指挥体制改革、军队规模结构和力量编成改革，加快构建中国特色现代军事力量体系。紧紧扭住依法治军不放松，推动实现治军方式的根本性转变，提高国防和军队建设法治化水平，构建严密的权力运行制约和监督体系。紧紧扭住科技兴军不放松，坚持向科技创新要战斗力，全面实施创新驱动发展战略，为我军建设提供强大科技支撑。政治建军铸牢强军之魂，改革强军锻造强军之骨，依法治军夯实强军之基，科技兴军厚植强军之翼。强军方略确立了中国特色强军之路的骨干工程和枢纽设施。

强军机制：练兵备战。机制驱动系统，道路依赖机制。和平时期，军事斗争准备是军队的基本实践活动，是维护和平、遏制危机、打赢战争的重要保证。军队战斗力是练出来的，不是喊出来的。练就要像打仗那样练，不能像演戏那样演。习近平总书记强军思想把实战化训练作为贯彻战斗力标准、增强军队制胜能力的基本机制。要求按照实战化要求严格训练，坚持以作战的方式训练，以训练的方式作战，推进训练与实战一体化，切实把部队实战化水平搞上去。必须下决心解决训风演风考风不实问题，坚决纠正危不施训、险不练兵、训练中消极保安全等不良现象。遂行非战争军事行动任务，要求养兵千日、用兵千日，兵力运用常态化。强军机制确立了中国特色强军之路的基本实践和基础建设。

强军路径：聚焦实战、创新驱动、体系建设、集约高效、军民融合。路径保障目标，路径细化道路。习近平总书记提出“五个更加注重”的军队建设发展战略指导，指明了强军兴军的基本路径。更加注重聚焦实战、坚持战斗力这个唯一的根本的标准，强化作战需求牵引，各项工作向打仗聚焦用劲。更加注重创新驱动，全力增强创新对于强军兴军的推动力度，着力加大创新对于战斗力、制胜力增长的贡献程度，推进军事理论、技术、组织、管理、文化等各方面创新，培养集聚一大批高素质创新型军事人才。更加注重体系建设，全面提高我军体系作战能力，把各种作战力量、作战单元、作战要素融合为一个有机整体，努力打造以精锐作战力量为主体的军事力量体系。更加注重集约高效，加快推进以效能为核心的军事管理革命，健全以精准为导向的管理体系，提高国防和军队发展精准度。更加注重军民融合，促进国家战略竞争力、社会生产力、军队战斗力的耦合关联，加深国防经济和社会经济、军用技术和民用技术的融合程度，加快形成全要素、多领域、高效益的军民深度融合发展格局。强军路径确立了中国特色强军之路的基本要求和主要方法。

强军思维：把握强军规律。思维影响全局，思维设计道路。习近平总书记创造性地运用马克思主义世界观方法论，敏锐发现前进道路上的问题，深刻洞察实践过程中的矛盾，将问题的逻辑转化为理论的逻辑、规律的逻辑、实践的逻辑。习近平总书记强军思想既抓住问题又反映规律，集军事发展规律、战争制胜规律、军队建设规律、人民军队建设规律于一体，集中探讨了新形势下信息化战争制胜机理和建设巩固国防、强大军队的规律，包含着丰富的军事辩证法思想，为更新军事思维方式和思想观念提供了科学指导。例如：强军目标揭示了新形势下建设强大人民军队的基本规律；信息主导、体系对抗、多维空间、时间升值等，揭示了信息化战争的制胜机理；创新能力是一支军队的核心竞争力，也是生成和提高战斗力的加速器，揭示了军队现代化建设第一动力的重要规律；培养“有灵魂、有本事、有血性、有品德”的新一代革命军人，揭示了新形势下铸魂育人的特点规律；等等。强军思维确立了中国特色强军之路的哲学支撑和辩证逻辑。

“红军不怕远征难，万水千山只等闲。”人民军队的强军征程，始终是在革命理想主义光芒的照耀下、在革命英雄主义精神的激励下开拓向前的。走向“两个一百年”奋斗目标，强军兴军号角嘹亮，全军官兵步履铿锵，坚定不移走中国特色强军之路成为人民军队的共同意志和自觉行动。在党中央、中央军委和习主席指挥下，在习近平强军思想指引下，在13亿多中国人民支持下，强军梦一定能够实现，中国人民解放军一定能够不辱使命、不负重托，永当钢铁长城、永做忠诚卫士！

（五）深远经略，前移军事战略指导重心

军事战略是筹划和指导军事力量建设和运用的总方略，是谋取战略优势和战争胜利的总方针。一个国家、一支军队在不同历史时期的战略目标不同，由此决定了军事战略指导重心的变化。战略是对未来大势的科学谋划，重心前移是军事战略指导的本质要求。党的十八大以来，习近平总书记着眼国家发展战略和安全战略新要求，与时俱进创新军事战略指导，领导制定新形势下军事战略方针，将军事斗争准备基点放在打赢信息化局部战争上。军事战略指导重心前移，明确了新的历史条件下打什么样的仗、怎样打仗的问题，指明了实现强军目标、建设世界一流军队的根本指向。

1. 军事战略指导必须与时代发展同步伐、同国家安全需求相适应

战略指导是一种谋划全局、抓住根本、着眼长远、权衡利弊、精心博

弈的思维和实践活动，具有宏观性、系统性、预见性、竞争性。战略指导要正确把握和处理全局和局部、主要与次要、当前与未来、目标与手段、愿望与可能、利益与代价等方面的关系，善于大处着眼、小处着手，未雨绸缪、运筹帷幄，能够抓住主要矛盾、驾驭变化局势、解决复杂矛盾，做到深谋远虑，具有宽阔的视野和深邃的洞察力。“明者远见于未萌，知者避危于无形”，前瞻性是战略指导的首要要求。军事战略指导重心前移，就是军事战略的时间维度向未来战争前移，空间维度向未来战场前移，主体维度向未来军队前移，复杂维度向未来战局前移。

战争性质和特点决定军事战略指导重心前移。战争不仅是战争进行期间的实力较量，而且是战争准备期间的能力较量。毛泽东十分重视战争制胜的自觉能动性，强调同样的战争舞台，不同的战略指导，就可以演出不同的战争活剧。孙子讲“先知”，要求战略指导具有很强的预知性和导向性。军事战略指导方针作为战争准备的总体筹划，必须下好打赢战争的“先手棋”。军事战略的滞后或错判，都将导致战争失败或重挫。1806 年普鲁士被法国击败，克劳塞维茨通过反思 1806 年之前几十年的普鲁士军事战略得出结论，几十年前的军事战略就已经决定了这场战争的结局。有研究认为：“过去的一切失败教训可以归纳为二字：太迟。”军事战略指导落后于战争形态和作战方式发展，昧于变化、昧于趋势、昧于危机，就会在战争中丧失战略和战争主动权，曾经再强大的军队最后也要落伍，甚至不堪一击。当前，世界新军事革命迅猛发展，战争形态加速向信息化战争演变，军事领域发展变化以信息化为核心，以军事战略、军事技术、作战思想、作战力量、组织体制和军事管理创新为基本内容，以重塑军事体系为主要目标。世界各主要国家纷纷调整安全战略、军事战略，调整军队组织形态。美军着力实施“第三次抵消战略”，不遗余力进行军事技术和体制创新。因此，军事战略指导重心前移是军事竞争、战略较量、战争预演的必然要求，基于战略形势前移，基于战略对手前移，基于战略博弈前移，“道高一尺，魔高一丈”。

着眼打赢未来战争制定军事战略方针是确保我军始终立于不败之地的战略前提。“夫未战而庙算胜者，得算多也。”军事战略科学准确，是最大的胜算。抗日战争时期，“亡国论”“速胜论”甚嚣尘上。毛泽东全面分析中日双方力量对比，提出“持久战”的大战略，做出战略防御、战略相持、战略反攻三个阶段的科学判断，并制定抗日游击战争的战略，指导了抗日战争的最后胜利。新中国成立后，中央军委确立积极防御军事战略方针，并根据国家安全形势发展变化对积极防御军事战略方针的内容进行了多次调整。20 世纪 90 年代以来，制定新时期军事战略方针，以打赢现代技术特别是高技术条件下局部战争为军事斗争准备基点，切实增强打赢战争、遏制战争的能力；充实完善新时期军事战略方针，把军事斗争准备基点进一步调整为打赢信息化条件下的局部战争。新形势下，时代发展和国际战略格局深刻演变要求军事战略与时俱进，实现中华民族伟大复兴的中国梦要求军事战略为我国由大向强发展提供有力支撑，国家安全战略新发展要求军事战略必须及时跟上，贯彻党在新时代的强军目标对创新军事战略提出内在要求。探索形成与时代发展同步伐、同国家安全需求相适应的军事战略指导，充实和完善军事战略方针，必须保证我军既要应对传统安全威胁又要应对非传统安全威胁，既要维护安全利益又要维护发展利益，既要维护内部安全又要维护外部安全。

前移军事战略指导重心体现了习近平总书记统筹国家安全、军事安全、军队建设的深远经略。战略思维需要考量战略基础的变化、战略空间的拓展、战略利益的扩大、战略目标的调整、战略关系的变化、战略手段的丰富、战略能力的增强、战略博弈的灵活、战略谋划的科学、战略效果的务实等多种要素。战略思维层次高、区域广、矛盾多、变数大，由此决定了战略思维的视野一定要宽阔。视野的高度和角度不同，由此看到的景色和得出的结论也不同，正所谓“会当凌绝顶，一览众山小”。宽阔才能把握大局，一览无余；才能洞察大势，“不畏浮云遮望眼”；才能区分远近高低、大小主次。习近平总书记统筹治党治国治军，统筹国内国际两个大局，统筹实现“两个一百年”奋斗目标与维护总体国家安全，统筹军事安全与国家安全全局，统筹实现强军目标、贯彻新形势下军事战略方针、建设世界一流军队，统筹政治建军、改革强军、依法治军、科技兴军、练兵备战，展现了全党的核心、全军的统帅高超的战略思维能力。前移军事战略指导重心，抓住战略重点，实现关键突破，赢得战略主动，有效防范战争风险，避免失守军事底线，是深远经略的重大决策。军事战略指导重心前移，既是国家安全形势、世界新军事革命潮流、我军现代化建设的要求，同时又是对军队建设改革、国家安全环境和国际战略格局的牵引，是牵一发而动全身的关键一招。

2. 军事战略指导重心前移的关键是调整军事斗争准备基点

战争和准备战争是军队的基本实践。战争时期，军事战略方针的核心问题是打什么样的仗、怎样打仗；和平时期，军事战略方针的核心问题是打什么样的仗、怎样准备打仗，也就是对战争目的、战争样式、战争时机、战争指导、战争进程等做出预判和预演。我军多年没打仗了，对现代战争是个什么样子、怎么打、怎么指挥，还知之不多、知之不深。因此，军事战略方针与时俱进至关重要。军事战略指导重心前移，就是要使军事斗争准备基点与未来战争相契合，与打赢战争相适应，与遏制战争相配合。

立足战争形态转变，前移战争准备，赢得战略优势。“兵无常势，水无常形；能因敌变化而取胜者，谓之神。”一支军队能够打赢昨天的战争，但如果无视战争形态的革命性变化，就可能输掉明天的战争。二战前夕，法国耗费 50 亿法郎打造的马其诺防线，表明法军不懂得坦克装甲部队的出现，使机动作战比坚守防御更能夺取战场的主动权；表明法军仍然沉湎于一战的胜利，军事战略指导陈旧落后。后人对二战初期法军的溃败评论道：“真正应该负责的是比马其诺防线还要僵化的法国军人的头脑。”当今世界，战争形态加速向信息化战争演变。习近平总书记根据战争形态演变和国家安全形势，指导我军将军事斗争准备基点放在打赢信息化局部战争上。信息化战争的制胜机理，依靠信息主导，体系支撑，时空控制，精确打击，编成优化，科技创新。战争形态变了、作战方式变了，我们的战争思维和作战理念必须更新变革，创新基本作战思想，实施信息主导、精打要害、联合制胜的体系作战，形成现代化的战斗力生成模式，发展非对称作战方式方法，“以能击不能”，“致人而不致于人”。特别是信息化战争不仅要争夺战场的制信息权，也要争夺赢得民心的制信息权。信仰、意志、价值观等构成的国家文化软实力，是进行人民战争的坚实基础。

立足战略利益拓展，前移战争空间，赢得战略全局。军事战略的核心是国家利益。国家利益空间拓展到哪里，战略利益空间就要覆盖到哪里，军事战略方针就要聚焦到哪里。马汉于 19 世纪和 20 世纪之交提出的“海权论”，标志着军事战略的竞争已经延伸到海洋。杜黑于 20 世纪 20 年代出版的《制空权》，将军事战略的视野引向天空。信息化战争的战场空间不仅包括陆、海、空、天的有形空间，还涵盖了电磁、网络和认知心理的无形空间，表明新战争形态中战略利益版图的扩张和军事战略体系的多维。新形势下军事战略方针的军事斗争准备基点，突出海上军事斗争和军事斗争准备，反映了我国从陆权国家向陆权海权兼备国家迈进的关键阶段的战略需求。21 世纪，海洋在维护国家主权、安全、发展利益中的地位更加突出，在国际政治、经济、军事、科技竞争中的战略地位明显上升，我国国家利益快速向海外扩展和延伸。我国周边海域特别是南海是世界上岛屿主权争端最多、海域划界问题最尖锐、资源争夺最激烈、地缘政治形势最复杂的地区之一。因此，海上方向是我国战略利益拓展的重要方向，是确保国家长治久安和持续发展必争必保的战略空间。海上军事斗争和军事斗争准备，决定未来海上态势，决定未来我国的战略主动。贯彻新形势下军事战略方针，海军按照近海防御、远海护卫的战略要求，逐步实现近海防御型向近海防御与远海护卫型结合转变，构建合成、多能、高效的海上作战力量体系，提高战略威慑与反击、海上机动作战、海上联合作战、综合防御作战和综合保障能力。

立足战略态势演化，前移战争控制，赢得战略主动。军事战略是战争预见与战争控制的统一，既要对战争爆发的各种条件、可能、状态做出科学预见，又要高度发挥军事主体的自觉能动性，追求军事行动的主动权自由权，先敌几手、快敌几步、高敌几筹，有效控制战争条件、战争进程、战争结局，从而塑造有利于我的战略态势，形成稳操胜算的战略优势，保持迫敌就范的战略主动。战争是一种求胜避败、增利减害的军事活动，军事战略指导就要紧紧围绕国家最高利益、核心利益来谋划。当前，如何根据与主要对手竞争较量形成的战略格局，做出对我国安全和发展利益最大化、危害最小化的战略抉择；如何根据实现社会主义现代化和中华民族伟大复兴的安全需求，精准运用军事力量，精心部署军事行动，维护好我国和平发展的环境条件；如何切实增强国防实力和打赢能力，提高战争威慑能力，敢于亮剑，用能打胜仗来遏制战争，“不战而屈人之兵”；如何根据战略矛盾激化状态和战略底线突破程度，不怕战争、主动用兵、先发制人，用战争手段来解决矛盾冲突；等等，都是军事战略指导重心前移所要达到的战略目标。新形势下军事战略方针的军事斗争准备基点，注重及时控制重大危机，妥善应对连锁反应，要求通盘谋划，确保战略全局稳定，扭住关系全局的战略枢纽，增强战略布局的平衡性、立体性、外向性。

3. 以军事战略指导重心前移牵引军队建设、改革和军事斗争准备

军事战略方针对于军队建设全局，具有引导和牵引作用。前移指导重心，要求军队建设、改革和军事斗争准备等系统前移，整体运筹备战与止战、维权与维稳、威慑与实战、战争行动与和平时期军事力量运用，将军事斗争准备聚焦到打赢信息化局部战争的核心战争能力上，将深化国防和军队改革定位在设计和塑造军队未来上，在更高起点更新标准上推进军队建设和军事斗争准备。

以国家核心安全需求为导向，努力构建中国特色现代军事力量体系。新形势下，我军担负着重大战略任务，包括应对各种突发事件和军事威胁，有效维护国家领土、领空、领海主权和安全；坚决捍卫祖国统一；维护新型领域安全和利益；维护海外利益安全；保持战略威慑，组织核反击行动；参加地区和国际安全合作，维护地区和世界和平；加强反渗透、反分裂、反恐怖斗争，维护国家政治安全和社会稳定；担负抢险救灾、维护权益、安保警戒和支援国家经济社会建设；等等。构建中国特色现代军事力量体系，是捍卫国家核心安全需求的主体保证。从改革领导指挥体制，形成联合作战指挥体制，实现军队组织架构历史性变革，到改革军队规模结构和力量编成，推进我军组织形态现代化，推动我军由数量规模型向质量效能型、由人力密集型向科技密集型转变，部队编成向充实、合成、多能、灵活方向发展，都是在努力构建能够打赢信息化战争、有效履行使命

任务的中国特色现代军事力量体系。

以解决重点难点问题为导向，全面提高军队威慑和实战能力。问题是矛盾所在、关键所在、动力所在。以解决突出问题为突破口和主抓手，是习近平总书记治党治国治军的重要方法论。深入贯彻新形势下军事战略方针，必须着眼解决我军“两个差距很大”“两个能力不够”问题。这个瓶颈克服不了，就打不赢信息化局部战争。要坚持全军各项建设和工作向实现建设信息化军队、打赢信息化战争的战略目标聚焦，向实施信息化条件下联合作战的要求聚焦，向形成基于信息系统的体系作战能力聚焦。要按照实战化要求严格训练，坚持以作战的方式训练，以训练的方式作战，推进训练与实战一体化，切实把部队实战化水平搞上去。

以大力推动科技兴军为导向，培养造就大批高素质新型军事人才。科学技术是信息化战争的内核，科技兴军是打赢信息化局部战争的基础。中央军委主席习近平在十二届全国人大五次会议解放军代表团全体会议上强调，下更大气力推动科技兴军，坚持向科技创新要战斗力，为我军建设提供强大科技支撑。科技兴军，关键在人才。习近平总书记指出，我军现代化建设和军事斗争准备深入推进，武器装备和新型作战力量快速发展，对拓宽人才培养渠道、改进人才培养模式提出了新的要求。要加大人才培养引进力度，不断壮大人才队伍，把提高官兵科技素养作为一项基础性工作来抓，在全军大力传播科学精神、普及科学知识，使学习科技、运用科技在全军蔚然成风。军队从来都是吸引人才、培养人才、涌现人才的高地，军事人才在科技兴军中责任重大、大有作为。

（六）统筹推进强军布局，建设世界一流军队

党的十八大以来，习近平总书记在领导强军兴军的伟大事业中，坚持和发展党的军事指导理论，不断开拓马克思主义军事理论和当代中国军事实践发展新境界，形成了党在新时期的强军思想。强军思想是一个理论体系，有着内在的科学逻辑，坚持政治建军、改革强军、科技兴军、依法治

军的强军兴军方略布局，起着骨干性框架性的作用。实现强军目标，建设世界一流军队，必须按照习近平总书记制定的强军布局推进强军事业，全面提高国防和军队现代化水平，为决胜全面建成小康社会、实现中华民族伟大复兴中国梦提供坚强力量保证。

1. 强军布局构成建设世界一流军队的根本途径

加快把人民军队建设成世界一流军队，是习近平总书记在庆祝中国人民解放军建军 90 周年大会上对新的发展阶段军队建设提出的奋斗目标。听党指挥、能打胜仗、作风优良，是我军建设世界一流军队的核心内涵；世界一流军队，是强军目标的标准和尺度。建设世界一流军队，就是全面提高国防和军队现代化水平，构建能够打赢信息化战争、有效履行使命任务的中国特色现代军事力量体系。强军之路，重在方略布局。习近平总书记紧紧围绕加快把人民军队建设成为世界一流军队这一重大课题，精细定略、科学布局，逐步形成了政治建军、改革强军、科技兴军、依法治军的强军兴军方略布局，为全面提高国防和军队现代化水平制定了战略方针，为实现强军目标、建设世界一流军队确立了基本路径。

政治建军铸牢世界一流军队之魂。坚持党对军队的绝对领导，用马克思主义政党的先进思想武装官兵，是政治建军的灵魂，是人民军队的特有政治优势。政治建军决定世界一流军队的性质，确定世界一流军队的方向，塑造世界一流军队的魂魄。政治建军就是要深入贯彻古田全军政治工作会议精神，发挥政治工作生命线作用，培养有灵魂、有本事、有血性、有品德的新一代革命军人，锻造铁一般信仰、铁一般信念、铁一般纪律、铁一般担当的过硬部队，永葆人民军队性质、宗旨、本色。政治建军是我军从胜利走向胜利的根本法宝，在建设世界一流军队的征程中，更是要依靠政治建军，确保我军在任何时候任何情况下都以党的旗帜为旗帜，以党的方向为方向，以党的意志为意志，确保官兵矢志不渝坚持崇高理想信念，任何时候任何情况下都敢于为崇高理想信念而奋不顾身地奋斗。

改革强军锻造世界一流军队之骨。世界军事革命史表明，在军事革命中走在前列的军队，往往都能称雄一时。适应世界新军事革命的发展要求，大力推进改革强军，设计和塑造军队未来，谋的是民族复兴伟业，布的是富国强军大局，立的是安全与发展之基。政治生态重塑，组织形态重塑，力量体系重塑，作风形象重塑，制度性体制性机制性的建设，依靠深化国防和军队改革。坚定不移深化国防和军队改革，就是要深入解决制约国防和军队建设的体制性障碍、结构性矛盾、政策性问题，完善和发展中国特色社会主义军事制度。世界一流军队，是在战争实践中较量出来的，也是在军事革命中打造出来的。

科技兴军厚植世界一流军队之翼。习近平总书记深刻指出，创新能力是一支军队的核心竞争力，也是生成和提高战斗力的加速器。建设世界一流军队，必须从主要依靠数量规模转向创新驱动，全力增强创新对于强军兴军的推动力度，着力提高创新对于战斗力、制胜力增长的贡献程度，系统培塑创新对于国防建设质量、军队运行效率的促进功能。现代高新技术武器装备从技术上突破了时空界限，将从根本上改变传统的战争攻防格局。创新驱动，科技创新是核心，为强军兴军提供物质技术支撑。科技兴军，就是要坚持自主创新的战略基点，瞄准世界军事科技前沿，加强前瞻谋划设计，加快战略性、前沿性、颠覆性技术发展，不断提高科技创新对人民军队建设和战斗力发展的贡献率。世界一流军队，必须是现代化、信息化军队，科技兴军则是建设现代化、信息化军队的必由之路。

依法治军夯实世界一流军队之基。世界一流军队必然是法治军队，法治是一支现代军队的鲜明特征。实现国家治理体系和治理能力现代化，必然要求建设法治军队。深入推进依法治军、从严治军，是我军治军方式的一场深刻变革。要求实现从单纯依靠行政命令的做法向依法行政的根本性转变，从单纯依靠习惯和经验开展工作的方式向依靠法规和制度开展工作的根本性转变，从突击式、运动式抓工作的方式向按条令条例办事的根本性转变。依法治军，就要增强全军法治意识，加快构建中国特色军事法治体系，加快实现治军方式根本性转变。世界一流军队，意味着拥有制胜打赢的强大战斗力，而这种能力素质都是要在法治军队的基础上生成增强。

2. 强军布局确立中国特色强军之路的基础工程

党的十八大以来，习近平总书记站在新的历史起点上，深刻洞察世界新军事革命趋势、我国安全形势变化、军事力量需求和军队建设状况，以宽阔的战略视野、强烈的使命意识、深邃的军事思维、坚定的改革意志，全面筹划、领导和推动国防和军队建设，开启了实现强军目标、把人民军队建设成为世界一流军队新的伟大征程，人民军队雄姿勃发，阔步行进在中国特色强军之路上。党在新时期的强军思想，中国特色强军之路是总纲，强军布局则成为强军之路的基石。

强军布局托起强军使命。把国防和军队建设放在实现民族复兴这个大目标下来认识和推进，确立了为实现中国梦提供力量保证的强军使命，明确了中国特色强军之路的历史方位。强军使命转化为强军事业，依靠强军布局托举。政治建军铸牢人民军队的精神支柱，激励勇往直前的精神力量，增进实现强军使命的强大动力。有崇高理想信念的牵引，全军官兵就有了永不言退、一往无前的高昂斗志。改革强军、与时俱进，是人民军队不断发展的康庄大道，人民军队的力量来自改革创新，人民军队的胜利来自改革创新。只有改革强军，进一步解放和发展战斗力，进一步解放和增强社会活力，军队才能为党和国家事业提供坚强力量保证。科技兴军是占领先机、赢得优势的先手棋，只有奋起直追、后来居上，才能在高新技术方面缩小同世界军事强国的差距，挺直中华民族的脊梁。依法治军构建完善的中国特色军事法治体系，是我们党建军治军的基本方略。推动军队正规化建设向更高水平发展，是强军使命的法治保障。

强军布局推进强军目标。强军之路目标导向，建设一支听党指挥、能打胜仗、作风优良的人民军队，是党在新时代的强军目标。强军目标着眼于解决军队建设面临的突出矛盾和问题，明确了加强军队建设的聚焦点和着力点，确立了强军之路的前进方向。全面建成小康社会的战略目标，需要全面深化改革、全面依法治国、全面从严治党的战略举措。实现强军目标，需要强军布局推动。政治建军是确保听党指挥的战略工程，是军队能打胜仗的政治动员，是做到作风优良的精神塑造。改革强军从制度体制上巩固党对军队的绝对领导，增强军队战斗力和制胜力，从根本上消除不正之风的根源。科技兴军提高我军的文化、科技整体素质，提升官兵的科学精神、现代理念，是推进强军目标的重要基础。依法治军提高军队正规化程度，形成军队良好风气，为实现强军目标构建有利环境。

强军布局落实强军标准。强军之路确立标准，战斗力是唯一的根本的标准。战斗力是具体的历史的，打赢信息化战争是战斗力的当代标准。强军是竞争性、博弈性实践，参照系是强敌。打赢信息化战争的强军标准立起来，就要有相应的强军布局来贯彻落实。政治建军造就了人民军队为党和人民冲锋陷阵的坚定意志、勇往直前的精神力量，是打赢信息化战争必不可少的铸魂工程。改革强军保证我军不断获得发展进步的生机活力，永远立于不败之地，打赢信息化战争必须实现军队组织形态现代化。科技兴军谋取军事技术竞争优势，是打赢信息化战争的基础建设。依法治军推进以效能为核心的军事管理革命，打赢信息化战争对军事管理现代化水平要求更高，现代管理体系和管理流程是新型战斗力的重要因素。

强军布局联结强军路径。更加注重聚焦实战、创新驱动、体系建设、集约高效、军民融合，是军队建设发展的战略指导，也是强军兴军的主要路径。政治建军、改革强军、科技兴军、依法治军是强军方略，“五个更加注重”则是强军方略的具体化和实现途径。聚焦实战标定资源指向，创新驱动提供新型动力，体系建设注重总体效应，集约高效提高强军效率，军民融合扩展发展土壤。强军布局与强军路径紧密相连。

3. 坚持问题导向，贯彻强军布局，推进强军事业

坚持问题导向，是习近平总书记治党治国治军的重要方法论。强军布局是坚持问题导向的产物，抓住了强军兴军亟待解决的重大矛盾和问题。贯彻强军布局，推进强军事业，同样要坚持问题导向，着力研究和解决贯彻政治建军、改革强军、科技兴军、依法治军过程中的重大问题，扎实有效地将建设世界一流军队的伟大事业推向前进。

着力解决强军布局的统筹推进问题。强军布局如同强军事业的四根支柱，缺一不可、相互支持，构成一个系统。贯彻强军布局，就要将政治建军、改革强军、科技兴军、依法治军统筹推进、协调发展，而不能单打独斗、各自为战。政治建军是强军布局的红线，贯通于改革强军、科技兴军、依法治军之中，体现中国特色社会主义军事制度的本质内涵，保证强

军兴军的正确方向。改革强军是强军布局的驱动，政治建军要在改革强军中确保新形势下党对军队的绝对领导，科技兴军要在改革强军中获得体制机制支持，依法治军要在改革强军中构建严密的权力运行制约和监督体系。科技兴军是强军布局的支撑，政治建军、改革强军、依法治军要通过科技兴军得到新的科学理念、方法手段、技术应用支持。依法治军是强军布局的基石，政治建军、改革强军、科技兴军都要在依法治军的轨道上运行。只有统筹协调推进强军布局，才能充分发挥其强军兴军威力。

着力解决强军布局的落地落实问题。强军思想只有转化为强军实践，才能真正发挥科学理论的重大价值；强军布局只有从战略部署到落地落实，才能充分彰显科学决策的规律力量。贯彻强军布局，不能只是停留在学习理解、认识提高上，根本的问题在于落地落实。落地落实就要从认识层面到实践层面。从实践到认识、从认识到实践，是认识的两个阶段，正确的理论还要回到实践中去，在实践中运用发展。强军布局是习近平总书记强军思想的重要结晶，来自新的发展阶段强军实践，还要运用于强军实践，凝结为强军兴军的新进展新成效。不能用认识代替实效，用表态代替行动，用文字代替实际。落地落实就要从宏观思维到具体运筹。强军布局展现出建军治军的战略思维和宏观视野，同时也包含着缜密细致的战略实施和系统筹划。贯彻强军布局，要将其转化为具体方案、实际步骤，一步一个脚印，逐步推进、步步见效。

着力解决强军布局的运行机制问题。从思想到行动、从理论到实践，需要相应的运行机制。否则，即使有行动的愿望、实践的要求，也难以落地落实。强军布局作为强军兴军的战略思想，要依靠坚强的组织领导、高效的体制机制、新型的人才队伍做保证，才能真正贯彻落实。坚强的组织领导，是强军布局的推进者，组织得力、领导有方，强军布局的实践化程度就能大大提高。高效的体制机制，是强军布局的“传送带”，体制顺畅、机制灵活，强军布局的落地落实就能迅速见效。新型的人才队伍，是强军布局的实施者，政治建军、改革强军、科技兴军、依法治军，都需要高素质的军事人才来贯彻。“四个重塑”既是对全军官兵能力素质的重塑，也是依靠新型军事人才实现的重塑。

（七）创新驱动是决定我军前途命运的关键

习近平总书记在十二届全国人大四次会议解放军代表团全体会议上发表重要讲话，强调全面实施创新驱动发展战略，下大气力抓理论创新、抓科技创新、抓科学管理、抓人才集聚、抓实践创新，推动国防和军队建设实施新跨越。

党的十八届五中全会提出创新、协调、绿色、开放、共享的新发展理念，把创新作为引领发展的第一动力，摆在国家发展全局的核心位置，列在五大发展理念之首。习近平总书记强调，要着力实施创新驱动发展战略，抓住了创新，就抓住了牵动经济社会发展全局的“牛鼻子”。这表明，我国经济发展进入新常态，与之相适应，发展动力要从主要依靠资源和低成本劳动力等要素投入转向创新驱动。创新驱动作为“十三五”乃至更长时期的国家发展战略，是规律所驱、大势所趋。

军队发展战略与国家发展战略密切相关。国家层面的创新驱动发展战略，从发展环境、发展趋势、发展机制等方面，决定了新形势下国防和军队建设必须从主要依靠数量规模转向创新驱动，全力增强创新对于强军兴军的推动力度，着力提高创新对于战斗力、制胜力增长的贡献程度，系统培塑创新对于国防建设质量、军队运行效率的促进功能。

创新驱动表明了国防和军队现代化的主导要素和内在动力，反映了世界新军事革命加速发展的必然要求。信息化战争是科技创新运用于军事领域的产物，导致战争时空特性变化、制胜机理改变。何以打赢，唯有创新，创新是强军之道、制胜之基。要推进从武器装备到战法训法、从军事理论到战争准备、从体制机制到人才培养的全方位创新。盲目自大、故步自封，只能拉大与强敌的差距，绝不可能稳操胜券。

习近平总书记强调：“创新能力是一支军队的核心竞争力，也是生成和提高战斗力的加速器。”这是全面实施创新驱动发展战略的基本依据，抓住了军队竞争力和战斗力的关键。

军事竞争体现在军事领域的方方面面，其中，核心竞争力是创新能力。这种创新能力首先是国家创新能力，国家科技创新能力决定了军事科技创新能力、武器装备研发能力，决定了军队在世界军事竞争中的地位高低；国家改革完善军事制度、构建新型军事力量体系的能力，决定了军队的体制竞争力。从军队自身看，军队建设的各个领域，从军事理论、军事训练到军事管理、军事保障，军队体制的各个层级，从指挥机构到作战部队，都有创新的要求和空间，都要具有不同性质和内涵的创新能力。创新能力作为军队的核心竞争力，是指随着国防和军队发展方式的转变，创新能力成为军队各项能力的第一能力；是指在军队各项竞争力，如指挥能力、组织能力、作战能力、协同能力的相互关系中，创新能力赋予各项竞争力生命和新质。

战斗力生成和提高有着多种路径、不同节奏。依靠数量的增加、渐进的过程，也能达到目的，但却是一个效率不高、速度不快的进程。现代战争时间要素不断升值，既包括进行战争，也包括准备战争。军事创新通过转变军事主体思维方式、改变军事要素组织方式、调整军事活动信息方式、提升军事组织学习方式，就能够实现战斗力生成和提高的换挡加速、快速变革。特别是战争爆发、战场较量、实战对抗没有预定的时间表，遏制战争、防范风险、占据优势没有固定的路线图，创新加速器就是制胜力。习近平总书记指出创新驱动是决定我军前途命运的一个关键，思想深刻，拓展了强军兴军路径，完善了强军兴军机制，加快了强军兴军进度。

实施创新驱动发展战略，要以重点突破带动和推进全面创新。抓理论创新、抓科技创新、抓科学管理、抓人才集聚、抓实践创新，指明了创新驱动发展战略在国防和军队建设的主要抓手，体现了以强军目标引领军事创新的特点规律，具有很强的科学性、针对性、指导性。

理论创新是先导，为强军兴军提供科学理论支撑。科学的军事理论是强军兴军的行动指南，融入军事实践之中，就是战斗力。大力推进马克思主义军事理论创新，是实现强军目标的必然要求和理论先导。习近平强军思想，是马克思主义军事理论创新的最新成果，是党的十八大以来国防和军队建设取得历史进展、创新发展的科学指导。不断开创强军兴军新局面，就要加深学习、着力践行、不断丰富这一军事理论创新成果，加快形成具有时代性、引领性、独特性的军事理论体系。

科技创新是核心，为强军兴军提供物质技术支撑。科技创新及其在军事领域的应用，是战争形态转变的技术动因，信息化战争是现代信息技术的产物。习近平总书记深刻指出，现代高新技术武器装备是大国地位的重要支撑，是维护国家安全的利器。因此，我军必须高度重视战略前沿技术发展，通过自主创新掌握主动。既要敢于亮剑，也要善于铸剑，加快构建适应信息化战争和履行使命要求的武器装备体系。

科学管理是保障，为强军兴军提供秩序效能支撑。创新在很多情况下是科学管理的结果，科学管理是创新的条件，同时军事管理本身也需要创新。军队能不能打仗、打胜仗，科学管理起着关键作用。目前，军队创新驱动的发动机和轮子运转得还不够高效，与科学管理的水平不高有很大关系，例如某些部门和单位粗放式、随意性、低效率的管理方式。要更新管理理念、完善管理体系、优化管理流程，推动我军向质量效能型转变。

人才集聚是基础，为强军兴军提供主体力量支撑。人才是创新的核心要素，军事创新在很大程度上是由军事人才引发推动的，军事人才的数量和质量决定着创新驱动战略的成效，影响着强军兴军的进程。随着我军武器装备和新型作战力量快速发展，人才匮乏问题将越来越突出，加紧集聚大批高端人才是推动我军改革创新的当务之急。要把联合作战指挥人才、新型作战力量人才培养作为重中之重，努力培养造就宏大的高素质创新型军事人才队伍。

实践创新是目的，为强军兴军提供转化落实支撑。马克思的哲学是实践的哲学、改变世界的哲学。创新无论多少环节、多少机制，最终都必须转化为落实为实践创新，不能只停留在口头上、止步于思想环节。抓实践创新，就是要坚持问题导向，在发现问题、解决问题中实现创新。推动国防和军队建设实现新跨越，需要破解这样那样的矛盾、攻克大大小小的难关，这就要激励全军官兵争当创新的推动者和实践者，使谋划创新、推动创新、落实创新成为全军的自觉行动。

把创新摆在我军建设发展全局的重要位置，首先要让新发展理念深入人心，成为我军各级领导、广大官兵的自觉共识。要从发展方式转变的历史规律和军事革命发生的内在逻辑，从经济社会发展战略与国防和军队发展战略的统一布局，从我军建设发展面临的形势任务和主要矛盾等方面，深刻认识习近平总书记要求国防和军队建设全面实施创新驱动发展战略的理论根源和实践依据。要破除安于现状的守成思维、因循守旧的习惯思维、怕担风险的利己思维、为官不为的消极心理，各级领导带头解放思想、实事求是、与时俱进，推动创新、支持创新、引导创新，让创新创造在军营蔚然成风。

要以强军目标为引领，统筹改革强军和创新兴军，坚持战斗力标准，形成让创新在全军蔚然成风的动力机制。创新是发展动力，形成和产生创新、扩散和强化创新，是一定思想观念、体制机制的产出，同样要有动力驱动。强军目标确定了创新的目标驱动，为实现强军目标而坚定实施创新战略。改革强军激活了创新的内在动力，消除阻碍军事创新的体制羁绊，改革创新相得益彰。战斗力标准作为创新发动、创新指向、创新深度、创新检验的最高准则，保证了全面实施创新驱动发展战略，成为谋胜今天、制胜战场、决胜未来的坚实举措。

要大力弘扬创新文化，在强军兴军新征程中打造具有高度创新能力的军队。军事领域最需要创新，军事创新能力决定军队强弱胜败，创新文化是强军文化的重要构成，是创新能力的精神要素。要按照习近平总书记要求的那样，尊重官兵主体地位，发挥官兵首创精神，激发官兵锐意创新的勇气、敢为人先的锐气、蓬勃向上的朝气。创新文化存在于军队建设的各个方面、表现为各种形式，要把创新文化和制度保障统一起来，切实使创新成为我军发展壮大的不竭动力。

七、新时代中国特色社会主义的领导力量

（一）坚持党的领导必须全面从严治党

中国共产党90多年的历史，带领人民实现了中国从几千年封建专制政治向人民民主的伟大飞跃，实现了中华民族由不断衰落到根本扭转命运、持续走向繁荣富强的伟大飞跃，实现了中国人民从站起来到富起来、强起来的伟大飞跃。历史证明，中国共产党始终站在民族复兴的最前列，是百年中国的中流砥柱，是中华民族的希望灯塔。在实现“两个一百年”奋斗目标、实现中华民族伟大复兴中国梦的进程中，党是坚强领导核心，党的领导是根本政治保证。

党的领导地位是历史形成的，是在不断加强党的建设中巩固的，是在勇于进行党的自我革命中保持的。党的十八届六中全会开启了全面从严治党新起点、党的建设新的伟大工程新阶段，是加强党的领导地位的重大举措。在民族复兴和党的建设关键阶段，党的十八届六中全会确定的主题表明，坚持党的领导必须全面从严治党，全面从严治党是坚持党的领导的组织前提。

1. 党的领导地位来自党的先进性和战斗力

中国共产党成立之始，只有50多名党员，可以说是一个新党、小党。经过28年的浴血奋斗、发展壮大，中国共产党在当时中国社会的众多政党中脱颖而出，赢得了越来越多的中国人民的认同和支持，发挥了越来越大的民族前途引导力和民族命运主导力，领导各民主党派建立了新中国。1927年大革命失败后，国共两党的生死较量成为20多年中国政治的一条主线。最终，共产党占据了军事力量、政治力量、人民力量、精神力量等整体力量上的优势，战胜了国民党政权和军队，推翻了国民党反动统治，取得了执政地位。在党的七大上，毛泽东就充满自信地宣告："中国的重心不在任何别的方面，而在我们这一方面。"中国共产党成为实现民族独立、人民解放的领导核心，成为新中国的执政党，是历史的选择、人民的选择，而这种选择结果从根本上说，是党的先进性和战斗力赢得了历史和人民的选择。

新中国成立至今，我们党在世界上人口最多的国家里连续执政近70年，在实现国家富强、人民幸福的道路上，取得了伟大胜利。一是让中华文明在现代化进程中焕发出新的蓬勃生机。具有5 000多年文明历史的中华民族没有停留在"汉唐盛世"的陶醉之中，没有满足于"四大发明"的先人遗产，而是全面迈向现代化，与时代潮流同步，与世界文明齐驱。二是让科学社会主义在21世纪焕发出新的蓬勃生机。苏东剧变后，中国的社会主义旗帜不倒，社会主义在中国成功开辟出具有高度现实性和可行性的正确道路，中国特色社会主义行进在路上。三是让中华民族焕发出新的蓬勃生机。一个经济文化比较落后的发展中国家在改革开放40年的时间里，摆脱贫困并跃升为世界第二大经济体，创造了人类社会发展史上的奇迹。先进理论的指导，用先进理论武装起来的先进政党的领导，先进政党顺应历史潮流、勇担历史重任、推进改革创新，是三个"焕发出新的蓬勃生机"的根本原因。

党的先进性不是与生俱来、一劳永逸的，党的战斗力不是从来就有、一成不变的，而是党的自我建设、自我提高、自我强化、自我革命的产物，是管党治党、从严治党的结果。民主革命时期，我们党在党员队伍非无产阶级成分占多数的情况下，坚持不懈地用马克思主义先进政党的思想去教育和提升党员，造就了一支肩负起阶级和民族使命、站在百年中国最前列的先锋队。新中国成立前夕，深谙历史兴衰之道、政权更迭之律的毛泽东，极具前瞻性、极具战略性地提出了“赶考”的课题。赶赴执政之大考，最重要也最困难的，就是党能否永葆赤子之心、永不脱离群众。我们党面临的最大考验是执政考验，最大危险是脱离群众，最大威胁是腐败问题。习近平总书记在庆祝中国共产党成立 95 周年大会上强调指出：“要同一切弱化先进性、损害纯洁性的问题做斗争，祛病疗伤，激浊扬清。”从中可以看出，只有全面从严治党，开展严肃认真的党内政治生活，加强党内监督，才能永葆党的先进性和战斗力。

2. 党的领导权威依靠广大党员干部的率先垂范

党的领导地位基于党的领导权威。领导权威既来自制度性因素，即拥有领导权、支配权、决定权，也来自非制度性因素，即影响力、吸引力、信服力。党的领导地位依靠党的领导权威支持，领导权威削弱自然相应削弱领导地位。党的领导权威依靠党的领导权力，同时依靠党的领导威信。领导威信是软权力、软实力，但又对领导权威起着实实在在的影响作用。领导在群众中失去威信，就失去了信任和信赖，也就失去了领导权威，动摇了领导地位。党是由无数党员、一代代党员构成的，党的领导威信也是由无数共产党员的模范行为，由一代代共产党员的先进事迹建立起来的。党的领导地位，是在 90 多年来为中华民族伟大复兴做出巨大历史贡献中形成的；党的领导权威，是在实现民族复兴的伟大革命和伟大斗争中不负使命确立的；党的领导威信，是在一代代共产党员为远大理想奋斗牺牲、带头奉献中巩固的。

2016 年，我们隆重纪念红军长征胜利 80 周年。长征之所以成为中华民族的史诗，成为中国共产党的丰碑，就是因为数十万红军将士在党的领导下，为着中华民族的美好未来，为着拯救民族危机，历经人类历史上罕见的艰苦卓绝远征，用鲜血和生命铺就了一条光明之路、胜利之路、未来之路，令中华民众乃至国际人士无不为之震撼、信服和敬仰。长征的历史是中国共产党写就的伟大历史，长征精神是中国共产党精神的历史结晶，长征的历史、精神和伟业，极大地证明了党的先进性，增强了党在中华民族的号召力，为确立党在抗日民族统一战线以及在中华民族伟大复兴进程中的领导权，奠定了坚实的基础。

改革开放以来，我们党坚持党要管党，推进党的建设新的伟大工程，开展整党、“三讲”教育、保持党的先进性教育。特别是党的十八大以来，相继开展党的群众路线教育实践活动、“三严三实”专题教育、“两学一做”学习教育。广大党员干部面对“四大考验”“四种危险”，坚守理想信念，坚持党性原则，履行党员职责，倾心为民服务，从而赢得了群众尊重，获得了百姓好评，维护了党的形象，树立了党的威信。但不能否认，一些党员干部包括领导干部，抵制不住诱惑，经受不住考验，严重违纪违法，逐步走向腐败。从公布的案件看，例如专题片《永远在路上》披露的事实便令人震惊。这些腐败分子的行为，不仅毁灭了自己，也伤害了党的形象、毁损了党的威信，危害极其严重。如不全面从严治党，集中整饬党风，严厉惩治腐败，不要说党的领导威信下降，就连党的领导地位都要受到威胁。如同习近平总书记在“七一”重要讲话中指出的，“如果管党不力、治党不严，人民群众反映强烈的党内突出问题得不到解决，那我们党迟早会失去执政资格，不可避免被历史淘汰”。警钟长鸣，振聋发聩！

党的十八大以来，我们党从关系党和国家生死存亡的高度，以前所未有的决心和力度推进反腐败斗争。壮士断腕、刮骨疗毒，不可谓不痛，不可谓不难，不可谓不险。反腐败是党心民心所向，顺应和依靠党心民心，是打赢这场攻坚战、持久战的根本保证。我们党作为马克思主义执政党和人民利益的忠实代表，决不容许腐败分子逍遥法外。党心民心向往风清气正，憎恶腐败“雾霾”。我们党是执政党，党风影响社会风气，廉政关系国家形象。今天，实现中国梦更加需要先进政党的强大感召力，更加需要中华民族的巨大凝聚力。而腐败现象败坏党风和社会风气，涣散人心，是以党的“政治资本”逐步流失、国家形象的无形受损为沉重代价的。广大党员和干部热爱党和国家，期盼党和国家更美好，腐败是不能承受之痛。反腐败斗争顺应党心民心，大得党心民心。在以习近平同志为核心的党中央坚强领导下，党风廉政建设和反腐败斗争不断深入，“四风”问题和腐败蔓延势头得到一定遏制。我们党以强烈的历史责任感、深沉的使命忧患感、顽强的意志品质推进党风廉政建设和反腐败斗争，坚持无禁区、全覆盖、零容忍，严肃查处腐败分子，向世人证明中国共产党敢于直面问题、纠正错误，勇于从严治党、捍卫党纪，善于自我净化、自我革新。

3. 党的领导能力也体现为治党能力

党的领导通过党的领导能力来实施和贯彻，党的领导能力保证党的领导，加强党的领导地位，增强党的领导权威。党的领导能力强，党的事业就能够顺利发展；反之，党的事业就会经受挫折。在新民主主义革命时期，党的领导能力主要表现为领导革命、指导战争的能力。我们党经历的大革命失败、第五次反“围剿”失败，不仅反映了敌强我弱的力量对比，而且反映了当时党还处于不成熟时期，党的高层领导还不具备指导中国革命走向胜利的能力。遵义会议确立了毛泽东在党和军队的领导核心地位。以遵义会议为重大转折，我们党先后赢得了长征、抗日战争和解放战争的胜利，赢得了新民主主义革命的最后胜利，展现和锻炼了党领导革命的卓越能力。在社会主义建设时期，党的领导能力主要表现为领导建设、治国理政的能力。尽管在建设社会主义的探索中我们有过失误、犯过错误，但我们党在一穷二白的落后国家里建设社会主义，在外部封锁遏制的环境中发展国民经济，在没有经验缺少样本的条件下探索发展道路，完成了中华民族有史以来最为广泛而深刻的社会变革，独立自主地建立起工业体系和科技体系，走出苏联模式、开辟新的道路，证明了我们党不但善于破坏一个旧世界，而且善于建设一个新世界。在改革开放新时期，党的领导能力主要表现为坚持和发展中国特色社会主义、实现中华民族伟大复兴的能力，这一能力体现在各个层面、各个领域、各个方面、各个阶段。

治国必先治党，党的领导能力既包括治国理政，也包括管党治党。我们党是长期执政的执政党，既要治国也要治党，二者不可偏废。治党是治国的基础和前提，治党不严、治党不力，党就缺乏战斗力、领导力、执政力，就担负不起、担负不好治国理政的历史使命。治国是治党的目的和标准，治党要有利于更好地治国理政，治党成效如何要通过治国理政成效来检验和证明。中国特色社会主义兴旺发达、长治久安，既有力地证明了党治国理政的高超能力，同时也证明了党自我革命、自我治理、自我完善、自我更新的杰出能力。治国不易，治党同样不易，因为自我革命要克服更深层次的矛盾障碍，要摆脱更纠缠的利益关系，要形成更高瞻的视野胸怀。新形势下的治党能力集中表现在能不能全面从严治党上，这是对党的治党能力的考验。

党的十八大以来，以习近平同志为核心的党中央坚定不移推进全面治党，管党治党从宽松软走向严紧硬，党的建设开创新局面，党风政风呈现新气象，特别是全方位扎紧制度笼子，更多用制度治党、管权、治吏。党中央首先制定了八项规定，随后陆续出台一系列政策，抓紧完善反腐倡廉的基本法规制度，修订廉政准则、党内监督条例、纪律处分条例、巡视工作条例、行政监督法，等等。全面从严治党，最根本的就是要使全党各级组织和全体党员、干部都按照党内政治生活准则和党的各项规定办事，在全党牢固树立法治意识、制度意识、纪律意识，懂法纪、明规矩，知敬畏、存戒惧，形成尊崇制度、遵守制度、捍卫制度的良好氛围，坚决纠正随意变通、恶意规避、无视制度等现象。决不允许上有政策、下有对策，决不允许有令不行、有禁不止，决不允许打折扣、做选择、搞变通。制度一经形成，就要严格遵守，坚持制度面前人人平等、执行制度没有例外，不留“暗门”、不开“天窗”，使制度成为硬约束而不是“橡皮筋”，使纪律真正成为“带电的高压线”。凡是违反党章和党的纪律特别是政治纪律的行为，都不能放过，更不能放纵。对违反制度规定踩“红线”、越“底线”、闯“雷区”的，做到零容忍，发现一起就坚决查处一起。不以权势大而破规，不以问题小而姑息，不以违者众而放任。全面从严治党，关键是抓住领导干部这个“关键少数”，从严管好各级领导干部。制度治党，关键是各级领导干部带头遵守执行制度，不搞特殊。

党的十八届六中全会研究全面从严治党重大问题，审议通过《新形势下党内政治生活的若干准则》，修订《中国共产党党内监督条例（试行）》。严肃党内政治生活是全面从严治党的基础。党要管党，首先要从党内政治生活管起；从严治党，首先要从党内政治生活严起。要加强和规范党内政治生活，严肃党的政治纪律和政治规矩，增强党内政治生活的政治性、时代性、原则性、战斗性，全面净化党内政治生态。全党同志要切实做到对党忠诚、为党分忧、为党担责、为党尽责。加强党内监督是我们党的优良传统和政治优势，党的执政地位，决定了党内监督在党和国家各种监督形式中是最基本的、第一位的。只有以党内监督带动其他监督、完善监督体系，才能为全面从严治党提供有力制度保障。党内监督的任务是确保党章党规党纪在全党有效执行，维护党的团结统一，重点解决党的领导弱化、党的建设缺失、全面从严治党不力，党的观念淡漠、组织涣散、纪律松弛，管党治党宽松软问题。要保证党的组织充分履行职能、发挥核心作用，保证全体党员发挥先锋模范作用，保证党的领导干部忠诚干净担当。

随着党的十八届六中全会的召开及全会文件的贯彻落实，必将推进全面从严治党取得新成效，大大提高党的治党治国能力，保证坚持党的领导不动摇，党的领导更加坚强有力，党的事业更加蓬勃发展，党和人民向着中华民族伟大复兴中国梦的宏伟目标胜利前行。

（二）把党的政治建设作为党的根本性建设

政治性是政党的本质属性，政治建设是政党的基础建设。党的十九大明确提出党的政治建设这个重大命题，强调党的政治建设是党的根本性建设，要把党的政治建设摆在首位，以党的政治建设为统领。党的 97 岁生日前夕，中共中央政治局就加强党的政治建设举行集体学习。习近平总书记主持学习并发表重要讲话，强调把党的政治建设作为党的根本性建设，为党不断从胜利走向胜利提供重要保证。把党的政治建设作为党的根本性建设，是始终保持马克思主义政党政治上先进性和思想上纯洁性的固本工程，是决定党的建设方向和效果的政治前提，是党的其他建设的核心枢纽。党的政治建设就是要确保马克思主义政党具有崇高政治理想、高尚政治追求、纯洁政治品质、严明政治纪律，并在一系列重大举措中夯实党的政治建设作为根本性建设的地位。

把准政治方向，解决党生存发展第一位的问题。方向引领道路，政治方向是党生存发展第一位的问题，事关党的前途命运和事业兴衰成败。毛泽东同志为抗大题写的校训“坚定正确的政治方向”，同时也是对全党全军的根本要求。动摇了坚定的政治方向，失去了正确的政治方向，革命就要失败，事业就会夭折，党就会变质。马克思主义政党的政治方向，就是按照党的性质和宗旨建设党，始终成为“两个先锋队”。在不同的历史时期和发展阶段，党的政治方向及其具体内涵各有重点。在新时代，我们党所要坚守的政治方向，就是共产主义远大理想和中国特色社会主义共同理想、“两个一百年”奋斗目标，就是党的基本理论、基本路线、基本方略。政治理想、政治目标、政治思想、政治路线、政治方略，共同构成了政治方向。这是以习近平同志为核心的党中央在坚持党一以贯之的政治方向基础上，把握新时代党的政治成果，对新时代党的政治方向的精辟概括。加强党的政治建设、把准政治方向，就是要发挥政治指南针作用，引导全党坚定理想信念、坚定“四个自信”，把全党智慧和力量凝聚到新时代坚持和发展中国特色社会主义伟大事业中来；就是要推动全党把坚持正确政治方向贯彻到谋划重大战略、制定重大政策、部署重大任务、推进重大工作的实践中去，经常对表对标，及时校准偏差，坚决纠正偏离和违背党的政治方向的行为，确保党和国家各项事业始终沿着正确的政治方向发展；就是要把各级党组织建设成坚守正确政治方向的坚强战斗堡垒，教育广大党员、干部坚定不移沿着正确政治方向前进。

坚持党的政治领导，发挥中国特色社会主义制度的最大优势。中国特色社会主义最本质的特征是中国共产党领导，中国特色社会主义制度的最大优势是中国共产党领导，党是最高政治领导力量。新时代党的建设，最重要的就是坚持党对一切工作的领导，坚持和加强党的全面领导。只有始终坚持党对一切工作的领导，才能在更高水平上实现全党全社会思想上的统一、政治上的团结、行动上的一致，才能进一步增强党的创造力、凝聚力、战斗力，才能为决胜全面建成小康社会、夺取新时代中国特色社会主义伟大胜利提供根本政治保证。党的领导的实质是政治领导，党的政治领导既体现在党作为中国特色社会主义的领导核心上，也体现在党领导自我革命的勇气和意志上。坚持党的领导，既是充分发挥中国特色社会主义制度的最大优势，也是有效巩固中国特色社会主义制度的最大优势。坚持党的政治领导，就是要建立健全坚持和加强党的全面领导的组织体系、制度体系、工作机制，切实把党的领导落实到改革发展稳定、内政外交国防、治党治国治军等各领域各方面各环节。坚持党的政治领导，最重要的是坚持党中央权威和集中统一领导，坚决维护以习近平同志为核心的党中央。要引导全党增强“四个意识”，自觉在思想上政治上行动上同以习近平同志为核心的党中央保持高度一致，在思想上高度认同，政治上坚决维护，组织上自觉服从，行动上紧紧跟随。

夯实政治根基，赢得民心民意，汇集民智民力。我们党是中国人民的先锋队，代表中国最广大人民的根本利益。党来自人民、服务人民、依靠人民，党的根基、血脉、力量在人民。长期执政条件下，最大的危险就是脱离群众。新时代党的建设，核心问题是确保党始终同人民想在一起、干在一起，是处理好党同人民的关系问题。加强党的政治建设，要紧扣民心这个最大的政治，把赢得民心民意、汇集民智民力作为重要着力点。要站稳人民立场，贯彻党的群众路线，坚决反对“四风”特别是形式主义、官僚主义，始终保持党同人民群众的血肉联系。只有真正领悟了人民立场的真谛，才会自觉站在人民立场上想问题、做决策、办事情、干事业，做有利于人民、符合人民利益要求的事。要教育和激励广大党员干部锐意进取、奋发有为，把精力和心思用在稳增长、促改革、调结构、惠民生、防风险上，用在破难题、克难关、着力解决人民群众最关心最直接最现实的利益问题上。习近平总书记深刻指出，时代是出卷人，我们是答卷人，人民是阅卷人。对于各级党组织来说，要做到群众拥护什么就鼓励什么，群众期盼什么就做好什么，群众反对什么就纠正什么，让人民真满意而不是“被满意”。是否重视做群众工作、是否善于做群众工作，是衡量领导干部政治上是否合格、工作上是否称职、领导能力强不强的一个基本标准。

涵养政治生态，做好党的政治建设的基础性、经常性工作。生态是生命的环境，生态文明建设是在为人类培育能够在绿色、美丽的环境中生存和发展的条件，是生命系统的保障。政治生态关系党的生命力和战斗力，政治生态建设是党的建设的生命工程。有了风清气正的良好政治生态，广大党员干部的心气就顺、干劲就足，党内团结就好。涵养生态不是一朝一夕之功，营造良好政治生态是一项长期任务，必须作为党的政治建设的基础性、经常性工作，浚其源、涵其林，养正气、固根本，锲而不舍、久久为功。要把树立正确选人用人导向作为重要着力点，突出政治标准。坚持德才兼备、以德为先，坚持五湖四海、任人唯贤，坚持事业为上、公道正派。要贯彻落实新形势下党内政治生活的若干准则，让党员干部在党内政治生活中经常接受政治体检，增强政治免疫力，带头弘扬正气、抵制歪风邪气。要加强党内政治文化建设，让党所倡导的理想信念、价值理念、优良传统深入党员干部思想和心灵。理想信念动摇是最危险的动摇，理想信念滑坡是最危险的滑坡。要弘扬社会主义核心价值观，弘扬和践行忠诚老实、公道正派、实事求是、清正廉洁等价值观，坚决反对搞两面派、做两面人，以良好政治文化涵养风清气正的政治生态。

防范政治风险，增强政治敏锐性和政治鉴别力。我们党在领导伟大社会革命和党的自我革命的过程中，必须如履薄冰、居安思危，一以贯之地增强忧患意识、防范风险挑战，绝不能犯战略性、颠覆性错误。既要有防范风险的先手，也要有应对和化解风险挑战的高招；既要打好防范和抵御风险的有准备之战，也要打好化险为夷、转危为机的战略主动战。我们党在内忧外患中诞生，在磨难挫折中成长，在战胜风险挑战中壮大，始终有着强烈的忧患意识、风险意识。风险是前进道路之常态。面对风险，不是畏惧退缩、消极应对，而是敢于斗争、战胜风险、开创未来。对于我们党来说，最大的风险是政治风险，也就是国家被侵略、被颠覆、被分裂的危险，改革发展稳定大局被破坏的危险，中国特色社会主义进程被打断的危险。要教育引导各级领导干部增强政治敏锐性和政治鉴别力，做到眼睛亮、见事早、行动快。政治是国之大事，关系国家之兴衰存亡，往往表现为大是大非，集聚为矛盾焦点，演化为紧迫关头。正是在这样的关键问题上，特别要求各级领导不能暧昧含糊，必须旗帜鲜明；正是在这样的重要时刻里，特别要求各级领导不能犹豫徘徊，必须做出决断；正是在这样的矛盾关系中，特别要求各级领导不能左右逢源，必须立场坚定；正是在这样的重大压力前，特别要求各级领导不能畏缩不前，必须勇于担当。

永葆政治本色，确保党永不变质、永不变色。艰苦奋斗、廉洁奉公是我们党的政治本色。党是马克思主义政党，是工人阶级政党，党没有自己的特殊利益，决不允许以权谋私、权钱交易。在执政特别是长期执政的条件下，腐败是我们党面临的最大威胁，加强党的政治建设，必须以永远在路上的坚定和执着，坚决把反腐败斗争进行到底，使我们党永不变质、永不变色。反腐败斗争必须坚定不移、精准有序，更有效地遏制增量，更有力地削减存量，推动反腐败斗争压倒性态势向压倒性胜利转化。领导干部特别是高级干部要明大德、守公德、严私德，做廉洁自律、廉洁用权、廉洁齐家的模范。要扎紧制度的篱笆，发挥巡视利剑作用，推动全面从严治党向基层延伸，让人民群众真正感受到清正干部、清廉政府、清明政治就在身边、就在眼前。正是在一次次拿起“手术刀”革除自身的病症中，在一次次依靠自身力量和与群众结合的力量解决自身问题中，我们党始终走在时代前列，成为中国人民和中华民族的主心骨。

提高政治能力，增强全面推进新时代中国特色社会主义本领。加强党的政治建设，要求全党同志特别是高级干部必须不断提高政治能力。在领导干部的所有能力中，政治能力是第一位的，起着领头和管总的作用。提高全党特别是全党政治能力，是党的政治建设的关键问题。习近平强调，党的政治建设落实到干部队伍建设上就要不断提高各级领导干部特别是高级干部把握方向、把握大势、把握全局的能力，辨别政治是非、保持政治定力、驾驭政治局面、防范政治风险的能力，善于从政治上分析问题、解决问题。各级领导干部必须牢固树立政治理想，提高政治觉悟，加强政治历练，把政治能力训练贯穿党性锻炼的全过程。各级领导干部特别是高级干部要练就一双政治慧眼，切实担负起党和人民赋予的政治责任，既要政治过硬，也要本领高强，不断增强学习本领、政治领导本领、改革创新本领、科学发展本领、依法执政本领、群众工作本领、狠抓落实本领、驾驭风险本领。只有全面增强执政本领，把我们党自身建设好、建设强，才能赢得主动、赢得优势、赢得未来，才能不负人民重托，无愧历史选择。

（三）让历史之光照亮未来

中国共产党90多年的历史，是深刻改变中国人民和中华民族前途命运与逐步壮大党的力量同步发展的历史，是为中华民族做出伟大历史贡献与党的自身建设取得重大成效相互促进的历史，是在中国建立和建设社会主义与推进马克思主义中国化相辅相成的历史。90多年来积累了宝贵的历史经验，创造了丰硕的精神财富，形成了百年中国的璀璨结晶，留下了一代代中国共产党人取之不尽、用之不竭的宝库富矿。在民族复兴从历史走向未来的关键节点，习近平总书记在庆祝建党95周年大会上的重要讲话，以“不忘初心、继续前进”为主题，把历史、现实和未来贯通一体，科学指明了党在新的征程中的出发点、连接点、生长点，提供了走向新的胜利的勇气、力量和智慧。

1. 深知从历史到未来的胜利之道

历史是教科书、营养剂，中国共产党的历史是一部经典、精深的教科书，一支精炼、良效的营养剂。悠久深邃的历史犹如矿藏，孕育积存着巨大的能量，燃烧释放出耀眼的光芒，为后人照亮前行的道路。

90多年来，党的历史同争取民族独立与富强、人民解放与幸福紧紧连在一起，接续取得新民主主义革命胜利、社会主义革命和建设成功、改革开放和社会主义现代化建设成就，从胜利走向新的胜利。胜利来之不易，胜利必有其道。敌我力量对比极为悬殊，斗争形势极为险峻，革命经受重大失败，中国共产党从弱势中崛起，在绝境里重生，历经苦难而辉煌；在一穷二白的落后国家里建设社会主义，在外部封锁遏制的环境中发展国民经济，在没有经验、缺少样本的条件下探索发展道路，中国共产党完成中华民族有史以来最为广泛而深刻的社会变革，独立自主地建立起工业体系和科技体系，走出苏联模式，开辟新的道路；经历“文化大革命”的严重错误，面对苏东剧变的严峻考验，进行改革开放前所未有的革命，中国共产党使中国跃升为世界第二大经济体，让人民从贫困走到全面小康，“使具有500年历史的社会主义主张在世界上人口最多的国家成功开辟出具有高度现实性和可行性的正确道路”①。90多年的胜利、成功和成就，包含着独特的规律、丰富的经验、深刻的启迪，包含着通向未来的坚实基础和胜利之道。从根本上说，就是党的胜利之道与时代进步潮流相吻合，与中国发展趋势相一致，与人民利益要求相统一。胜利之道即是历史之道，顺之者昌，逆之者亡；历史之道即是终胜之道、长胜之道、全胜之道；历史之光简洁而透亮、朴素而深邃、沉稳而刚健。

胜利从未有穷期，民族复兴的道路仍然漫长而艰巨。夺取全面建成小康社会决胜阶段的胜利，是十八大后党的第一个决战性目标。虽然胜利的对象和内容不同于解放战争的“三大战役”，但贯穿党的历史的胜利之道却是相通乃至相同的，历史之光不会衰减、不会失效。胜利之道是遵循规律之道。中国革命的胜利说到底是我们党顺应了中国生产力的发展要求，满足了广大贫苦农民对土地权的要求，因而得到了中国最广大人民的拥护支持。而蒋介石当时却说：“如果我们从地主手里拿走土地，赶走共产党岂不多此一举?”这恰恰解释了国民党的失败之根。今天，决胜全面小康新的历史进军，是建设富强民主文明和谐美丽的社会主义现代化国家的关键一步，是当代中国生产力与生产关系、经济基础与上层建筑的全面进步，反映了中国经济社会发展的主流与脉动，是13亿多中国人民的共同期盼。合规律、得人心这一奋斗目标一定能够实现。从时间指向看，我们是走向未来，但从规律指向看，我们又是在回归历史，是在历史的胜利中学习未来的胜利之道。正如习近平总书记在“七一”讲话中强调的：“一切

---

① 习近平．在庆祝中国共产党成立95周年大会上的讲话．人民日报，2016-07-02.

向前走，都不能忘记走过的路；走得再远、走到再光辉的未来，也不能忘记走过的过去，不能忘记为什么出发。”①

2. 坚守从历史到未来的力量之源

推动历史前进的是各种力量，伟大胜利依靠伟大力量。力量多种多样，概括地说，有硬实力和软实力。共产党和国民党的几十年较量，导致最终结局的实质，是整体力量对比发生了根本变化。在经济实力、人口实力、军事实力等方面，我们党在土地革命战争等时期远远比不上国民党，所以才使得中国革命呈现出极为残酷、危险、艰难、漫长的特征。但中国共产党从成立之日起，就有着敌人所不能比拟的优势力量，有着敌人所不具备的强大力量。从根本上说，我们党的力量之本在人民，人民战争就是那无敌的力量。最令敌人所震撼、最令历史所垂青、最令后人所敬仰的，就是中国共产党人的精神力量，就是党的初心。这种精神力量表现为革命理想高于天、“砍头不要紧，只要主义真”的坚定信仰，表现为前赴后继、冲锋陷阵、浴血拼杀的英勇气概，表现为从失败中屹立、从挫折中奋起的坚韧意志，表现为不图钱财、清正清廉、官兵一致的道德境界，等等。因此，我们党的精神力量转化为军事力量、物质力量，极大增强了党的整体力量。“向前向前向前！我们的队伍向太阳”，从歌词到旋律都体现出我们党和人民军队朝气蓬勃、意气风发，渗透出强劲的力量自信、力量自豪。历史昭示我们，坚定的理想信念是共产党人的灵魂，是精神力量的不尽源泉，有了这样的力量支撑，就能够无坚不摧、百折不挠。

新形势下，实现“两个一百年”奋斗目标，实现中华民族伟大复兴中国梦，同样需要强大力量的支持，同样需要锻造增强实现宏伟目标的总体力量。要实现从世界大国向世界强国的迈进，不仅包括经济之强、科技之强、军事之强，而且更加需要文化之强、精神之强、信念之强。执政党的精神世界、理想追求、价值行为，对整个民族的精神水准、信念状况、道

① 习近平. 在庆祝中国共产党成立 95 周年大会上的讲话. 人民日报，2016-07-02.

德境界，起着重要的导向作用。凝聚和激励全民族万众一心向复兴的精神力量，仍然要求中国共产党站在高地、走在前列、做出样子。面对“四大考验”“四种危险”，确有一些党员干部，思想滑坡、精神颓废、理想失落、信仰虚无。习近平总书记深刻指出：“理想信念动摇是最危险的动摇，理想信念滑坡是最危险的滑坡。一个政党的衰落，往往从理想信念的丧失或缺失开始。”① 新的历史条件下坚定全党的理想信念，既要面向未来，从当今世界人类社会发展进步的总趋势、当代中国建设中国特色社会主义的大前景中，建立共产主义远大理想和中国特色社会主义共同理想的现实基础；又要寻觅历史，从党、军队和人民的恢宏历史中，从“红军不怕远征难，万水千山只等闲”的革命理想主义和革命英雄主义壮丽史诗中，牢记初心，升华精神境界，激扬价值理想。这是理想信念的寻根之旅，是穿透迷雾的寻光之旅。物质世界越丰富，共产党人的精神世界不仅不能萎缩，而且要更加高尚；价值观念越多样，先进分子的道德情操不仅不能退化，而且要更加纯洁。

3. 建设从历史到未来的先进之基

在一个处于半殖民地半封建社会的古老中国建立起社会主义制度，是社会主义革命史上激动人心的奇迹；在一个经济文化落后的东方大国建设社会主义并取得举世瞩目的成就，是人类社会发展史上惊天动地的奇迹；在一个党员队伍非无产阶级成分占多数的情况下建设成马克思主义先进政党，是无产阶级政党史上发人深思的奇迹。锻造和保持中国共产党的先进性，是解读这三大奇迹的密码。坚守从建党时起就牢固定位的党的先进性，我们党站在人类历史的发展前列，用科学社会主义的理想塑造 20 世纪之中国，同时根据中国实际，先进行新民主主义革命，再转入社会主义革命，将党的先进性体现于革命阶段性之中，转化为社会形态的先进性。坚守始终担当“两个先锋队”的先进性，我们党站在人类文明的发展高度，用社会主义现代化引领 20 世纪后半叶和 21 世纪的中国，将中华民族伟大

① 习近平．在庆祝中国共产党成立 95 周年大会上的讲话．人民日报，2016-07-02.

复兴进程与社会主义现代化建设进程统一于一体，将民族复兴、社会主义、人民富裕统一于一体，党的先进性体现在国家富强、人民幸福之中，体现在追赶人类科技革命、经济腾飞、社会文明的潮流之中。坚守马克思主义政党的先进性，我们党着力纠正党内存在的各种非无产阶级思想，着力改造思想上政治上道德上不够纯洁的党员，坚持不懈用马克思主义和马克思主义中国化成果教育和武装党员干部，不断推进党的建设新的伟大工程，把保持党的先进性作为党的建设根本任务、中心课题，努力防止党的队伍发生退化、蜕变。不忘初心，最重要的就是不忘以远大理想和崇高追求为核心的先进性；精神力量，最根本的就是以先进性为内涵为标志的先锋精神；历史之光，分析其光谱，就是令人敬仰、照亮前程的先进之光。

先进性和纯洁性是马克思主义政党的本质属性，也是我们党的宝贵初心。历经了 90 多年沧桑岁月，拥有 8 900 多万党员的世界第一大党，在世界上人口最多的国家连续执政近 70 年，在“四大考验”“四种危险”的环境中，始终保持党的先进性和纯洁性，其艰难性和艰巨性举世罕见。处于民族复兴由大向强的关键阶段，站在从历史走向未来的关键时刻，中国共产党要履行好对历史、对民族、对人民的庄严使命，要为 13 亿多中国人民立起一个活生生的精神高地、道德高地、价值高地，要在世界工人阶级政党和马克思主义政党史上留下光辉篇章，唯有不忘初心，在全面推进党的建设新的伟大工程中永葆先进性和纯洁性，勇立潮头、破浪前行。新形势下，保持党的先进性和纯洁性面临新情况，对怎样有效保持先进性和纯洁性提出了新要求。比如怎样壮大先进性的生产力和生产关系基础。党的先进性依存于党所代表的生产力和生产关系，党的先进性建设不仅要注重自身建设，还要在发展先进生产力和先进生产关系中建设先进性的经济基础。再比如，怎样扩大先进性的社会基础。随着我国社会结构变化，8 900 多万党员的社会成分多种多样，既要坚持发挥工人阶级在先进性建设中的领军作用，又要充分开发其他社会群体的优秀品质，拓展先进性的源泉。又比如，怎样在新形势下弘扬党的优良传统、保持党的先进性纯洁性。运用批评和自我批评这个武器，敢于开展斗争，仍然是保持先进性和纯洁性的法宝。无论时代如何变化，保持党的先进性和纯洁性是贯穿党的全部历史的一条主线，中国共产党的先进性和纯洁性建设永远在路上。

（四）为实现新时代党的历史使命提供坚强组织保证

党的组织路线是党的思想路线的组织体现，是党的政治路线的组织保证。习近平总书记在全国组织工作会议上的重要讲话，坚持和发展了马克思主义党的组织建设理论，总结了我们党近百年来特别是改革开放40年来组织建设的重要经验，并明确提出了新时代党的组织路线。这一组织路线精辟概括了新时代党的组织建设的核心要义，突出强调了新时代用什么人、怎样用人的基本原则，丰富深化了新时代党的建设总要求，是新时代党的组织建设的根本遵循。坚持贯彻新时代党的组织路线，必将为新时代中国特色社会主义提供坚强组织力量和干部支持，保证“两个一百年”奋斗目标顺利实现。

1. 新时代党的组织路线意义重大

党的力量来自组织。党的组织路线是关于党的组织建设的基本原则和党的组织工作的根本遵循，关系到党的组织是否巩固坚强、党的队伍是否发展壮大、党的干部是否合格优秀、党的人才是否源源不断，从而决定着党的事业的兴衰成败。党的历史表明，什么时候党的思想路线、政治路线、组织路线正确，什么时候党的事业就兴旺发达。新时代是一个迫切需要高度发挥全体党员干部、各级党组织强大力量的时代，明确提出新时代党的组织路线，十分及时、十分重要。

新时代党的组织建设开创新局面。经过长期努力，中国特色社会主义进入新时代。这是党的正确领导的结果，是党的组织建设造就党的坚强队伍带动的结果。新时代，我们党一定要有新气象新作为，关键是党的建设新的伟大工程要开创新局面。要把新时代坚持和发展中国特色社会主义这场伟大社会革命进行好，我们党必须勇于进行自我革命，把党建设得更加坚强有力。习近平总书记强调，组织路线对坚持党的领导、加强党的建设、做好党的组织工作具有十分重要的意义。党的十八大之后，以习近平同志为核心的党中央，坚持新时代党的建设总要求，坚持党要管党、全面从严治党，坚持贯彻新时期好干部标准，党的创造力、凝聚力、战斗力显著增强，党在革命性锻造中更加坚强，以党的伟大自我革命推动了伟大的社会革命。党的十九大开启了全面建设社会主义现代化国家新征程，这对党的组织建设和党的干部队伍提出了新的更高要求，要求党的组织路线与时俱进，准确反映新时代的深刻内涵。

新时代党的组织建设面对新挑战。我们党面临的“四大考验”“四种危险”是长期的、尖锐的，影响党的先进性、弱化党的纯洁性的因素也是复杂的，党内存在的思想不纯、政治不纯、组织不纯、作风不纯等突出问题尚未得到根本解决。在新时代，我们党领导人民进行伟大社会革命，涵盖领域的广泛性、触及利益格局调整的深刻性、涉及矛盾和问题的尖锐性、突破体制机制障碍的艰巨性、进行伟大斗争形势的复杂性，都是前所未有的。这些矛盾和挑战，都是对党的政治力量和组织力量的检验和考验。必须不断提高党的建设质量，把党建设成为始终走在时代前列、人民衷心拥护、勇于自我革命、经得起各种风浪考验、朝气蓬勃的马克思主义执政党。新时代党的组织路线增强党的组织体系、加强党的组织力量，把党建设得更加坚强有力，为战胜新的挑战提供组织支撑。

新时代党的组织建设服务新目标。全面建设社会主义现代化国家是马克思主义指引中国共产党近百年历程新的伟大革命，是科学社会主义在中国新的伟大创举，是马克思主义基本原理同新时代具体实际相结合新的伟大实践。全面建成小康社会，我们积累了丰富的经验，已经成功在望、胜利在握；全面建设社会主义现代化国家，没有先例可以仿照，是一次前所未有的新的长征。新时代党的执政能力、治国理政能力，突出表现在党领导建设社会主义现代化强国上。必须重新学习、不断提高，掌握全面建设社会主义现代化国家的领导能力。党的组织路线服从服务于党的政治路线，新时代党的组织路线要为全面建设社会主义现代化强国准备雄厚组织力量。

2. 全面贯彻落实新时代党的组织路线

新时代党的组织路线是：全面贯彻习近平新时代中国特色社会主义思想，以组织体系建设为重点，着力培养忠诚干净担当的高素质干部，着力集聚爱国奉献的各方面优秀人才，坚持德才兼备、以德为先、任人唯贤，为坚持和加强党的全面领导、坚持和发展中国特色社会主义提供坚强组织保证。这一组织路线，明确了新时代党的组织工作的指导思想、建设重点、主要着力、用人标准、工作目标等，必须全面贯彻落实。

夯实党的组织体系。党的全面领导、党的全部工作要靠党的坚强组织体系去实现。党中央是大脑和中枢，党的地方组织和党组的根本任务是确保党中央决策部署贯彻落实，有令即行、有禁即止。每个党员特别是领导干部都要自觉做到思想上认同组织、政治上依靠组织、工作上服从组织、感情上信赖组织。党的基层组织是党的组织体系的基础，要以提升组织力为重点，突出政治功能，健全基层组织，优化组织设置，理顺隶属关系，创新活动方式，扩大基层党的组织覆盖和工作覆盖。基层党组织要在贯彻落实中发挥领导作用，强化政治引领，发挥党的群众工作优势和党员先锋模范作用，引领基层各类组织自觉贯彻党的主张。

建设高素质干部队伍。贯彻新时代党的组织路线，建设忠诚干净担当的高素质干部队伍是关键，重点是要做好干部培育、选拔、管理、使用工作。要建立源头培养、跟踪培养、全程培养的素质培养体系，增强干部素质培养的系统性、持续性、针对性；建立日常考核、分类考核、近距离考核的知事识人体系，使选出来的干部组织放心、群众满意、干部服气；建立以德为先、任人唯贤、人事相宜的选拔任用体系，坚持好干部标准，坚持五湖四海、任人唯贤，坚持事业为上，以事择人、人岗相适；建立管思想、管工作、管作风、管纪律的从严管理体系，管好关键人、管到关键处、管住关键事、管在关键时；建立崇尚实干、带动担当、加油鼓劲的正向激励体系，树立体现讲担当、重担当的鲜明导向。

集聚优秀人才。千秋基业，人才为本。要加快实施人才强国战略，确立人才引领发展的战略地位，努力建设一支矢志爱国奉献、勇于创新创造的优秀人才队伍。要深化人才发展体制机制改革，最大限度把广大人才的报国情怀、奋斗精神、创造活力激发出来。要完善人才培养机制，改进人才评价机制，创新人才流动机制，健全人才激励机制。要实行更加积极、更加开放、更加有效的人才引进政策，聚天下英才而用之。

培养可靠接班人。培养造就一代又一代可靠接班人，是党和国家事业发展的百年大计。各地区各部门要着眼近期需求和长远战略需要，培养选拔一定数量规模的优秀年轻干部。优秀年轻干部既要数量充足，又要质量优良。优秀年轻干部必须对党忠诚，坚持走中国特色社会主义道路，坚定不移听党话、跟党走。要有足够本领来接班，加强学习、积累经验、增长才干，自觉向实践学习、拜人民为师。要把当老实人、讲老实话、做老实事作为人生信条。强化自我修炼，正心明道，防微杜渐，做到有原则、有底线、有规矩。

3. 充分发挥新时代党的组织路线在新征程中的强大力量

党的组织路线保证党的政治路线，新时代党的组织路线保证新时代党的历史使命。习近平总书记强调指出，新时代党的组织路线是理论的也是实践的，要在推进党的建设新的伟大工程、落实全面从严治党的实践中切实贯彻落实。一条正确的路线必须在实践运用中发挥作用，新时代党的组织路线必须在贯彻落实中彰显力量。

发挥领导力量。坚持党对一切工作的领导，坚决维护习近平总书记党中央的核心、全党的核心地位，是完成艰巨光荣的历史使命、战胜前进道路上的风险挑战的根本政治保证。党的全面领导依靠党的组织路线来推动和实施。贯彻落实新时代党的组织路线，就是要在实现“两个一百年”奋斗目标的征程中，保证党的坚强领导核心地位坚定不移，发挥党的最高政治领导力量始终如一，在更高水平上实现全党全社会思想上的统一、政治上的团结、行动上的一致，进一步增强党的创造力、凝聚力、战斗力。全党必须切实增强“四个意识”，自觉同以习近平同志为核心的党中央保持高度一致，在思想上高度认同，政治上坚决维护，组织上自觉服从，行动上紧紧跟随。

发挥组织力量。我们党是世界第一大党，截至 2017 年底，中国共产党党员总数为 8 956.4 万，党的基层组织 457.2 万个。新时代党的组织路线，通过组织体系建设、干部队伍建设、人才队伍建设等举措，增强党的组织力量。党的组织力量充分发挥，就能造就一支担起先锋模范重任、团结带领全国人民的坚强队伍。有了这样一支民族复兴的先锋队，不仅党自身的力量大大增强，而且有了动员 13 亿多中国人民共同奋斗复兴伟业的组织力量。党的影响力、辐射力、组织力，是实现中国梦的重要因素。以人民为中心，依靠人民创造历史伟业，就要通过各级党组织和广大党员干部的动员力，把党的正确主张变为群众的自觉行动，把群众路线贯彻到治国理政全部活动之中。要持之以恒克服形式主义、官僚主义，久久为功祛除享乐主义和奢靡之风，让人民群众真心实意拥护党、支持党。

发挥激励力量。党的组织路线建立起一种导向，具有重要的激励作用，特别是对于广大干部的激励作用。习近平总书记强调，要使选出来的干部组织放心、群众满意、干部服气；任人唯贤，广开进贤之路；对基层干部特别是困难艰苦地区和奋战在脱贫攻坚第一线的干部要给予更多理解和支持；等等，都是对广大干部的正向激励。选什么人、用什么人，是最为鲜明的导向、最为有力的激励。用一贤人则群贤至，见贤思齐就蔚然成风。匡正选人用人风气，把党和人民需要的好干部精心培养起来、及时发现出来、合理使用起来，以用人环境的风清气正促进政治生态的山清水秀，党内政治文化就能健康纯洁。全党心齐气顺、群众口服心服，新时代中国特色社会主义就一定能长治久安，再创辉煌！

（五）大力弘扬批评和自我批评优良作风

批评和自我批评是党的光荣传统和优良作风，是增强党组织战斗力、维护党的团结统一的有效武器。以整风精神开展批评和自我批评，是党的群众路线教育实践活动的重要要求。习近平总书记在参加指导河北省委常委专题民主生活会时，特别强调坚持用好批评和自我批评的武器，提高领导班子解决自身问题的能力。深入学习领会、贯彻落实习近平总书记关于大力倡导批评和自我批评的重要论述，在党内生活中充分发挥批评和自我批评的正能量、正效应，对于新形势下加强党的先进性和纯洁性建设，保证党履行好历史使命，具有重大意义。

1. 批评和自我批评是增强党内生活政治性原则性战斗性的重要法宝

批评是广大群众和每个党员出于对党的事业、党的组织、党的成员高度负责的态度，对党的工作偏颇失误，对党的成员缺点错误直接表达否定性、纠正性的意见，或是群众批评、党内批评，或是自我批评。开展批评是党员和群众的义务和权利。认真的批评和自我批评，是马克思主义政党的鲜明特征。民主革命时期，党在极为艰险的环境下进行革命，对党员的政治素质、牺牲精神、道德境界等要求很高。怎样促使广大党员迅速成长为先锋队战士，抛弃身上的各种非无产阶级习气，需要听取群众的批评意见，需要同志之间、上下级之间开展经常性的批评和自我批评，进行相互帮助、相互教育、相互提高，从而增强党的战斗力。我们党是用马克思列宁主义武装起来，为民族独立、人民解放而奋斗，为在中国建立社会主义社会而奋斗的革命政党，没有自己的私利可图，党的成员为理想信念不惜赴汤蹈火。这样的政党和党员不仅不惧怕批评和自我批评，而且很欢迎批评和自我批评，因为这不会让他们失去什么“面子”和“里子”，而只能让他们更加成熟、更加坚强、更加完善。批评和自我批评成为党的生活的正常现象，成为党内关系的健康状态，是由于党的各级领导以革命胜利为最高利益，虚怀若谷、从谏如流，“只要你说得对，我们就改正。你说的办法对人民有好处，我们就照你的办”①。是由于党内上下级之间、同志之间形成了平等、纯洁、正派的关系，党员胸怀坦白、光明磊落，有意见当面说，有矛盾摆在桌面上，有问题通过思想交流交锋解决。批评和自我批

① 毛泽东．毛泽东选集：第3卷．2版．北京：人民出版社，1991：1004.

评不仅没有削弱党的团结，反而增强了党的团结；不仅没有疏远同志关系，反而密切了同志关系；不仅没有妨碍党的事业，反而促进了党的事业。可以说，认真的批评和自我批评，是党风健康的显著标志，是党始终保持生机活力、自我净化提升的重要机制。

一个时期以来，批评和自我批评这一优良传统作风变得弱化了，表现为有的同志不能正确地总结党内斗争、党内批评的经验教训从“残酷斗争，无情打击”又走到了不敢批评、不搞批评的另一个极端；有的同志奉行“多栽花，少栽刺”的“关系”哲学，是非面前不开口，原则事上不亮相，遇到问题不批评，批评这个“利器”变成了“钝器”；有的同志文过饰非，对自己的缺点错误遮遮掩掩，害怕自我批评，或者大事化小、避重就轻，轻描淡写、不疼不痒；有的党组织掩盖矛盾，宁愿维持表面和和气气的形象，甚至通行吹吹拍拍的庸俗风气，实际上却是相互较劲设防；有的领导听不得批评意见，不喜欢爱提意见的人，有意无意地压制了批评和自我批评的开展。批评和自我批评这一武器不能很好地运用，有着多种原因。一是认知上有误区。有的把批评看成是暴露矛盾、损害形象，把自我批评看成是自揭家丑、自我矮化，认为开展批评会伤感情、伤和气、伤关系，进行自我批评会影响进步、影响看法、影响威信，因而不愿做。二是利益上有盘算。批评领导怕丢位子，批评同事怕丢选票，自我批评怕丢帽子，因而不敢做。三是实践中有偏差。有的单位和个人遇到过“表扬得喜”“批评得忧”的现象，好人主义得好处，诤言忠言遭冷遇，因而不去做。大力倡导和开展批评和自我批评，就要从根本上解决阻碍其有效开展的根源问题。

党的十八大以来，以习近平同志为核心的党中央从坚持和巩固党的领导、坚持和发展中国特色社会主义的战略高度，加强党的作风建设，弘扬党的优良作风，包括弘扬批评和自我批评的优良作风。在开展党的群众路线教育实践活动中，习近平同志明确提出“照镜子、正衣冠、洗洗澡、治治病”的要求，实质上就是在全党特别是领导干部、领导机关中以整风精神开展批评和自我批评，绝不允许把相互批评变成相互吹捧，把自我批评变成自我表扬。在指导河北省委常委班子专题民主生活会时，习近平同志分别同省委书记、省长谈心谈话，希望他们带头深刻查摆剖析，带头开展批评和自我批评。他要求全党同志特别是各级领导干部要增强党性，本着对自己、对同志、对班子、对党高度负责的精神，大胆使用、经常使用这个武器，使之越用越灵、越用越有效，以此促进民主集中制的贯彻执行，促进党内生活的严格规范，促进党性原则基础上的团结。倡导批评和自我批评，将有力增强党内生活的政治性，“抵抗各种政治灰尘和政治微生物侵蚀我们同志的思想和我们党的肌体”①，彰显党的政治本色。增强原则性，纠正党内生活随意化、平淡化倾向，纠正党内生活中的自由主义、好人主义倾向，强化党组织和党员的党性原则。增强战斗性，鼓励和支持由下而上的批评，禁止压制批评的行为，保持党的朝气、生气和锐气。

2. 批评和自我批评是解决党内矛盾的有力武器

新形势下，党的建设是在经济成分、社会阶层、利益关系、思想观念、价值准则多元多样的环境下进行的，这必然要反映到党内来，成为党内矛盾的重要原因。随着物质财富快速增长，各种诱惑迅速增大，“四种考验”日益严峻，使得党内矛盾大量表现为党的先进性纯洁性要求与部分党员干部不能坚守先进性纯洁性的矛盾。有的精神空虚，热衷于算命看相、求神拜佛，迷信“气功大师”；有的心为物役，信奉金钱至上、名利至上、享乐至上，心里没有任何敬畏，行为没有任何底线。要解决这些矛盾，必须增强党员素质，防止成员蜕化，一靠正面教育，二靠纪律约束，三靠开展批评。习近平同志强调指出，“批评和自我批评是解决党内矛盾的有力武器”②。这是因为，批评和自我批评是马克思主义政党坚持真理、修正错误，保持优良作风、祛除不良作风的有力武器，房子不经常打扫就会积满灰尘，脸不经常洗就会灰尘满面，批评和自我批评就是党的肌体的清洁剂、党的健康的营养剂。党内矛盾绝大多数属于非对抗性矛盾，广大

---

① 毛泽东. 毛泽东选集：第 3 卷. 2 版. 北京：人民出版社，1991：1096.

② 习近平. 坚持用好批评和自我批评的武器　提高领导班子解决自身问题能力. 人民日报，2013-09-26.

党员、干部本质上是好的，一些作风方面的问题是可以改正的，批评和自我批评正是“惩前毖后，治病救人”的适当方式，是从团结的愿望出发，经过批评和自我批评，在新的基础上达到新的团结的有效途径。正面教育以启发自觉为主，也包含批评的功能，但还不能代替党的生活面对面、心交心的批评和自我批评，严肃认真的相互批评、自我批评，对党员、干部的触动更大、教育更深、效果更强。纪律约束既有事后惩戒的作用，也有事前警示的作用，批评和自我批评对于党员、干部的监督更为经常及时，涉及范围更为宽泛，更能体现对同志的关心、帮助和爱护。

把批评和自我批评作为解决党内矛盾的有力武器，就要敢于批评、善于鼓励，处理好团结与批评的关系。团结不是一团和气，批评不是妨碍团结。批评既是解决矛盾的有力武器，也是增进团结的可靠纽带。同志之间要做诤友、挚友，不要做谄友、媚友。兼听则明，闻过则喜；有则改之，无则加勉；等等，是共产党人应有的思想境界。如果通行你好我好谁都好的好人主义，就无法开展真正的批评和自我批评。为了党和国家的事业，为了人民群众的利益，就要有批评的勇气，有锋芒、敢揭短。要看到，批评和自我批评是对领导、对同志、对自己的真正爱护。批评使人进步，吹捧使人落后；自我批评使人上进，自以为是使人停滞。通过不是走过场、搞形式、做样子的批评和自我批评，就会既有红红脸、出出汗的紧张和严肃，又有加加油、鼓鼓劲的宽松与和谐，党员心态更加开朗，党组织更有活力。

把批评和自我批评作为解决党内矛盾的有力武器，就要实事求是、客观公正，处理好触动与妥当的关系。批评和自我批评这一武器，要成为有利于党的建设、有益于党员发展的武器，就要运用得当，既要真正触动党员、干部的内心世界，达到“刮骨疗毒”之效，又不是越激烈、越严厉、越否定越好。无限上纲的批评和自我批评，过犹不及，适得其反，伤害了党员、干部的积极性和自信心；敷衍了事的批评和自我批评，言不及义，走走过场，损害了它的声誉、破坏了它的效应。当前，形式主义的批评和自我批评表现更为突出。实事求是，是批评和自我批评的灵魂；客观公正，是批评和自我批评的生命。要不屈从于压力，不受制于得失；有一说一，有二说二；不夸大，不缩小；不扭曲真相、不混淆是非。如此，才能达到目的、收到效果。

把批评和自我批评作为解决党内矛盾的有力武器，就要出以公心、讲究方法，处理好动机与效果的关系。批评和自我批评的动机与效果密切相关，要想取得好的效果，首先要有善的动机。实事求是、客观公正来自公心，出以公心开展批评和自我批评，才能做到实事求是。党内批评是帮助同志、与人为善，而不是恶意诋毁、一棍子打死，要按照习近平同志要求的那样，切忌从个人恩怨、得失、利害、亲疏出发看事待人。开展党内批评有了好的动机，还要讲究方法，实现动机与效果的统一。要根据缺点错误的性质程度，根据对象的心理特征，根据批评的场合态势，选择合适得当的批评方式，提高批评的水准和效应，让批评对象心服口服，让党内同志共同进步，而不是一朝受批评，十年难自拔。

3. 批评和自我批评是纠治“四风”的一剂良药

党中央把群众路线教育实践活动的主要任务聚焦到作风建设上，集中解决形式主义、官僚主义、享乐主义和奢靡之风这“四风”问题。充分发挥批评和自我批评这一解决党内矛盾有力武器的作用，就是要着重用于转变作风，让批评和自我批评成为纠治“四风”的一剂良药。

纠治“四风”，要有抛开面子、揭短亮丑的勇气。“四风”问题由来已久，都是顽症，群众深恶痛绝、反应强烈。以整风精神开展批评和自我批评，就是把以往心知肚明的事情说破、心照不宣的问题说穿，拿到专题民主生活会上亮一亮，从现象到根源挖一挖。既不要怕丢自己面子，也不要怕伤他人面子。只有抛开面子，才能推动批评和自我批评，触及问题、涉及要害。“四风”在不少同志身上有不同程度的表现，开展批评和自我批评，就不能护短捂丑。敢于揭短亮丑，正是纠治“四风”的开端。敢于承认、敢于认错，有助于威信的提高、形象的改善，讳疾忌医只能加重病情。

纠治“四风”，要有动真碰硬、敢于交锋的精神。“四风”问题根深蒂固，不较真难以当真，不动真格的难以根除。可以说，开展批评和自我批评有没有动真碰硬、敢于交锋的精神，决定着转变“四风”的程度。批评和自我批评可以真做，一针见血地做，也可以象征性地做，浮皮潦草地做，结果对实质问题触及不到、触及不深，看上去皆大欢喜，实际上后患深远。有人认为，“四风”是闻起来臭、吃起来香，这恰恰表明只有经常不断、严肃认真的批评和自我批评，才能让“四风”的市场越来越小。

纠治“四风”，要有深挖根源、触动灵魂的态度。“四风”有很多表现，但从根本上说，是世界观、人生观、价值观这个总开关出了问题。检讨“四风”问题，就不能只是就事论事，仅仅停留在领导方法、工作作风层面，蜻蜓点水、浮光掠影，而是要既从工作中找差距，又从思想上、党性上找差距，深刻剖析思想根源，在总开关上认真修理。照镜子，首先要照出“三观”上的扭曲；正衣冠，关键是要正回“三观”上的偏颇；洗洗澡，紧要的是要洗掉“三观”上的泥垢；治治病，根本的是要治愈“三观”上的顽疾。群众路线教育实践活动要在认真开展批评和自我批评上下一番功夫，这既是纠治“四风”的得力举措，更是对党的光荣传统和优良作风的发扬光大。

（六）领导干部要牢固树立纪律和规矩意识

守纪律、讲规矩是对广大党员的重要要求，也是对各级领导干部的重要要求。依规治党要依靠各级党组织的严格贯彻执行，也要依靠所有党员干部的高度自觉意识。习近平同志在十八届中央纪委五次全会上强调，“各级领导干部特别是高级干部要牢固树立纪律和规矩意识，在守纪律、讲规矩上作表率”。领导干部牢固树立纪律和规矩意识，是带头严守纪律、严明规矩的前提，是保证全党令行禁止、集中统一的关键。

1. 新形势下领导干部要特别注重纪律和规矩意识

“加强纪律性，革命无不胜。”新中国成立前夕，毛泽东就看到了守纪律、讲规矩对于夺取全国胜利以至进城执政后的重要性，对全党特别是领导干部制定了有关纪律、定下了新的规矩，从而保持了党的战斗力和统一性。新形势下，我们党承担的历史使命重大，面临的风险和考验加大，加强党的建设的任务艰巨，领导干部守纪律讲规矩的要求突出。治党先治纪，治纪先治心，牢固树立纪律和规矩意识是对领导干部的基本要求。

要成为一位成熟优秀的领导干部，需要具备很多能力素质，培养全面的领导意识。在领导素质和领导意识中，守纪律、讲规矩的素质是基本素质，纪律和规矩意识是基本意识。领导干部权力大、责任重，拥有许多决策处置权，掌握不少资源分配权。守不守纪律、讲不讲规矩，直接关系到党的各项原则能否得到有效贯彻，关系到党的执政权力能否用来为民服务。例如，县委书记是“一线总指挥”，统筹全局、协调各方。习近平同志谆谆告诫党员干部，要正确行使权力，依法用权、秉公用权、廉洁用权，做到心有所畏、言有所戒、行有所止。一些领导干部带头不守纪律、不讲规矩，为所欲为，甚至搞圈子规则，造成不良示范，影响很坏。事实表明，要求领导干部牢固树立纪律和规矩意识，有着强烈的现实针对性。

改革开放和发展社会主义市场经济，创造了大量的社会财富，也形成了各种各样的强烈诱惑，以权谋私、违纪违法、走向腐败的风险也随之增大。正因如此，我们党坚持从严治党，制定了拒腐防变的各种党规党纪，用党内法规来管束党员干部的行为，防止滑向深渊。但仍有一些领导干部包括高级干部自恃法不责贵，目无党纪党规，插手工程建设、土地出让，侵吞国有资产，买官卖官、以权谋私、腐化堕落、失职渎职，成为腐败分子。近年来一系列严重违纪违法案件，都表现出严重的不守纪律、不讲规矩行为，都显示出极大的纪律意识淡薄、规矩意识弱化。思想防线垮了，腐败闸门就自然开了。因此，执政时间越长，执政资源越多，执政领域越广，越是要管党治党，越是要管理好教育好各级领导干部特别是高级干部，越是要强化纪律和规矩意识。

党的十八届四中全会通过《中共中央关于全面推进依法治国若干重大问题的决定》。依法治国，对于党的自身建设来说，就是要依规治党。规，就是法规制度、纪律规矩。依法治国要求增强全社会的法治意识，依规治党要求增强全党的纪律和规矩意识，二者是统一的。作为领导干部，如果法治意识强，科学立法、严格执法、公正司法、自觉守法，则纪律和规矩意识强，坐得端、行得正、走得稳；如果纪律和规矩意识弱，视纪律如儿戏，将规矩当玩物，也很难做到遵法守法，即使得逞一时，获利一阵，终将受到党纪国法的惩处。纪律和规矩既是“紧箍咒”，也是“护身符”，是对各级领导干部的爱护和保护；既有利于党的事业健康发展，也有利于开展领导工作、提高领导威信、维护领导形象，是干部成长道路上的“安全带”。牢固树立纪律和规矩意识，无论是为官之初，还是位高权重时，都是清醒剂、警戒线，受益终身、受益无穷。

2. 紧紧围绕“五个必须”要求牢固树立纪律和规矩意识

党的纪律和规矩是在长期实践中形成和发展起来的。国家法律、党章、党的纪律、优良传统和工作惯例等，都是党员干部必须长期坚持并自觉遵循的纪律和规矩。牢固树立纪律和规矩意识，就是要确立纪律和规矩的权威，遵从纪律和规矩，不违纪、不逾矩。当前，各级领导干部要按照习近平同志在中纪委五次全会上强调的遵守政治纪律和政治规矩“五个必须”要求，用“五个必须”来强化纪律和规矩意识。

树立政治意识，坚决维护党中央权威。守纪律、讲规矩的第一个要求就是要在任何时候任何情况下都必须在思想上政治上行动上同党中央保持高度一致。各级领导干部承上启下，负责一定地区、部门、行业的全面工作，维护党中央权威和党的集中统一责任重大，不能有丝毫含糊。不同地区、部门、行业的工作有其特殊性，但在同党中央保持高度一致这个重大原则问题上，不能各行其是，搞这样那样的变通。党的十八大以来，以习近平同志为核心的党中央从关系党和国家生死存亡的高度，以前所未有的决心和力度推进反腐败斗争。领导干部牢固树立政治意识，就是要在党中央统一领导下，积极贯彻中央推进党风廉政建设和反腐败斗争的部署，坚决打赢这场攻坚战、持久战。

树立团结意识，努力维护党的团结。党的纪律是有利于党的工作大局的纪律，党的规矩是有利于维护党的团结局面的规矩。我们党代表最广大人民根本利益，全心全意为人民服务，党内决不容忍搞团团伙伙、结党营私、拉帮结派。团结就是力量，团结就是大局。领导干部掌有一定的用人权，在组织路线和用人问题上，必须坚持五湖四海，团结一切忠实于党的同志。只要是德才优秀的干部，无论来自哪湖哪海，都要人尽其才、用当其时；只要是忠实于党的同志，无论和自己有无“交集”，都要用其所长、充分使用。在维护党的团结、坚持五湖四海的问题上守纪律、讲规矩，对于党的事业兴旺发达，有着极为重要的意义。

树立程序意识，严格遵循组织程序。领导工作是在一定的组织系统中进行的，是在一定的制度规则中开展的，由此保证了各级党组织工作的正常秩序。这些制度规则就是党的规矩，有些已成为刚性的纪律。作为领导干部，必须懂得组织运行的程序，明确自己的权限，重大问题该请示的请示，该汇报的汇报，不允许超越权限办事。违规用权、擅自越权，表面上看尝到甜头、办成了事，但破坏了组织秩序，造成了不良后果，留下了严重隐患。守规矩，就要讲程序，组织程序凝结着党的工作规律，不可置之不理。

树立组织意识，坚定服从组织决定。纪律是党的生命，是维护党组织凝聚力、号召力的有力武器，规矩是增强党员、干部组织观念的有效手段。守纪律、讲规矩就要做到个人服从组织，即使是领导干部包括高级干部也必须服从组织，不能凌驾于党组织之上。党的战斗力需要铁的纪律来维系，对组织决定不能“选择性服从”，顺其心愿就服从，不合心愿的就不服从。久而久之，就会造成党的组织软弱涣散状态。特别需要强调的是，树立组织意识，就是要求决不允许搞非组织活动，决不允许违背组织决定另搞一套。领导干部可以有正常的社交圈子，但不能搞自己的小圈子，或者参与其他人的小圈子；领导干部可以对组织决定通过组织程序发表不同意见，但不能采取其他违背组织决定的行动。

树立原则意识，有效管好亲属和身边工作人员。一些领导干部的亲属和身边工作人员参与腐败、合谋腐败、寻租腐败，教训极为深刻。这表明不仅领导干部本人要守纪律、讲规矩，而且要让自己的亲属和身边工作人员守纪律、讲规矩。新形势下，管好领导亲属和身边工作人员，不得默许他们利用特殊身份谋取非法利益，已成为党的重要规矩。树立原则意识，就是要按照习近平同志指出的那样，处理好公和私、情和法、利和法的关系，这在管好亲属和身边工作人员问题上尤其突出。不能公私不分，不能情大于法，不能利压倒法。

3. 在全面从严治党实践中强化纪律和规矩意识

全面从严治党，是全面推进中国特色社会主义发展的根本保障，是党的建设新的发展阶段。坚持思想建党和制度治党，严明政治纪律和政治规矩、加强纪律建设等，都是全面从严治党的有机组成部分。全面从严治党，对于各级领导干部牢固树立纪律和规矩意识，将起到有力的促进作用。领导干部强化纪律和规矩意识，也将有力保证全面从严治党贯彻落实。

从严治纪，把守纪律讲规矩摆在更加重要的位置。守纪律讲规矩，关键在于严格执行。纪律只要制定，就要动真格的，不能总是搞“下不为例”，使纪律形同虚设；规矩只要建立，就不能只是说说而已。在一些人那里，纪律和规矩意识还没有牢固树立起来，在一些组织内部，守纪律讲规矩的风气还没有完全形成，导致了讲人情、讲面子、讲关系的文化。从严治纪，就要从严执纪，有纪必依、有规必循，违纪必究、违规必查。各级党委要加强监督检查，对不守纪律的行为要严肃处理。从严治纪，本身就是树立纪律和规矩意识的有效途径。

从严治官，领导干部在守纪律、讲规矩上做表率。从严治纪，首先要从严治官。要求领导干部作表率，就是对领导干部的严格要求。习近平同志指出：“讲规矩是对党员、干部党性的重要考验，是对党员、干部对党忠诚度的重要检验。”能不能做到守纪律、讲规矩，绝不是小事小节，各级领导干部都要在这一事关政治品质的问题上经得起考验、通得过检验。一些领导头脑中还残存着特权思想，总是对别人讲纪律和规矩，却把自己置身事外。从严治官是建设法治国家、法治政府、法治社会的重要内容。不仅法律面前人人平等，而且纪律和规矩面前人人平等，任何人都没有不守纪律、不按规矩的豁免权。

从严治风，营造守纪律、讲规矩的氛围。有没有牢固的纪律和规矩意识，与党风状况密切关联。作风影响意识，意识表现为作风。从严治风，将为牢固树立纪律和规矩意识，培育良好的环境。作风不是一个人能左右的，但每个人的作风，都会对作风的形成和变化产生影响。全党人人守纪律、个个讲规矩，领导带头守纪律、率先讲规矩，必然会对牢固树立纪律和规矩意识起到决定性作用。锲而不舍、久久为功，就能够在全党培塑出严守纪律、严明规矩的精神风貌和行为规范。

（七）充分发挥党内监督体系管党治党的威力

加强党内监督是我们党的优良传统和政治优势，党的执政地位，决定了党内监督在党和国家各种监督形式中是最基本的、第一位的，加强党内监督是全面从严治党的制度保障和主要方式。党的十八届六中全会审议通过的《中国共产党党内监督条例》（简称《条例》），明确规定了以党内监督带动其他监督、完善监督体系的基本途径和原则要求，为加强党内监督、管党治党提供了正确指导。

1. 信任激励同严格监督相结合

党内要建立信任机制，组织与党员、上级与下级、同志与同志之间，要相互信任，信任是对党员、干部的强有力激励。在信任机制下，党员、干部严以修身、严以用权、严以律己，通过自我约束、自我检查、自我改变的自我监督方式，在一定程度上达到监督目的。

信任不能代替监督，监督管控底线、防止失控。加强和完善监督，是保持党的先进性和纯洁性的有效机制，是国家治理现代化的重要内容，是激励和约束各级干部行为的良方良制。监督对每个党员、干部来说，既是紧箍咒，也是护身符；既是铁笼子，也是保护伞；既是摄像头，也是正容镜。监督得力，是对全体干部的真正爱护。监督失效，是某些人犯错误甚至犯罪的重要原因。信任不是不要监督，监督也不是不信任干部。每一名党员干部，都要充分认识加强党内监督的重要性和紧迫性，自觉接受监督，乐于接受监督。

《条例》指出："各级党组织应当把信任激励同严格监督结合起来，促使党的领导干部做到有权必有责、有责要担当、用权受监督、失责必追究。"党组织对党员干部既要政治上鼓励、思想上关心、工作上支持，又不能放手不管、疏于监督。加强权力监督，可能会让一些人感到不轻松、不自由、不满意，但却强化了领导监督，管住了为所欲为，挡住了下滑通道，严出了优秀干部。接受监督，让干部敬畏道德、戒除贪欲、慎行慎独，锤炼了修养、提升了境界、完美了人生。所以，敢于实施严格监督的党组织和领导，是对党的事业和各级干部高度负责的党组织和领导。相反，那些监督有名无实、松松软软的部门，那些不管事、不得罪人、不行使监督权的领导，恰恰是对事业、对干部不负责的部门和领导，是纵容某些人跌进陷阱、不能自拔的无形推手。

2. 思想政治监督与纪律作风监督相一致

党内监督的主要内容，首先包括思想政治方面的表现情况。例如：是否遵守党章党规，坚定理想信念，践行党的宗旨，模范遵守宪法法律；是否维护党中央集中统一领导，牢固树立政治意识、大局意识、核心意识、看齐意识，贯彻落实党的理论和路线方针政策；是否遵循个人服从党的组织，少数服从多数，下级组织服从上级组织，全党各个组织和全体党员服从党的全国代表大会和中央委员会原则；等等。其次包括纪律作风方面的表现情况。例如：是否严明党的纪律特别是政治纪律和政治规矩；是否落实中央八项规定精神，加强作风建设，密切联系群众；是否坚持党的干部标准，树立正确选人用人导向，执行干部选拔任用工作规定；是否廉洁自律、秉公用权；等等。

在监督内容上，要体现全面性的要求，不能偏废，或是只监政治、不督作风，默认纵容某些干部的腐败行为；或是只监作风、不督政治，对党员、干部在大是大非、政治立场上的表现置若罔闻。有的领导干部认为，政治上站稳立场就行了，作风问题是小节，无关紧要；也有的群众党员认为，干活尽力、不拿不占就不错了，嘴巴上把不住门算不了什么。贯彻

《条例》，就是要一丝不苟，不搞因人而异、区别对待。党员思想政治上出问题，要从严监督，纪律作风上出问题，也要严格约束。

3. 普遍监督与重点监督相统一

党内监督是对全体党员的监督，没有禁区，没有例外，适用于全体党员、全体干部，无论是职务高低、党龄长短、在职退休，监督具有普遍性。党的领导机关和领导干部特别是主要领导干部，权力大、资源多、影响大，在党和国家具有举足轻重的作用。如果放松监督、上松下紧，就会导致重要权力失控，还会造成不良示范效应，从而削弱党内监督的权威性和严肃性。越是权力大、责任重，就越是要加强监督。因此，《条例》明确规定，党内监督的重点对象是党的领导机关和领导干部特别是主要领导干部。这就抓住了党内监督的“牛鼻子”。监督难，从领导做起就不难。这不是要和领导干部过不去，而是对党和国家事业、对人民根本利益、对领导干部的高度负责。

《条例》要求：中央政治局每年召开民主生活会，进行对照检查和党性分析，研究加强自身建设措施；中央委员会成员对中央政治局委员的意见，署真实姓名以书面形式或者其他形式向中央政治局常务委员会或者中央纪律检查委员会常务委员会反映；中央政治局委员应当加强对直接分管部门、地方、领域党组织和领导班子成员的监督，定期同有关地方和部门主要负责人就其履行全面从严治党责任、廉洁自律等情况进行谈话；党组织主要负责人个人有关事项应当在党内一定范围公开，主动接受监督；党的领导干部应当每年在党委常委会（或党组）扩大会议上述责述廉，接受评议；领导干部应当按规定如实报告个人有关事项，及时报告个人及家庭重大情况；等等。这些都是抓住重点对象的具体举措和有力约束。

4. 全面监督、专责监督、职能监督、日常监督、民主监督相统一

《条例》要求建立健全党中央统一领导，党委（党组）全面监督，纪律检查机关专责监督，党的工作部门职能监督，党的基层组织日常监督，党员民主监督的党内监督体系。从目前状况看，党内监督体系还存在着不

同主体在党内监督中的地位作用和职责不明晰，监督主体之间信息不畅、协调不顺等，这也反映了党内监督体系还不完善等问题。构建各负其责、密切协调的党内监督体系，就能形成监督合力，增强监督实效，保证党的组织充分履行职能、发挥核心作用，保证全体党员发挥先锋模范作用，保证党的领导干部忠诚干净担当。

党内监督体系在党中央统一领导下，党委（党组）在同级各种组织中发挥总揽全局、协调各方的领导核心作用，在党内监督中负主体责任。党委（党组）领导本地区本部门本单位党内监督工作，组织实施各项监督制度，加强对同级纪委和所辖范围内纪律检查工作的领导。各级纪委履行监督执纪问责职责，负责对所辖范围内党组织和领导干部遵守党章党规党纪、贯彻执行党的路线方针政策情况的监督，强化上级纪委对下级纪委的领导。党的工作部门是党委（党组）主体责任在不同领域的载体和抓手，都承担着相应的党内监督职责，既要加强对本部门本单位的内部监督，又要强化对本系统的日常监督。党的基层组织与党员接触最为紧密，日常监督是重要职责。要严格党的组织生活，维护和执行党的纪律，监督党员切实履行义务。党员民主监督是每一位党员的权利和义务，要及时向党组织反映对党的领导干部的群众意见和诉求，在党的会议上有根据地批评党的任何组织和任何党员，对错误言行敢于较真、敢于斗争，向党负责地揭发、检举党的任何组织和任何党员违纪违法的事实。

强化自上而下的组织监督，改进自下而上的民主监督，发挥同级相互监督作用，这就建立起了完整严密的党内监督体系。这一监督体系，监督主体明确，监督责任细化，监督机制科学，监督运行常态，监督领域覆盖，监督效能增强。

5. 主持监督与接受监督相统一

权力必须接受监督，监督权也要受到监督，构成监督循环。没有监督权接受监督的严密制度安排，就不是一个成熟的监督体系。监督之器不能成为监督之患，党内监督没有“盲区”“禁区”“特区”。《条例》明确规定，党内不允许有不受制约的权力，也不允许有不受监督的特殊党员。这就表明，实施监督的主体，同时也应该成为监督对象，监督者同样也要接受监督，这是加强党内监督的一条准则。

党内监督必须在党中央领导下进行，党中央是主持党内监督的主体，这是强化党内监督的领导保证。《条例》规定，党的中央委员会、中央政治局、中央政治局常务委员会全面领导党内监督工作。同时，十八届六中全会突出强调，全面从严治党，重点是各级领导机关和领导干部，关键是高级干部特别是中央委员会、中央政治局、中央政治局常务委员会的组成人员。《条例》要求，中央政治局委员应当严格执行中央八项规定，自觉参加双重组织生活，如实向党中央报告个人重要事项。

在各级党组织中，党委（党组）在党内监督中负主体责任，领导本地区本部门本单位党内监督工作，组织实施各项监督制度，抓好督促检查，书记是第一责任人。党委常委会委员（党组成员）特别是党组织主要负责人，在党内监督中负重要责任，同时，党内监督必须加强对党组织主要负责人和关键岗位领导干部的监督。《条例》要求，领导班子成员发现班子主要负责人存在问题，应当及时向党组织提出，必要时可以直接向上级党组织报告。

党的各级纪律检查委员会是党内监督的专责机关，同时，《条例》明确规定，加强对纪律检查机关的监督，各级纪律检查机关必须加强自身建设，健全内控机制，自觉接受党内监督、社会监督、群众监督，确保权力受到严格约束。从披露的案件看，有的纪检干部把纪检监督权变成了索贿谋私权，性质很恶劣。监督主体与监督对象合一，就构成了相互监督、循环监督，保证监督的权力接受监督，防止监督权的渎职和误用。

6. 党内监督和人民群众监督、外部监督相结合

《条例》在总则中明确规定，坚持党内监督和人民群众监督相结合。这表明，党内监督是最基本的监督形式，同时党内监督要和党外监督结合起来，首先就是和人民群众监督相结合。这是由党和人民群众的关系决定的，党来自人民、依靠人民、服务人民，人民是党的根基所在、命运所系。人民在国家当家作主，党代表人民治国理政，就必须接受来自人民群

众的监督，把党的自我监督与人民群众的监督结合起来，这是马克思主义执政党的必然要求。党群结合、内外结合，形成合力。人心如镜、人心如尺，接受人民群众监督就能获得人民群众更大程度的认同和支持。一些党员、干部对人民群众监督有这样那样的顾虑，怕有损威信、有碍工作，怕搞偏了、搞砸了，这些都是不能摆正党和群众、领导和群众关系的表现。坚持党内监督和人民群众监督相结合，就要让人民群众参与、支持监督执纪问责工作，保障、畅通人民群众监督渠道，释放人民群众监督正能量，让更多群众参与到干部选拔任用工作中来，让网络成为接受人民群众监督的新渠道。

《条例》将党内监督和外部监督相结合单列一章，表明了强化党内监督，不仅不排斥外部监督，而且是将外部监督一起纳入党内监督的体系，以党内监督带动外部监督，以外部监督促进党内监督。外部监督包括各级党委支持和保证同级人大、政府、监察机关、司法机关等对国家机关及公职人员依法进行监督，人民政协依章程进行民主监督，审计机关依法进行审计监督。因此，有关国家机关发现党的领导干部违反党规党纪、需要党组织处理的，应当及时向有关党组织报告。人民政协民主监督以批评和建议为主要方式，体现团结、合作、协商精神，通过政协组织对国家机关及其工作人员的工作进行监督。外部监督包括各级党组织支持民主党派履行监督职能，重视民主党派和无党派人士提出的意见、批评、建议，完善知情、沟通、反馈、落实等机制。中国共产党同各民主党派长期共存、互相监督、肝胆相照、荣辱与共，在监督问题上兼听则明、偏听则暗。外部监督包括各级党组织和党的领导干部认真对待、自觉接受社会监督，利用互联网技术和信息化手段，推动党务公开、拓宽监督渠道，虚心接受群众批评。一些地方、部门设立微信公众平台、开通“随手拍”“一键举报”等做法，推广手机客户端信访应用和远程视频接访，让社会监督更加方便快捷。执政党主动接受外部监督，就能够提高治国理政的能力和水平，从而调动一切积极因素，团结一切力量为实现社会主义现代化和中华民族伟大复兴中国梦而共同奋斗。

八、新时代中国特色社会主义的领导方法

（一）决胜全面小康与着力防控风险相辅相成

党的十八大以来，民族复兴进入由大向强的关键阶段。“十三五”时期是全面建成小康社会的决胜阶段，实现这一目标是实现中华民族伟大复兴中国梦的关键一步。我国发展仍处于可以大有作为的重要战略机遇期，也面临诸多矛盾叠加、风险隐患增多的严峻挑战。以习近平同志为核心的党中央，勇于实践、善于创新，形成一系列治国理政新理念新思想新战略，开创治国理政新实践新局面新境界。新的历史条件下治国理政，一个基本方略就是把决胜全面小康这一奋斗目标与着力防控风险这一底线布局紧密结合起来，用全面建成小康社会来从根本上遏制各种风险隐患，用维护总体国家安全来保证如期实现全面小康，统筹推进、协调发展。

自 1840 年鸦片战争以来中国 170 多年的历史，就是一代代中国人为实现中华民族伟大复兴中国梦而艰辛前行、不屈不挠、接力奋斗的历史。中国共产党的成立，将民族复兴的历史进程推进到以马克思主义为指导、以社会主义为旗帜的崭新时期。新中国的成立，为实现民族复兴构筑了制度

基础和道路保证，中华民族走上了依靠社会主义制度实现民族复兴的必由之路。改革开放、走中国特色社会主义道路，标志着民族复兴伟大事业“潮平两岸阔，风正一帆悬”。一代代继往开来，一段段筑梦不止，一步步接近目标，谱写了在中国特色社会主义道路上实现中华民族伟大复兴的恢宏篇章。当前，我们前所未有地接近民族复兴的目标，具有实现这一宏伟目标的强大能力和充分信心。经过改革开放40年发展的丰厚积累，我国的物质基础扎实、制度基础坚强、国家能力强大，经济实力、科技实力、国防实力、国际影响力空前增强和提高，经济总量稳居世界第二位，成为世界第一货物贸易大国和主要对外投资大国。特别是经过十八大以来的励精图治、重整行装，党治国理政能力大大提高，党心民心更加凝聚振奋，决胜全面小康、实现奋斗目标的把握更大。

同时，我国在迅速发展的过程中，诸多矛盾凸显，城乡、地区、行业之间发展不平衡的问题突出，财产和收入差距拉大造成的社会分化显著，生态环境脆弱，资源支持不足，这些都构成了前进道路上的隐患。现代化的进程机遇和挑战并存，动力和风险共生，成功和失败都有可能。1986年，德国的社会学家乌尔里希·贝克在《风险社会》一书中提出：“在现代化进程中，生产力的指数式增长，使危险和潜在威胁的释放达到了一个我们前所未知的程度。”① 在13亿多人口的发展中国家，在几十年的时间里走完西方发达国家几百年走完的历程，包含的矛盾风险挑战前所未有。总体国家安全观提出维护12个领域的安全，包括政治安全、国土安全、军事安全、经济安全、文化安全、社会安全、科技安全、网络安全、生态安全、资源安全、核安全以及海外利益安全，这些实质上也是现实的国家安全风险。

因此，“两个一百年”奋斗目标和中华民族伟大复兴的中国梦，绝不是轻轻松松、顺顺当当就能实现的，外有阻力和压力，内有困难和风险，必须做好应对任何形式的矛盾风险挑战的准备。民族复兴的前景既不是铺满鲜花的坦途，也不是布满陷阱的绝境，而是重大机遇期与高风险期相互

---

① 贝克．风险社会．南京：译林出版社，2004：15.

交织，是用伟大斗争赢得伟大胜利，破除重大障碍、战胜严峻挑战。风险是现代化进程之常态。面对风险，不是畏惧退缩、消极应对，而是敢于斗争、战胜风险、开创未来。习近平总书记带领全党开创治国理政新境界，是靠正义凛然、坚毅果敢，主动出击、善于斗争得来的。例如，在国际关系领域，正确把握开放发展与国际斗争的关系。顺应我国经济深度融入世界经济的趋势，坚持和平、发展、合作、共赢的国际战略；同时坚定“四个自信”，坚决抵制敌对势力西化、分化图谋，决不牺牲国家核心利益，画出红线、敢于亮剑。在意识形态领域，正确把握文化繁荣与开展斗争的关系。歌颂光明、抒发理想、弘扬美好、引导道德，同时强化政治意识、政权意识、阵地意识，在大是大非、政治原则问题上勇于举旗亮剑，在风口浪尖上进行斗争。

新形势下治国理政的主要任务是建设和发展，是以积极性的建设和发展来防控各种风险，而不是单纯地、消极地进行风险防控。以习近平同志为核心的党中央从坚持和发展中国特色社会主义全局出发，立足中国发展实际，坚持问题导向，逐步形成并积极推进全面建成小康社会、全面深化改革、全面依法治国、全面从严治党的战略布局，是党在新形势下治国理政的总方略，是事关党和国家长远发展的总战略。“四个全面”把防控风险纳入治国理政体系之中，用治国理政总方略作为防控风险总战略，是一种积极主动、进取有为的防控风险总战略，是党勇于担当责任、敢于直面矛盾，不断解决问题、化解挑战的新法宝。“四个全面”战略布局，运用社会历史发展的基本逻辑，反映社会主义现代化的内在要求，着力解决发展进程的主要矛盾，营造向新向好向上的全面发展态势，是走向民族复兴的固本之道、破障之道、兴旺之道。

进入全面建成小康社会决胜阶段，诸多矛盾叠加要求我们统筹化解，风险隐患增多需要我们未雨绸缪。在经济下行压力加大的形势下，提高发展的平衡性、包容性、可持续性，在协调发展中拓宽发展空间，在加强薄弱领域中增强发展后劲，是对党把握规律水平、领导发展能力的检验。新发展理念为全面建成小康社会决胜阶段提供了有力的思想武器。新发展理念的提出，是在影响当代发展的各种因素中抓住最为紧要和关键之点；是在已有的多种发展理念基础上，经过精心比较筛选、科学排列组合，将五大要点提升出来组成新发展理念体系，形成系统发展理念，作为推动发展的总纲；是在系统发展、整体发展，防止片面发展、畸形发展的要求下，构建相互贯通、相互促进的发展理念集合体，作为统领发展的大逻辑。新发展理念扭住发展关键、破解发展难题。转变发展方式重在、也难在克服发展瓶颈、摆脱路径依赖。新发展理念着重解决制约发展跃升的创新能力不强、发展不平衡、资源约束趋紧、用好两个市场、两种资源能力不够强、贫富差距较大等问题，形成了发展的强有力引擎。新发展理念统筹发展全局，规避发展陷阱。由大向强是一个跨越，也是一道难关，跌入“中等收入陷阱”的国家为数不少。新发展理念全面把握发展的动力、结构、环境、空间、利益等关联性耦合性很强的要素，防止这些要素掣肘导致发展的停滞、衰败以至失败。新发展理念集成发展优势、创新发展战略。新发展理念基于中国新发展的制度优势、主体力量、改革支持、法治框架、政治保证，以新的发展战略塑造当代中国，促进全方位的社会变革。用新的发展理念引领发展行动，是对我国发展资源的深度开掘、发展潜力的极大释放、发展空间的多维拓展，必将转化为发展实践质的变化和提升。

把创新、协调、绿色、开放、共享作为发展理念提出来，并且构成一个整体，抓住了当代中国发展的核心之点，也是防控发展风险的关键之点。一是依靠创新发展，转变发展动力，防控停滞风险。我国进入经济发展新常态，主要依靠资源和低成本劳动力等要素的动力类型呈现衰势、难以为继，必须实现动力转化，转向创新驱动。创新发展着力实施创新驱动发展战略，注重解决发展动力问题，赋予发展新的内涵，这就是重质量讲效益的发展。

二是依靠协调发展，解决发展矛盾，防控失衡风险。我国发展不平衡、不协调、不可持续问题仍然突出，不平衡属于发展结构的不协调，不可持续属于发展阶段的不协调，都可依据协调发展的规律来解决。协调发展就是追求发展布局、发展关系、发展空间、发展要素、发展进程的协调性，防止和遏制孤立发展、片面发展、畸形发展、隐患发展。协调发展注重解决发展不平衡问题，赋予发展新的秩序，这就是整体性平衡性的发展。

三是依靠绿色发展，保证发展永续，防控透支风险。促进人与自然和谐共生，为全球生态安全做出新贡献，就是要告别以严重污染为标志的黄色、白色、灰色、褐色、黑色发展。绿色发展着力推进人与自然和谐共生，赋予发展新的面貌，这就是低碳化环境美的发展。美丽中国与富强民主文明和谐的中国并驾齐驱，不仅要避免落入“中等收入陷阱”，而且要避免落入“环境透支陷阱”。

四是依靠开放发展，拓展发展格局，防控封闭风险。封闭是停滞、僵化、衰败之道，开放是活力、进化、兴旺之道。在世界多极化、经济全球化、文化多样化、社会信息化深入发展的时代潮流中，顺应我国经济深度融入世界经济的趋势，开放才能发展，发展必须开放，发展更高层次的开放型经济是必然选择。开放发展着力形成对外开放新体制，注重解决发展内外联动问题，赋予发展新的格局，这就是互利型合作式的发展。

五是依靠共享发展，分配发展成果，防控冲突风险。当前，我国城乡区域发展不平衡，收入差距较大，消除贫困任务艰巨。共享发展才能使全体人民有更多获得感、公正感、主体感，从而增强人民的积极性主动性创造性，促进社会更加和谐、人民更加团结，在财富和收入分配的层面上保持经济社会持续健康发展。共享发展着力践行以人民为中心的发展思想，注重解决社会公平正义问题，赋予发展新的高度，这就是能获得保公正的发展。

新发展理念的核心是坚持以人民为中心的发展思想，这是防范脱离群众最大风险的根本理念。人民是发展的主体，也是发展的最大受益者。如果发展的成果不能由广大人民群众在更大程度、更高质量、更广范围上享有享用，人民的获得感不足、失落感加重，我们的发展就会逐渐缺少广大人民群众的支持，就会酝酿社会矛盾和社会冲突，形成社会风险。这也是坚持发展以人民为中心的深意所在。

发展社会主义市场经济、社会主义民主政治、社会主义先进文化、社会主义和谐社会、社会主义生态文明。中国特色社会主义全面发展、全面进步，就能保证决胜全面小康、进而建成社会主义现代化国家的历史进程稳健过渡，就能在美好前景和风险危机两种趋势、两种可能中，通过党和人民的努力奋斗，驱使发展前景向着最希望最有利的方向演化，将危机风险降至最低程度、最小可能。

适应、把握、引领经济发展新常态，防控经济风险。我国正处于跨越“中等收入陷阱”并向高收入国家迈进的历史阶段，矛盾和风险比从低收入国家迈向中等收入国家时更多更复杂。过去，经济高速发展掩盖了一些矛盾和风险。新常态下，伴随着经济增速下降，各类隐性风险逐步显现。适应、把握、引领新常态，增长速度要从高速转向中高速，发展方式要从规模速度型转向质量效率型，经济结构调整要从增量扩能为主转向调整存量、做优增量并举，发展动力要从主要依靠资源和低成本劳动力等要素投入转向创新驱动。推进供给侧结构性改革，是适应和引领经济发展新常态的重大创新，是适应国际金融危机发生后综合国力竞争新形势的主动选择。我国经济发展长期积累的一些结构性、体制性、素质性突出的矛盾和问题，使得经济风险发生概率上升。要解决我国经济深层次问题，必须下决心在推进经济结构性改革方面做更大努力，使供给体系更适应需求结构的变化，实现由低水平供需平衡向高水平供需平衡跃升。

坚持中国特色社会主义政治发展道路，防控政治风险。我国的政治制度建设，要把坚定政治自信和不断改革创新统一起来，在坚持根本政治制度、基本政治制度的基础上，不断推进制度体系完善和发展。我们的民主法治建设同扩大人民民主和经济社会发展的要求还不完全适应，社会主义民主政治的体制、机制、程序、规范以及具体运行还存在不完善的地方，在保障人民民主权利、发挥人民创造精神方面也还存在一些不足，必须继续加以完善。发展社会主义民主政治，关键是要增加和扩大我们的优势和特点，切实防止出现群龙无首、一盘散沙，选举时满口许诺、选举后无人过问，党争纷沓、相互倾轧，民族隔阂、民族冲突，人民形式上有权、实际上无权，相互掣肘、内耗严重的现象。走中国特色社会主义政治发展道路，必须坚持正确的政治方向。如果这一点把握不好、把握不牢，走偏了方向，不仅政治文明建设很难搞好，而且会给党和人民的事业带来损害。

培育社会主义核心价值观这一国家重要稳定器，防控文化风险。历史和现实都表明，核心价值观是一个国家的重要稳定器。如果没有共同的核心价值观，一个民族、一个国家就会魂无定所、行无所归。能否构建具有强大感召力的核心价值观，关系社会和谐稳定，关系国家长治久安。如果我们的人民不能坚持在我国大地上形成和发展起属于自己的道德价值，而是不加区分、盲目地成为西方道德价值的应声虫，那就真正要提出我们的国家和民族会不会失去自己的精神独立性的问题了。如果没有自己的精神独立性，那政治、思想、文化、制度等方面的独立性就会釜底抽薪。所以，培育和弘扬社会主义核心价值观必须立足中华优秀传统文化，抛弃传统、丢掉根本，就等于割断了自己的精神命脉。对我们来说，博大精深的中华优秀传统文化是我们在世界文化激荡中站稳脚跟的根基。

从传统社会管理向现代社会治理转变，防控社会风险。我国进入了社会矛盾多发期，各种人民内部矛盾和社会矛盾较多，而社会治理在很多方面还跟不上。必须深入研究人口大规模流动、利益多样化、社会信息化、思想文化多元化形势下的社会治理规律，坚持源头治理、系统治理、综合治理、依法治理，努力解决深层次问题，着力建设平安中国，确保人民安居乐业、社会安定有序、国家长治久安。要正确理解和处理好维稳和维权的关系，对涉及维权的维稳问题，首先要把群众合理合法的利益诉求解决好。单纯维稳，不解决利益问题，那是本末倒置，最后也难以稳定下来。社会治理是一门科学，管得太死，如一潭死水不行；管得太松，如波涛汹涌也不行。在具体工作中，不能简单依靠打压管控、硬性维稳，还要重视疏导化解、柔性维稳。要从制度、机制、政策、工作上积极推动社会矛盾预防化解工作，从源头上预防和减少社会矛盾的产生，预防和减少利益冲突，推动形成办事依法、遇事找法、解决问题用法、化解矛盾靠法的良好环境。

像保护眼睛一样保护生态环境，防控生态风险。经过40年快速发展积累下来的环境问题，进入了高强度频发阶段，这既是重大经济问题，也是重大社会和政治问题。例如，水已经成为我国严重短缺的资源，成了制约环境质量的主要因素，成了经济社会发展面临的严重安全问题。我国的生态环境问题已经到了很严重的程度，非采取最严厉的措施不可，不然不仅生态环境恶化的总态势难以从根本上得到扭转，我们设想的其他生态环境发展目标也很难实现。生态兴则文明兴，生态衰则文明衰。要更加自觉地推动绿色发展、循环发展、低碳发展，绝不以牺牲环境为代价去换取一时的经济增长，决不走“先污染，后治理”的路子。随着经济社会发展和人民生活水平不断提高，环境问题往往最容易引起群众不满，弄得不好也往往最容易引发群体性事件。所以，环境保护和治理要以解决损害群众健康凸出环境问题为重点。

习近平总书记在党的十八届五中全会上指出：今后可能是我国发展面临的各方面风险不断积累甚至集中显现的时期。如果发生重大风险又扛不住，国家安全就可能面临重大威胁，全面建成小康社会进程就可能被迫中断。“我们必须把防风险摆在突出位置，‘图之于未萌，虑之于未有’”，“不让小风险演化为大风险，不让个别风险演化为综合风险，不让局部风险演化为区域性或系统性风险，不让经济风险演化为社会政治风险，不让国际风险演化为国内风险”①。

在全面掌握风险成因中防控风险。任何风险如同其他社会现象，有其发生的原因，是有踪可寻、有迹可觅的。风险是关于未来的某种可能，它的发生有一定概率，需要一定条件，而这也是可以运用科学方法得以预见的。即使某些风险，例如自然界的地震、社会的突发性事件，存在着不可预料的性质，但也不是不可知的。现代社会，风险在增加，而认识风险的能力也在增加，如大数据技术，使得防控风险是可能的。我们对风险成因的认识越全面准确，防控风险就越自觉主动。

在有效化解风险振荡中防控风险。风起于青蘋之末，风险具有非线性机制，从萌芽到爆发，需要经过一定的酝酿环节，经历一个演化过程。防控风险，不仅要求平息大的动荡，而且要求遏制于萌芽状态。中医经典《黄帝内经》曾提出，“圣人不治已病，治未病；不治已乱，治未乱”。唐代孙思邈也在《备急千金要方》中提道：“上医医未病之病。”医道与治道

① 习近平．习近平谈治国理政：第2卷．北京：外文出版社，2017：81－82．

有某些相通之处，都要求未雨绸缪，防患于未然。而且，对风险控制得越早，防范越及时得力，效果就越好。

在及时中止风险演化中防控风险。风险有多种诱因，而且有多种路径。台风或龙卷风，所经之处损失惨重，但也会变化登陆地点和路线。台风或龙卷风的路径，人类还难以控制，但社会风险的演化路径却是可以通过治国理政的科学研判、主动作为中止风险的演化的，或是改变风险的路径，降低其对社会的危害。掌握风险辩证法，增强风险防控能力，是实现“两个一百年”奋斗目标、实现中华民族伟大复兴中国梦的重要条件。

（二）增强政治定力，提高政治能力

进行具有许多新的历史特点的伟大斗争，推进党的建设新的伟大工程，拓展中国特色社会主义伟大事业，是党的十八大以来以习近平同志为核心的党中央治国理政的鲜明特色和主要内容。赢得伟大斗争新胜利，铸就伟大工程新气象，达到伟大事业新高度，必须以坚强的政治定力克服阻力、战胜压力，始终保持正确方向，防止在根本问题上出现颠覆性错误；必须以卓越的政治能力应对矛盾、解决问题，服务保障政治大局，防止在政治问题上产生原则性差错。各级党组织和领导干部增强政治定力、提高政治能力，“两个一百年”奋斗目标就有了政治保证。

1. 政治定力保证全面深化改革正确方向

增强政治定力，是习近平总书记在省部级主要领导干部学习贯彻党的十八届六中全会精神专题研讨班上发表重要讲话，对领导干部尤其是高级干部再次提出的重要要求。统筹推进“五位一体”总体布局，协调推进“四个全面”战略布局，是在国际两大制度体系长期较量的背景下展开的，是在国内各种思想观念和利益诉求相互激荡的环境下进行的，多个力量角逐、多种矛盾交织、多重压力叠加，没有坚强的政治定力做支撑，就会左右摇摆、失去方向，甚至误入歧途。新形势下治国理政、推进全面深化改革，特别要求增强全党特别是各级领导干部的政治定力。

政治定力能够增强在改革根本方向上的政治自信。政治定力表现为政治自信，也就是中国特色社会主义道路自信、理论自信、制度自信、文化自信。有了“四个自信”，才能坚持中国特色社会主义道路这个改革根本方向坚定不移。全面深化改革无论改什么、怎么改，都不能偏离我们的根本方向，都不能更换我们的根本基石。这种政治定力，具有深厚的历史渊源和广泛的现实基础，富于科学性和真理性的品格，是坚持改革根本方向的政治前提。

政治定力能够保持在改革政策选择上的政治清醒。政治定力表现为政治清醒，政治清醒才能把握方向、明辨大势、坚持原则。在中国这样一个拥有 13 亿多人口的国家全面深化改革，绝非易事，同过去相比，中国改革的广度和深度都大大拓展了。这对改革的顶层设计、驾驭全局、科学筹划、有序推进，提出了很高的要求：要从纷繁复杂的事物表象中把准改革脉搏，在众说纷纭中开好改革药方。有了这样的政治清醒，就能全面把握全面深化改革的基本方针，防止以偏概全、偏离方向的倾向。这种政治定力，是“见微而知著”的识别能力，是“蹄疾而步稳”的平衡能力，是“知其可而为之”的实践能力。

政治定力恪守在改革利益取向上的政治立场。政治定力表现为政治立场，立场坚定才能坚持正确方向。全面深化改革是为了人民、依靠人民的改革。人民立场就是全面深化改革的政治立场，增强政治定力就是站稳人民立场。在改革实践中，不同思想认识的人，不同阶层的人，利益诉求也不同。站在人民立场上，就能统筹兼顾各个地区、民族、阶层、行业、部门的利益，取得利益的最大公约数，让更多的人受益，让更多的群众受益。只有坚持人民立场，把最广大人民群众的根本利益作为改革的根本标准、根本导向，才能凝聚改革的最大共识、形成改革的强大合力、获取改革的巨大红利。这种政治定力，不谋求一己之利，是对人民群众“一枝一叶总关情”的深情厚爱。

2. 政治能力强化治国理政根本能力

政治定力是一种政治能力，政治能力体现为政治定力。全面从严治党向纵深发展，关键是各级领导干部特别是党的高级干部要旗帜鲜明讲政治，注重提高政治能力。这是习近平总书记在省部级主要领导干部学习贯彻党的十八届六中全会精神专题研讨班上讲话的重要精神，也是思想建党、制度治党、文化兴党、能力强党的重要环节。能力强党，着力增强领导干部的政治能力。

政治能力是领导干部的第一能力。党的领导干部是治国理政在各级各部门的实施者，是执政兴国在各级各部门的执行者。治国理政、执政兴国要求领导管理各行各业的能力。党的各级领导干部执掌权力、支配资源，统筹全局、协调各方，必须具备多方面的能力，例如思维能力、组织能力、动员能力等。讲政治是马克思主义政党的本质要求，是党治国理政的首要原则，因此，政治能力是领导干部的第一能力，是履职尽责的牢固根基。一些领导干部严重违纪违法，说到底，是由于政治定力不够、政治意识淡化。在新形势下，伟大斗争波澜壮阔，勇于破除国内国际、党内党外的重大障碍；伟大工程气势恢宏，建设具有高度政治性、时代性、原则性、战斗性的各级党组织；伟大事业攀登前行，完成第一个百年奋斗目标与第二个百年奋斗目标的衔接过渡。面对复杂形势、深层矛盾、突出问题，领导干部只有具备高度的政治意识、高超的政治能力，才能够驾驭方向、掌控大局、破解难题、实现目标。政治能力不强，就会在大是大非的问题上丢掉原则、失去底线，导致弊病丛生、人心涣散。

政治能力重在政治理想、方向、立场、纪律。政治能力不是抽象的，而是具体的，主要体现在政治理想牢不牢、政治方向对不对、政治立场稳不稳、政治纪律严不严上。首先要牢固树立政治理想。政治理想集中体现党的性质和宗旨，是否恪守政治理想，是领导干部政治能力的试金石。在社会思潮纷繁多样、意识形态斗争复杂的环境下，坚守政治理想要有很强的政治定力。作为党的领导干部，要带头树立共产主义远大理想和中国特色社会主义共同理想，增强道路自信、理论自信、制度自信、文化自信。特别是以实际行动让党员和群众感受到理想信念的强大力量，而不能说的不信、信的不说，说的不做、做的不说。其次要正确把握政治方向。领导站在前列、掌握方向、统筹全局、凝聚力量，是组织的灵魂和枢纽，是航行的舵手。领导干部不一定要事必躬亲，但一定要把握好方向。迷失方向、领错方向，是政治能力差的突出表现，对党和国家事业危害极大。党的基本路线是政治方向的根本规定和明显标志。正确把握政治方向，必须坚持“一个中心、两个基本点”的基本路线。全面贯彻执行党的基本路线，任何时候都不能有丝毫偏离和动摇。再次要坚定站稳政治立场。党的十八届六中全会正式确立习近平同志为党中央的核心、全党的核心，各级领导同志必须自觉在思想上政治上行动上同以习近平同志为核心的党中央保持高度一致。党的各级组织、全体党员特别是高级干部都要向党中央看齐，向党的理论和路线方针政策看齐，向党中央决策部署看齐，坚定不移把维护党中央权威，维护党中央的核心、全党的核心落实到行动中去，落实到推进改革发展稳定各项工作中去。最后要严格遵守政治纪律。政治纪律是党最根本、最重要的纪律，遵守党的政治纪律是领导干部政治能力的重要方面。全党特别是高级干部必须严格遵守党的政治纪律和政治规矩。领导干部位高权重，要自觉接受纪律约束，特别是政治纪律约束。严守政治纪律，领导干部才能守住底线不逾矩。

政治能力与担任的领导职责相匹配。能力不是从来就有的，也不是一成不变的。各级领导干部一步步走来，也是政治能力不断强化提高的历程。在理论学习和实践磨炼中，特别是在复杂形势和多重矛盾中，政治能力逐步成熟。习近平总书记要求加强政治历练，积累政治经验，自觉把讲政治贯穿于党性锻炼全过程，使自己的政治能力与担任的领导职责相匹配，指明了提高政治能力的基本途径。总的来说，领导职务越高、位置越重要、面对矛盾越复杂，对政治能力的要求也越高，同时对政治能力的锻炼也就越大。各级领导干部的政治能力越高，党和国家的事业也就越兴旺。

3. 做理想信念的坚定信仰者和忠实践行者

政治定力、政治能力都是以远大理想和坚定信念为支撑的。对各级领导干部来说，坚持中国特色社会主义方向不动摇，根本在于坚定对马克思主义的信仰，对社会主义和共产主义的信念，坚守共产党人的价值追求。

只有用坚定理想信念练就了“金刚不坏之身”，才能在大是大非面前旗帜鲜明，在风浪考验面前无所畏惧，在各种诱惑面前立场坚定。

经得起西方制度模式的挑战，坚持正确方向不动摇。一些人在要不要坚持中国特色社会主义的问题上产生困惑、发生动摇，思想认识上的根源就是对西方资本主义国家的制度本质缺乏深刻认识，向往西方社会制度和价值观念，对社会主义前途命运丧失信心。这样就不可能理直气壮地坚持中国特色社会主义道路、理论体系、制度、文化，表现为在原则性问题面前态度暧昧、消极躲避、不敢亮剑。因此，增强政治定力就要精神上“补钙”，认真学习领会习近平新时代中国特色社会主义思想，使之成为坚持和发展中国特色社会主义的行动指南和强大力量，成为坚定理想的“主心骨”、牢固信念的“压舱石”，真正做到虔诚而执着、至信而深厚。

经得起民族复兴长期性艰巨性复杂性的考验，坚定中国道路不动摇。实现中华民族伟大复兴中国梦，路途漫长、任务艰难、矛盾复杂。面对重大考验，很多党员干部有理想有担当，知难而进。他们面对大是大非敢于坚持原则，面对矛盾困难敢于较真碰硬，面对重大关头敢于挺身而出，是扛起伟大事业的脊梁。但也有一些领导干部经不起各种考验，或是回避矛盾、推卸责任，或是得过且过、隐患后传，或是谋取私利、滑向腐败。各级领导干部要像习近平总书记在中央全面深化改革领导小组第三十三次会议上所强调的那样，各级主要负责同志要自觉从全局高度谋划推进改革，做到实事求是、求真务实，善始善终、善作善成，把准方向、敢于担当，亲力亲为、抓实工作。

经得起利益格局调整的触动，维护国家根本利益不动摇。协调推进“四个全面”战略布局，是制度创新、关系变革、结构变化，核心是利益调整。全面深化改革，剩下的都是难啃的硬骨头，难就难在打破利益关系束缚，硬就硬在破除利益固化藩篱。动别人的奶酪难，动自己的奶酪更难。这是对执政党的重大考验，是对广大党员干部的重要检验。全面深化改革是立足国家整体利益、根本利益、长远利益进行部署的，全体党员和干部都要以国家利益、人民利益为重，以发展大局、党的事业为重，以坚守理想、坚守价值为重，不能各取所需、挑三拣四，合意则取、不合意则舍。要忠实履行好马克思主义执政党对历史、对人民、对国家的庄严责任，为实现中华民族伟大复兴中国梦拼搏奉献、奋斗不止。

（三）把坚持问题导向作为重要领导方法

问题导向是思想方法、研究方法，也是工作方法、领导方法。问题导向体现在治国理政的各个领域、各个层面，体现在领导工作的各个方面、各个环节。决胜全面小康是一个需要解决面临的大量问题、不断解决新产生问题的艰巨过程，是问题的复杂性严峻性超乎寻常的重大实践。各级领导都要坚持和善于运用问题导向的工作方法，用问题牵引工作、配置资源，用问题导向开创局面、推动发展。

1. 领导工作就是要发现和解决问题

问题导向作为重要领导方法，是由领导工作的性质决定的。领导领导，一领二导。领导站在前列、走在前列，往哪里领，往哪里导，在一定意义上说，是由问题而领，由问题而导。领导要遵循规矩制度，这与问题导向并不冲突。规矩制度是解决问题的依靠和保障，有利于合理合法地解决问题，而不是阻碍。只讲循规蹈矩，不讲问题导向，就是销蚀了规矩制度的灵魂，曲解了规矩制度的真谛。毛泽东有句名言："什么叫工作，工作就是斗争。那些地方有困难、有问题，需要我们去解决。我们是为着解决困难去工作、去斗争的。"这实际上讲的就是问题导向是领导要义。领导要贯彻大政方针，这与问题导向是一致的。大政方针是问题导向的产物，贯彻大政方针要从各地各部门实际出发，这些实际就是具体问题。贯彻大政方针是为了推动发展，而不是仅仅做给上面看的，不结合具体实际，不解决具体问题，恰恰背离了大政方针的宗旨。

领导就是决策，决策的依据很多，需要把握多种关系、权衡多种因素，但基本的关系是把握目标要求与问题现状的差距，确定实现目标的路径方法；主要的因素是“问题是什么”，找准了问题才能对症下药、有的放矢，否则领导工作就会徒劳无功，甚至产生负效应。各地实现全面小康的扶贫攻坚工程，要求精准扶贫、精准脱贫，就是要真正解决农村贫困人口脱贫这块最突出的短板。着力补短板是问题导向，打赢扶贫攻坚战是紧紧扭住制约全面小康的最突出问题，精准扶贫、精准脱贫是要让扶贫攻坚工程真正见到实效，精准落到贫困人口身上，而不是钱花了不少，贫困人口问题却没有真正解决。领导决策要搞调查研究，调查研究就是发现问题、把准脉搏。新的信息技术提供“大数据”，大数据可以使发现问题更为精确、更为可信。

2. 坚持问题导向才能使以人民为中心的发展思想落地生根

如期实现全面建成小康社会目标，必须坚持以人民为中心的发展思想，这是贯穿党的十八届五中全会精神的基本原则。习近平总书记强调，要着力践行以人民为中心的发展思想。只有坚持问题导向，才能让以人民为中心的发展思想落地生根、变成普遍实践。

认识与实践、思想与实际密不可分，但又属于主体活动不同阶段，有着不同存在形态。树立一种正确的发展理念，还只是从认识到实践的起点，是发展实践的观念形态，还要实现从认识到实践的飞跃，从观念形态到现实形态的转化，这样才能真正实现思想的价值和理论的力量。这就告诉我们，认识与实践、思想与实际是内在地统一的，但在现实中也存在着二者的分离、割裂甚至对立。“全心全意为人民服务”耳熟能详、传诵已久，但要使其成为一代代中国共产党人的自觉行动，成为各级党组织和领导干部执政行为的最高准则，成为人民群众实实在在的获得感、主人感，则需要长期艰苦的努力。因此，以人民为中心，强调着力践行，要求落地生根，抓住了治国理政的一个要害问题，有着强烈的针对性，形成了决胜全面小康的实践驱动、实践标准。

着力以人民为中心的落地环节，就是不能只当作口号喊喊、话语讲讲、观点写写，而是要按照各地各部门全面建成小康社会的路线图和时间表，保证完成和落实，在这一过程中切实回应广大群众所需所盼；就是各级领导干部不能把应尽的职责任务当作新的政绩工程、形象工程，而是真正以人民为发展中心、利益中心、检验中心，发展为人民、利益属人民、检验由人民，让全面建成小康社会的过程，成为努力践行立党为公、执政为民的过程；就是不能“规划规划，墙上挂挂”，“规划是一套，做起来是另一套”，而是从根本上转变形式主义作风，使着力践行以人民为中心的发展思想，成为牢固树立“三严三实”的重大实践。要在党领导发展的实践成效中，通过这样的着力践行，使人民为中心真正立起来、落下去，成为活生生的发展现实，得到广大群众的高度认可。

“十三五”规划建议通篇贯穿着以人民为中心的发展思想。各地各部门贯彻党的十八届五中全会精神，必须坚持问题导向。就是要把中央部署和各地各部门实际结合起来，在坚持全国一盘棋的前提下，创造性地落实好中央精神，确定好改革发展的重点、路径、次序、方法，更加精准地对接发展所需、基层所盼、民心所向。不同地区行业、不同发展阶段，群众的利益诉求有所侧重，落实以人民为中心的发展思想就要有具体政策举措、具体着力点。以人民为中心的主动作为，就是要转变思维方式和决策方式，不是领导只凭想当然、偏好意愿来做出决策，而是及时了解群众利益诉求和现实利益问题，把民心所盼所需作为制定各项政策、开展各项工作的出发点。从民生实际出发、从细微问题入手，见物见人，什么问题突出就着重解决什么问题，使“以人民为中心”落地生根，这样就能很好地把党的主张和人民愿望统一起来，把领导积极性和群众真需求结合起来。

3. 坚持问题导向反映领导品格和水平

能否坚持问题导向，是领导干部世界观、人生观、价值观的展现窗口，是领导品格和水平的实际检验。我们常讲领导干部要勇于担当，就是要求勇于战胜困难、解决矛盾、应对问题。当前，一些干部“为官不为”，不讲是非，不碰矛盾，不担责任，不动积弊，怕问题、躲问题成为这些人的行为导向，正是要在坚持问题导向中重振精神、焕发斗志、增强能力。

坚持问题导向，就是担起领导责任。领导掌握权力资源，是要用于党的事业，用于履职尽责。在新的历史进军征程中，问题难、难题多，需要各级领导身先士卒、带头攻坚。“先天下之忧而忧，后天下之乐而乐。”

坚持问题导向，就是运用实践标准。实践出真知、长才干，坚持问题导向，就是在发现和解决问题的实践中锻炼提高领导能力。不下水学不会游泳，不经历问题增长不了才干。实践是标准和试金石，坚持问题导向，就是在发现和解决问题的实践中考核干部、判断政绩。问题重重，方显出领导素质。

坚持问题导向，就是真心为民服务。形式主义眼睛向上，官僚主义心无群众。领导服务群众，是通过解决群众切身利益、维护群众各项权益来体现的。心中有群众，眼中就有问题，行动就有所趋。

（四）塑造与治理现代化相适应的法治思维

推进国家治理体系和治理能力现代化，根本途径是推动法治成为治国理政的基本方式。建设法治中国，意味着法治思维将支配着治国、执政、行政各种行为，法治方式将贯通于国家、政府、社会各个层面。《中共中央关于全面推进依法治国若干重大问题的决定》强调，要自觉提高运用法治思维和法治方式深化改革、推动发展、化解矛盾、维护稳定能力，表明依法治国是法治思维方式和法治实践方式共同运作、相互促进的过程。法治思维以观念的逻辑的方式凝练地展现法治方式，法治思维是法治方式的思维推演。

1. 治理思维的核心是法治思维

治理现代化是一个从治理方式到治理思维的总体现代化进程，伴随着从人治传统根子很深的社会向法治社会的转型，伴随着法治思维的上升、普及和强化。现代治理思维包含系统思维、协同思维、和谐思维、创新思维、法治思维等，核心的内涵是法治思维。法治思维确立了治国理政的基本理念，标志着治理思维的本质属性，决定着治理思维的制度取向。如现代治理所强调的系统思维是以法治为基础、不以人治为中心的系统思维。

因此，治理现代化要实现治理思维的变革，根本要求是在全社会努力塑造法治思维，让法治思维成为居主导地位的治理思维方式。塑造法治思维，全面推进依法治国就有了思想的推进器、观念的定向仪。

法治思维是一种坚持法治、依靠法治的治理思维，截然不同于人治思维。法治思维崇尚法律的权威，法为治理之本，法治构成治理的基本秩序。虽然法律是由人制定的、法治是靠人实施的，但法律一旦形成，就有了制约人的行为，包括制约法律制定者的力量，任何组织和个人都必须尊重宪法法律权威。法治一旦确立，就有了高于组织和个人包括高于法治实施者的权威，任何组织和个人都不得有超越宪法法律的特权。法治思维恪守法律的规则，法为治理之矩，法治构成治理的基本依据。无论什么人物都要服从于法，多大权力都要从属于法，何种行为都要受制于法，都必须在宪法法律范围内活动，依照宪法法律行使权力或权利、履行职责或义务。法治思维期望法律的功能，法为治理之用，法治构成治理的基本机制。坚持依法治国、依法执政、依法行政，法无授权不可为，包括重大改革都要做到于法有据，先行先试的要按照法定程序做出授权。法治思维维护法律的公正，法为治理之衡，法治构成治理的基本仲裁。道德谦让、协商妥协、达成交易、权力处置等，都可以作为解决问题、协调利益、化解矛盾的方式，但法治是基础和准绳，是维护社会公平正义最重要的方式和最后一道防线。法治队伍人员必须忠于法律、坚守法治、秉公执法。

2. 让法治成为通则、铁律和信仰

全面推进依法治国是国家治理领域一场广泛而深刻的革命，这场革命既包括治理体系和治理能力，也包括治理思维。可以说，塑造法治思维同时也是国家治理领域的一场深刻思维革命，是使法治成为通则、成为铁律、成为信仰的思维革命。现实生活中，部分社会成员尊法、信法、守法、用法、护法意识不强，不少人崇拜权力、迷信金钱、深谙“关系”，唯独不敬仰法治。习近平总书记在十八届四中全会上指出：“现在，一些党员、干部仍然存在人治思想和长官意识，认为依法办事条条框框多、束缚手脚，凡事都要自己说了算，根本不知道有法律存在，大搞以言代法、

以权压法。”塑造法治思维，必须转变传承已久、根深蒂固的人治思维定式，确立法治国家通行的办事依法、遇事找法、解决问题用法、化解矛盾靠法的思维模式和行为方式。

首先，在法治信仰上，要转变不信法的心理。“信访不信法”“十个法规抵不上一个批示”，就是典型表现。法律不能仅仅存在于纸面上，法治不能仅仅停留在口头上，要转化为人们的内心自觉，内化为社会对法治普遍、强劲、持久的信赖、信任和信心。其次，在法治权威上，要转变不畏法的态度。法不责众、“刑不上大夫”、“有钱能使法失效”等现象，在建设法治国家的进程中都将逐步减少并得到有效遏制，形成崇尚敬畏法治新常态。再次，在法治素养上，要转变不懂法的状况。法治思维以法律知识为前提和对象，如果不懂法，仍是半个“法盲”，何谈用法守法、法治思维？正因为不信法不畏法，才导致了不学法不知法。法治思维要从普法教育开始。又次，在法治运用上，要转变不靠法的习惯。办事找人，“摆平”靠钱，潜规则盛行，法规则疲软，都是建设法治社会、形成法治生态的严重障碍。要努力强化法治规则，增强社会法治依赖。最后，在法治行为上，要转变不守法的弊端。违法者得利、守法者吃亏，就会造成推进法治的“囚徒困境”。要增强全社会厉行法治的积极性和主动性，形成守法光荣、违法可耻的社会氛围，使全体人民都成为社会主义法治的忠实崇尚者、自觉遵守者、坚定捍卫者，使尊法、信法、守法、用法、护法成为全体人民的共同追求。党坚持依法执政，各级政府坚持依法行政，是建设法治中国的关键。

3. 依法治国提升法治思维

塑造法治思维，是与国家治理现代化协调同步、互促互进的过程。推动法治思维普遍化、深入化、实践化的力量，是经济社会发展呼唤法治保障托底的内在趋势，法治“出场”推动法治思维；是先进政党引领社会历史发展潮流的法治自觉，依法治国提升法治思维；是人民群众争取和维护自身权益的迫切要求，法律维权促进法治思维；是国家治理深刻转型的系统驱动，治理文明要求法治思维。可以说，国家治理现代化发展到什么程度，法治思维就能够发展到什么程度。加快建设社会主义法治国家的创新实践，是塑造法治思维的根本机制。建设中国特色社会主义法治体系，实现科学立法、严格执法、公正司法、全民守法，都要遵循、体现和贯穿法治思维，都是增强法治思维各个方面和环节的实践。在全社会弘扬社会主义法治精神、建设社会主义法治文化，优化塑造法治思维的文化环境。法治精神、法治文化涵盖着法治思维，法治思维内在于法治精神、法治文化。因此，法治精神、法治文化、法治思维必须共同推进、一体建设。

（五）掌握底线思维的主要特性

底线思维，是习近平总书记治国理政的重要思维方法，是党的十八大以来明确倡导、多次阐述、自觉运用的思维方法，也是需要深入研究理解、更好贯彻实践的一种哲学思维方法。

底线思维内含着精准确定事物边界的度量思维。底线思维基于事物的性质是由一定数量的度所决定这一原理，底线即处于下限的度。度是临界点、关节点、转折点，适度才能保持事物性质，过度就要改变事物性质。底线无处不在、无时不有，划清底线、守住底线、控制底线，就是一种度量思维。度量思维是当需要推动事物发生质的变化时，通过增量或减量、加力或减力，促成量变超越度的界限，产生新的事物、新的关系、新的方式；当需要保持事物的性质不发生改变时，就要控制量的变化、维护度的边界，防止突破底线、遏制量变失控。底线思维就是界限清楚、守卫边界、不逾极限的行为方式。同时，底线思维承认自由空间、享有活动范围、允许变化幅度，从心所欲但不逾矩、收放自如尽在掌中。度量思维让人的活动有了边、有了底、有了顶，让事物的性质状态符合客观规律与人的目的。

底线思维内含着准确把握度的绝对性与相对性的科学思维。底线思维的前提是确定边界、确定底线。真理是绝对性与相对性的统一，度的界限也是绝对性与相对性的统一。从事物本身的复杂性来看，“每一种质都有无限多的量的等级”（恩格斯），这就要求取其主要、取其需要。从事物发展的过程性来看，辩证的思维方法同样不承认什么僵硬和固定的界线，国家的边境线是历史的，事物的分界线同样是历史的，这就要求因时而定、因势而立。从不同主体的差异性来看，同一事物的度量掌握标准不同，这就要求尊重实际、实践检验。从事物度量的精确性来看，很多情况下界限也是一个区间，这就要求保留弹性、严守极限。这就告诉我们坚持底线、坚守底线是绝对的、无条件的、不可动摇的。在确定底线的问题上，要实事求是、与时俱进，具体情况具体分析，体现原则性与灵活性的统一。法律是底线，但法律本身也是一个调整修正的过程。底线思维是一种科学思维，这就是客观地认识事物的界限，辩证地看待界限的变化，准确地确定现实的界限。

底线思维内含着防误求正避害趋利的价值思维。习近平同志指出，要善于运用底线思维方法，凡事从坏处准备，努力争取最好的结果，这样才能有备无患、遇事不慌，牢牢把握主动权。度是客观标准，也是价值标准，温度高于或低于一定阈值，都会对人体造成伤害甚至危及生命。在事物的边界中，底线就是从对到错、从好到坏、从利到害的边界，是从可以接受到不能接受、从可以容忍到不能容忍、从可以平衡到不能平衡的边界。越过底线，不仅事物的性质会发生根本变化，而且对于主体也会产生极大的危害效应。因此，底线思维建立在价值思维的基础上，着力防止落入错误的陷阱，尽力保证正确的方向；着力避免灾难性后果，尽力形成良性后果；着力预防损害，尽力维护利益。价值思维既讲是与非，也讲利与害，因此在底线问题上慎之又慎、严之又严，不后退、不妥协、不含糊。

底线思维内含着充分发挥主体能动性的创造思维。底线思维并不是消极守成、画地为牢，而是客观地设定最低目标，立足最低点，争取最大期望值的一种积极的思维方式。底线思维能力不仅是教人们不失足、不失策、不失守，而且是鼓励人们在保底的前提下，取得利益、权益、效益的最大化，追求实践的最佳效果。底线思维同时也是一种创造思维，这种创造思维的独特之处在于，它懂得事物的边界构成人的活动可能空间，但凭借有限的舞台，仍然可以导演出许多有声有色、威武雄壮的话剧来；它懂得战争胜利不能有后方之忧，火箭腾飞不能有基座之患，经济增长不能有能源之短。欲成大事，先守底线。事实表明，底线思维能力越强，发展步伐就越稳，发展空间就越大，发展前景就越好，发展持续就越久。

底线思维内含着认识源于实践、先于实践的预见思维。设定底线是为了防卫底线。底线思维并不是仅仅要知道底线是什么、底线在哪里，而是要把科学设定底线与有效防卫底线统一起来，围绕防卫底线做好筹划、付诸实施，居安思危、有备无患。围绕防卫底线的工作做得越到位，底线就越巩固、越难突破。可以说，底线思维也是一种预见思维，不仅预见到突破底线可能带来的危害，而且预见到什么样的举措可以防患于未然。有了底线思维，就能够见微知著、未雨绸缪，增强前瞻意识，把工作预案准备得更充分、更周详，做到心中有数、处变不惊。预见思维是对现实世界多种可能性的反映，同时又能够在某种可能性变为现实之前，通过人的主动作为，堵住漏洞、消除隐患、防范恶果。

底线思维内含着掌握大势驾驭风险的全局思维。学习习近平总书记治国理政的科学思维方法及其实践，我们深深体会到，底线事关大局、事关大势、事关大业，底线思维是与战略思维、历史思维、辩证思维、创新思维同样重要，并且相互渗透、相互作用的科学思维方法，增强底线思维能力是提高党的执政能力和领导水平的迫切要求。当前，实现民族复兴处于由大向强的关键期，国家总体安全处于空前复杂的风险期，全面深化改革处于破除障碍的攻坚期，国家经济发展处于“三期叠加”的转型期，各种社会矛盾处于易发多发的凸显期。中华民族伟大复兴绝不是轻轻松松、顺顺当当就能实现的，我们的底线更加凸显、敏感、多样、交织，这就更要运用好底线思维，规避多种风险，应对严峻挑战，化解复杂矛盾。宁可把形势想得更复杂一点，把挑战看得更严峻一些，做好应付最坏局面的思想准备。协调推进“四个全面”战略布局，包含着深刻的底线思维，是在用“两个实现”来保证民族复兴的稳步推进，用锐意改革、破除藩篱障碍来确保发展航船破浪前行，用现代治理的法治之道来夯实制度基础、走向长治久安，用全党重整行装再出发来重塑政治生态、重振党心民心。

后　　记

新时代坚持和发展什么样的中国特色社会主义、怎样坚持和发展中国特色社会主义，是习近平新时代中国特色社会主义思想系统回答的重大时代课题。习近平新时代中国特色社会主义思想紧紧围绕这一重大时代课题，构建了一个科学理论体系。重大时代课题是科学理论体系的基石。研究重大时代课题及对这一重大时代课题的科学回答，是新时代理论研究的重要任务。

本书是由党的十八大以来作者的相关研究成果按照系统回答重大时代课题的逻辑汇编而成，是中国人民大学出版社马克思主义理论研究与当代中国书系中的一本。

本书的写作时间是从党的十八大召开到党的十九大召开之后。其间，中央对一些重要范畴的表述做出了进一步提炼、概括。作者在编辑本书时，根据新的表述对部分原文做了相应修订，有的文章时效性、针对性很强，就保留了当时的表述。

本书的出版，得到了北京市习近平新时代中国特色社会主义思想研究中心、北京市社会科学界联合会 2018 年度重大项目“习近平新时代中国特色社会主义思想的重大时代课题研究”的支持和帮助，得到了天津大学马克思主义学院的支持和帮助，得到了中国人民大学出版社的支持和帮助。

中国人民大学出版社牛晋芳编辑为本书的出版付出很多心血，在此一并表示衷心的感谢！

本书的缺点和不足，恳请各位读者批评指正。

颜晓峰

2018 年 12 月

于天津大学北洋园校区教 33 楼

图书在版编目（CIP）数据

重大时代课题与科学理论体系：新时代中国特色社会主义理论创新/颜晓峰著．-- 北京：中国人民大学出版社，2025.6. -- ISBN 978-7-300-33809-5

Ⅰ．D610

中国国家版本馆 CIP 数据核字第 2025N8B859 号

党的创新理论体系化学理化研究文库

重大时代课题与科学理论体系

新时代中国特色社会主义理论创新

颜晓峰　著

Zhongda Shidai Keti yu Kexue Lilun Tixi

出版发行	中国人民大学出版社		
社　　址	北京中关村大街 31 号	**邮政编码**	100080
电　　话	010－62511242（总编室）		010－62511770（质管部）
	010－82501766（邮购部）		010－62514148（门市部）
	010－62511173（发行公司）		010－62515275（盗版举报）
网　　址	http://www.crup.com.cn		
经　　销	新华书店		
印　　刷	北京联兴盛业印刷股份有限公司		
开　　本	720 mm×1000 mm　1/16	**版　　次**	2025 年 6 月第 1 版
印　　张	21 插页 3	**印　　次**	2025 年 6 月第 1 次印刷
字　　数	301 000	**定　　价**	128.00 元